国家自然科学基金项目"成员文化特性对农产品供应链合作的影响研究
——以云南为例"(71663056)

文化特性对供应链合作的影响研究

阮 萍 / 编著

西南财经大学出版社
中国·成都

图书在版编目(CIP)数据

文化特性对供应链合作的影响研究/阮萍编著.—成都:西南财经大学出版社,2021.11
ISBN 978-7-5504-5109-4

Ⅰ.①文… Ⅱ.①阮… Ⅲ.①文化—影响—供应链管理—研究 Ⅳ.①F252.1

中国版本图书馆 CIP 数据核字(2021)第 209600 号

文化特性对供应链合作的影响研究
阮萍　编著

责任编辑:刘佳庆
责任校对:植苗
封面设计:墨创文化
责任印制:朱曼丽

出版发行	西南财经大学出版社(四川省成都市光华村街55号)
网　　址	http://cbs.swufe.edu.cn
电子邮件	bookcj@swufe.edu.cn
邮政编码	610074
电　　话	028-87353785
照　　排	四川胜翔数码印务设计有限公司
印　　刷	郫县犀浦印刷厂
成品尺寸	170mm×240mm
印　　张	13.5
字　　数	302 千字
版　　次	2021 年 11 月第 1 版
印　　次	2021 年 11 月第 1 次印刷
书　　号	ISBN 978-7-5504-5109-4
定　　价	78.00 元

1. 版权所有,翻印必究。
2. 如有印刷、装订等差错,可向本社营销部调换。

前　言

我国经济领域存在严重的"违约"难题，导致供应链无法形成协同，生产流通效率低下。其中一个重要原因是我国缺乏"契约文化"，而更加注重非正式的、基于个人感受的"社会关系"及由其衍生出来的个体社会网络。这就需要明晰文化特性对供应链合作产生的影响、路径和机制，以及一整套以此为基础进行供应链组织、运作及优化的理论和方法。

与西方深厚的契约文化不同，中国社会更注重非正式的、基于个人感受的"社会关系"及其衍生出来的个体社会网络，再加上我国文化的多样性，使得社会行为表现迥异，社会偏好便有所不同。不同文化背景会带来基本潜在假设、价值观和行为准则等方面的差异，这种差异在行为决策时就会通过一定的"偏好"表现出来。在成员文化特性对供应链合作关系影响的研究中，信息共享是供应链管理的一个重要基础和前提，而供应链整合策略的实施也会极大地促进参与者间信息与知识的交流和共享。供应链中的文化因素——成员间"关系"会通过信任的中介，影响供应链中的信息共享水平，同时，信息能力差异在信任对信息共享的影响路径中也具有显著调节效应。将特定环境下的文化因素与供应链管理的内在机制联系起来，并通过实证研究方法和案例研究方法探索、验证其与供应链中的信息交流与知识共享之间的相互关系，不但可以进一步完善供应链管理理论，而且还可以帮助厘清西方经典管理理论在我国多民族文化背景下的实际应用问题，以及为特定文化背景下提高和促进信息交流与知识共享水平提供一定的理论依据。因此，上述研究具有非常重要的理论和现实意义。

这种由于个体文化特性不同造成的偏好差异，对供应链成员实质合作关系的影响是本书研究的核心。本书首先综合运用社会学、经济学和管理学的研究方法，集成文化维度理论、社会偏好理论和供应链管理理论，在个体层面筛选、测度成员个体的文化特性，并建立文化维度指数与社会偏好之间的相关模型；在供应链层面将社会偏好、文化一致性及经济目标一致性与供应链合作关系联系起来，建立路径模型。其次通过案例验证文化特性、社会偏好及合作关系之间的影响路径及机制。最后通过分析典型案例，理论联系实际，综合运用供应链理论、行为科学及组织文化理论等对经济组织中的合作模式进行完善和优化。

"成员文化特性对农产品供应链合作的影响研究"课题（71663056）于2016年8月获得国家自然科学基金项目立项，研究周期为2017年1月1日—2020年12月31日。

在项目负责人云南财经大学商学院刘胜春教授、会计学院阮萍教授的带领和指导下，本项目在研究过程中分工明确，项目成员协调合作，效果良好。刘胜春教授、阮萍教授主要负责分工协调、统筹指挥，项目研究框架设计、统计分析及项目成果提炼等；云南财经大学财政与公共管理学院谷禾副教授负责问卷、实验设计；云南财经大学商学院何江南讲师负责项目实施、数据分析；云南财经大学物流学院李婷讲师负责问卷、实验组织；云南财经大学商学院肖群副教授负责契约优化。

该项目分四年逐步推进研究，现已完成项目的各项研究，并取得预期研究成果。本书是在该项目研究成果的基础上编撰而成的。本书分上篇和下篇两个部分，其中，上篇是该项目的后续研究内容，下篇是项目组成员在项目研究期间公开发表的部分相关论文。全书由阮萍总纂、修改及定稿。

在本书的出版过程中，国家自然科学基金管理科学部、云南财经大学科技处以及西南财经大学出版社予以大力支持，在此表示衷心的感谢。同时，本书中存在的疏漏和不足，恳请读者批评指正。

阮萍
2021年6月

目　录

上　篇

供应链内企业间信任问题研究 / 3

浅议我国传统文化对企业行为的影响 / 8

基于供应链理论的农产品质量安全监管思考 / 14

云南高原特色农产品供应链整合研究 / 20

西南少数民族地区农产品供应链信息共享与协调优化 / 27

"互联网+"推动乡村经济振兴的路径探索 / 34

电子商务环境下的物流模式及创新发展 / 39

互联网经济与实体经济的融合发展策略 / 44

农村电子商务的发展实践及优化升级 / 49

关于农产品供应链管理问题的研究 / 54

数字经济时代云南省农产品供应链优化研究 / 60

契约执行环境改善能够提高农业企业价值吗？ / 66

社会信用与农业企业债务融资
　　——来自中国 A 股上市公司的证据 / 77

电子商务中的大数据分析研究 / 91

我国跨境电子商务的发展现状及对策探析 / 96

云南省贫困山区农村电商物流"最后一公里"建设研究
　　——以镇雄县为例 / 101

Multi-source Data Analysis Method of Exhibition Site Based on Mobile Internet / 109

Supplier Evaluation and Selection System of Embedded E-Commerce Platform Based on Big Data / 118

下 篇

文化因素如何影响供应链中的信息共享水平
　　——基于我国农业领域中"关系"的实证研究 / 145

社会偏好及测度研究 / 161

PPP 项目收益权价值评估的影响因素探析 / 167

Innovation Path of Internet Enterprise Business Model Based on E-Commerce / 183

Development Mode of Internet Economy Based on Artificial Intelligence Technology / 193

Internet User Behavior Analysis Based on Big Data / 203

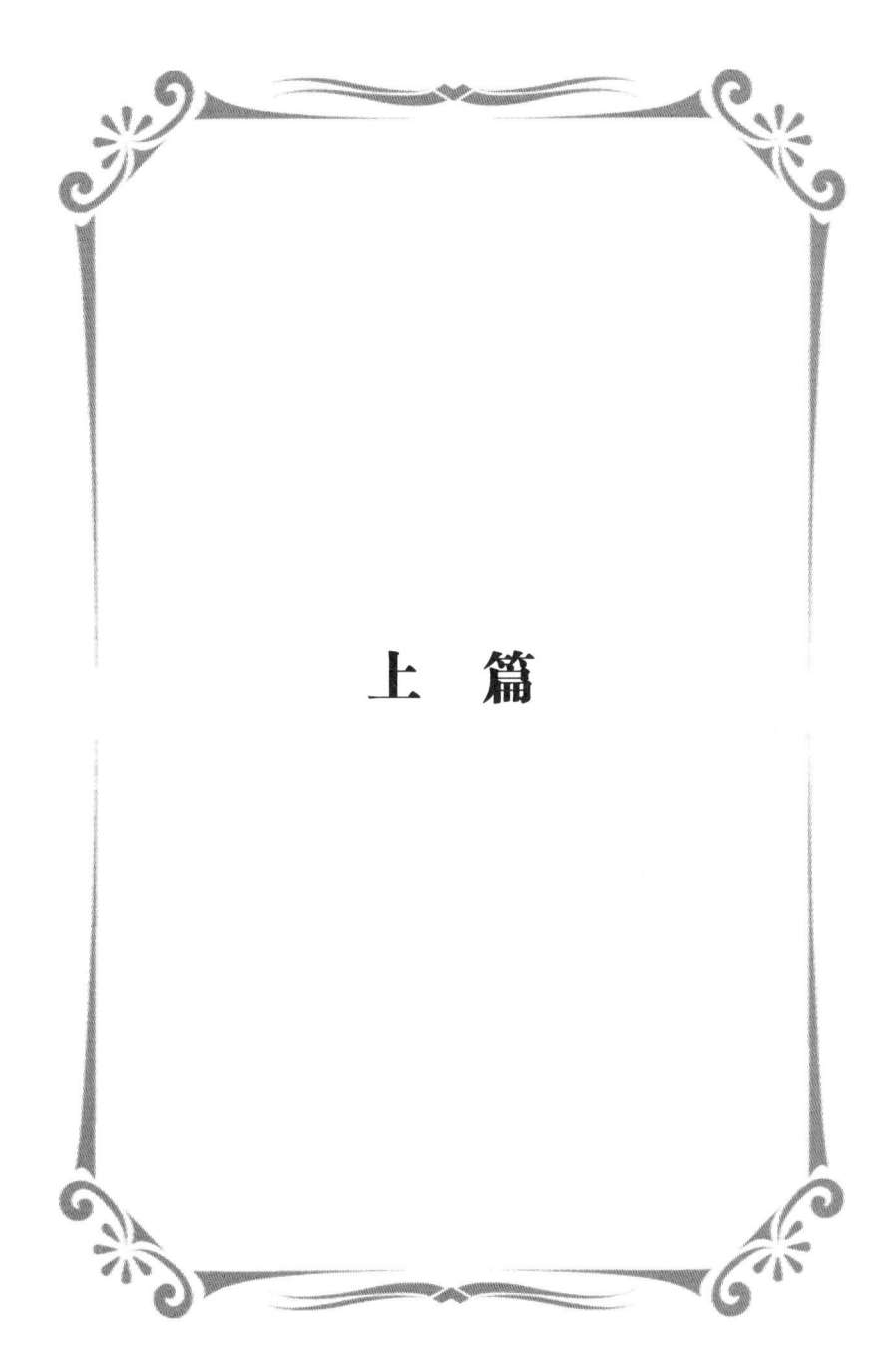

上 篇

供应链内企业间信任问题研究

李宇曦　云南财经大学会计学院

摘要：信任危机是影响我国供应链内企业间合作关系的主要原因之一。本文深入地分析了信任在促进供应链运作中的重要作用，总结归纳了影响供应链内企业间信任的三大因素，对如何培养供应链企业间的信任做了探讨。

关键词：供应链；信任；价值认同

一、信任的概念

Moorman 等（1992）认为信任是愿意去相信交易伙伴，且交易伙伴被认为是可靠的。Dyer（2000）认为信任就是相信合作伙伴愿意而且能够完成他们的义务和做出的承诺，同时合作伙伴对整个联盟的行为都出于好的意愿，双方不会做出损害对方的事情。王英等（2014）将信任定义为相信并且愿意依靠合作伙伴的愿望。

不同研究领域的学者对于信任的理解与定义有所差异，但是总的来说，我们可以将信任理解为一种相信合作双方自愿承担责任且没有任何一方会利用对方弱点的信心。本文探讨的是供应链内企业间的信任问题，指的是供应链中供应商、制造商和分销商彼此之间的信任。它包含了双方在初次交易时基于对对方公司情况、声誉等客观因素的考量，权衡风险与收益之后，做出的理性判断的信任；同时也包括了供应链内各企业之间反复合作，相互磨合之后，基于默契和良好的合作关系，产生的感性的善意的信任。

二、供应链内企业间信任的重要作用

1. 信任关系有利于提高供应链灵活性

王丽媛和窦兴斌（2021）指出供应链内企业之间的信任关系，有利于提高整个供应链的灵活性。供应链通常存在多个环节，通常处于动态，这就导致企业可能随时会面临突发紧急的情况，需要做出应急的反应。这对企业提出了较高的要求，当企业之间存在较为良好的信任关系时，供应链的上下流之间能够在更短的时间内做出反应，交换信息并且默契配合。市场总是存在着各种各样的风险，信任关系有利于提高整个供应链面对突发状况的灵活性，缩短反应时间，选择合适的应对策略，合理地调配相关的资源，迎接来自市场、竞争者的挑战。

2. 供应链内企业间信任可减少交易成本

许淑君等（2001）指出"横向一体化"企业间的高度合作与相互信任是减少交易成本的关键。供应链内企业之间如果不相互信任，在整个合作的过程中不断地猜疑对方做出损害自身利益的行为，双方就会要求通过不断细化的合同来约束彼此，这个过程就需要投入相应的人力、物力，从而提高了交易成本。反之，供应链间的企业高度合作之后，基于相互信任的关系，可以避免一些为了获取更充足的信息而支付的交易费用。例如，可以适当地减少一些由监督管理产生的费用。同时，随着交易次数的增多，双方的信任程度提高之后，一些由于谈判、签订合约时间过长而产生的交易成本，也将会有所减少。

3. 信任关系有利于提高供应链柔性

李拓晨等（2018）指出长期信任式的伙伴关系有利于企业提高供应链柔性。供应链柔性是以顾客需求为导向，有机集成供应链合作伙伴的核心能力。站在顾客的角度来说，当供应链内企业间保持友好善意的信任关系时，能够更快地识别出顾客对产品和服务的需求，并且将信息在上下游之间准确地传递，最终提供出更优质匹配的产品和服务，整个过程还能有效地控制生产成本，供应链柔性能够帮助企业间技术、产品、服务的柔性化。同时，相互信任的双方沟通交流也会更加的顺利，有效避免双方发生利益冲突。

4. 信任是提高供应链合作效益的重要因素

很多学者通过研究都指出，信任能都有效提高供应链合作创造的价值。张旭梅和陈伟（2011）指出供应链伙伴关系不仅通过信息共享间接影响到企业运营绩效，而且直接影响到企业运营绩效。这也就是在说供应链内企业间积极的信任关系能够直接影响到企业运营绩效。首先是信任关系促使企业之间更加深入全面地交流与沟通，从而双方乃至多方达成并保持最终目标的一致性，相互配合，积极对接，制定匹配度较高的战略部署，企业各司其职，有利于提高供应链整体的核心竞争力，从而创造更大的价值。

三、供应链内企业间信任的影响因素

1. 供应链内企业成员的价值认同

在未建立合作关系之前，供应链内的企业之间的初始信任受到了其成员文

化特性的影响。在中国的文化背景下，文化特性主要是指基于家庭背景，血缘关系，民族地域等因素，这些因素形成了人与人之间的"关系"。但是随着经济社会的发展，我们不难发现基于家庭、血缘这些因素越来越难以维系互信的合作关系，互信的合作关系只能建立在共同认同感的基础上。虽然每个人的成长环境、学习经历有所不同，但是若成员认同彼此的价值观，对专业知识具有相同认识，也会对彼此产生初始信任。初始信任建立起新的"关系"后再经过不断的交流和针对具体目标进行互动、协作，就会促进信任的进一步发展。

2. 受信方与施信方的企业特征

对于施信方来说，企业自身的经营状况、规模将会限制其对于风险的承受能力。同时一个企业的文化氛围，包括管理层的风险偏好，也将会影响企业对于合作方的信任水平。风险厌恶者追求稳定的收益可能就会存在较少的感性信任。如果想要对供应链内的企业产生信任，一方面是受信方的声誉，在未达成和合作之前，受信方在市场从前交易合作的历史记录就是我们考量一个企业的重要标准之一。良好的声誉是靠慢慢累积而来的，通常认为，一个声誉较好的企业，更容易在以后的合作中遵守合约，按时按量的生产产品和提供服务，是更为可靠地合作对象。另一方面，受信方的能力也是我们产生信任的一个重要的因素，企业是否有核心竞争力，市场份额在多少，产品质量是否经得住考验，与行业内的其他同类型的企业相比，现金流是否充足，盈利能力是否尚佳。这些因素将会影响达成合作后，企业能否有能力履行承诺。如果企业的这些方面表现良好，自然会得到更多的信任。

3. 沟通与交流

沟通与交流一直是产生信任的重要原因。沟通与交流是促使企业双方达成合作的一剂良药，在交流之中相互认同，达成合作意向，商议出和合作的形式及目标。同时，随着交流的不断深入，我们可以更细致地了解相互的信息，对于熟悉的对象，我们才更容易产生信任感。而在供应链的各个环节，首先是共享的真实可靠的信息，及时的传递信息，有效地减少企业间由于信息不对称产生的利益冲突，这都将影响到企业间信任的培养。

四、培养供应链内企业间的信任感

1. 建立适当的供应链成员进入退出机制

供应链是一个交错复杂的整体，供应链的每一个节点都有承上启下的重要作用。因此，为每一个环节选择合适的成员就显得尤为重要，这可能直接影响供应链的运作。建立适当的供应链成员进入机制，合理的评判标准和考核办法，保障供应链整体的完整性和竞争力。同时，经过考核质检的成员也更容易得到其他成员的信任。长期信任、合作默契都需要反复的合作来形成，以严格的标准要求进入者，保证整体利益的同时，也避免任意退出所带来的风险与损失。只有守住各成员的既得利益，才能建立信任关系。

2. 建立自我可信任形象

对于供应链内的企业来说，应该注意自身的可信任形象。重视自身的声誉问题，富有社会责任感。在与其他企业的合作过程中，应该严格要求自己，坚守法律的底线，认真履行合同义务，建立良好负责的社会形象。同时注意自身能力的提高，发展创新，脚踏实地。既已达成合作，就表示拥有共同认可的目标，在整个过程中，不应不顾合作伙伴的利益得失，为了自身的利益，做出有悖于信任关系的事情。供应链内的企业如果都能在外树立良好的声誉形象，在内合作关系中保持一致性和可靠性，那企业之间才可建立长远的信任关系。

3. 充分利用区块链技术提高互信水平

数字经济时代的飞速发展，区块链的应用越来越广泛，它最为明显的特征就是去中心化、分布式记账。在区块链的加持下，有效地解决了信息不对称的问题，区块链可以及时有效地保留在供应链上的产品的各项信息，同时准确地记录到多个节点上，不需要繁琐的第三方的参与，供应链内的企业就可以获得自己需要的信息并且进行交易，提高了交易的效率，减少了人工成本。每次交易各个节点也会对同一数据进行核对，一旦存在不实，就会立马反映出来。同时，区块链技术使得所有主体的操作流程有迹可循，一经确认不可随意更改，它能够为跨主体所需数据提供真实性证明，这是企业互信的基石。

参考文献：

[1] DYER J H. The determinants of trust in supplier-auto-maker relationships in the U. S., Japan, and Korea [J]. Journal of international business studies, 2000, 31 (2): 259-285.

[2] Moorman C, Zaltman G, Deshpande R. Relationships between providers and users of marketing research: the dynamics of trust within and between organizations [J]. Journal of marketing research, 1992, 29 (3): 314-329.

[3] 李勇建，陈婷. 区块链赋能供应链：挑战、实施路径与展望 [J/OL]. 南开管理评论：1-20 [2021-08-20]. http://kns.cnki.net/kcms/detail/12.1288.F.20210508.1440.003.html.

[4] 王丽媛，窦兴斌. 信任关系对零售企业供应链灵活性的影响分析：基

于信息共享的中介效应［J］. 商业经济研究，2021（9）：38-41.

［5］林伟敏，邓茜. 区块链背景下农产品供应链信任机制构建研究［J］. 新农业，2021（5）：73-75.

［6］章印. 区块链提升农产品供应链互信水平的路径研究［J］. 吉林工商学院学报，2021，37（1）：55-60.

［7］冯华，聂蕾，施雨玲. 供应链治理机制与供应链绩效之间的相互作用关系：基于信息共享的中介效应和信息技术水平的调节效应［J］. 中国管理科学，2020，28（2）：104-114.

［8］李拓晨，乔琳，杨萍. 企业间信任对供应链企业组织即兴的影响机理研究：供应链柔性的中介作用与交互记忆系统的调节作用［J］. 南开管理评论，2018，21（4）：74-84.

［9］王英，王鑫，左万利. 基于社会学理论的信任关系预测模型［J］. 软件学报，2014，25（12）：2893-2904.

［10］陆杉. 农产品供应链成员信任机制的建立与完善：基于博弈理论的分析［J］. 管理世界，2012（7）：172-173.

［11］张旭梅，陈伟. 供应链企业间信任、关系承诺与合作绩效：基于知识交易视角的实证研究［J］. 科学学研究，2011，29（12）：1865-1874.

［12］叶飞，李怡娜，张红，雷宣云. 供应链信息共享影响因素、信息共享程度与企业运营绩效关系研究［J］. 管理学报，2009，6（6）：743-750.

［13］覃汉松，欧阳梓祥. 供应链中信任关系的建立和发展［J］. 经济管理，2002（16）：58-61.

［14］许淑君，马士华，张日新. 供应链企业间的交易成本研究［J］. 工业工程与管理，2001（6）：25-27，31.

［15］许淑君，马士华. 供应链企业间的信任机制研究［J］. 工业工程与管理，2000（6）：5-8.

浅议我国传统文化对企业行为的影响

张锐　云南财经大学会计学院

摘要：文化会影响企业行为。我国传统文化中的等级制度、中庸之道、实用主义及宗族文化对企业中的个体在沟通方式、工作态度等方面造成短视、缺乏贡献力等影响；对企业的投资行为存在"一言堂"、追求短期效益等影响，并且容易形成企业的"官僚文化"和"家族文化"。

关键词：传统文化；企业行为；影响

文化是人类在群体生活中所形成的行为方式、生活习惯、价值观念及道德观念的总和。由国家、地域、民族为区分的人类群体，多年以来因为所生存的地域环境不同、资源不同，因而有不同的应对自然环境、生存压力的方法；为分配有限资源而沟通的途径；为保证家族可持续发展的行为方式及生活习惯；为便于群体融入、磨合而形成的价值观念。从而体现出地域性、民族性和宗教性的特征。

一、文化与组织行为的关系

企业是由人类组成的组织。营利性企业以财富最大化为经营目标，就要在供、产、销各个环节考虑投资收益、成本控制、产品质量、保持竞争力等。而以上所有环节均由不同人员参与完成。为此，每个人员所特有的文化特性必然体现在工作行为上，从而不可避免地影响到企业的经营管理。关于组织与文化的关系，理论界将其分为两派：一派为"文化实用主义者"，他们把文化视为一个组织变量，可以对它进行操纵以最大限度地适合组织的需要。对组织文化的操纵被视作通向更有效管理的道路。另一派为"文化纯粹主义者"，他们并没有把组织和文化区分开来，认为组织本身就是文化。文化作为一个基本的隐喻，把组织视为表达的形式。个体作为一个组织成员并不是简单地接受一套特定的价值观和信仰，而是对一种特定的生存模式的积极参与和创造，并影响组织行为。

两派观点，前者阐述企业应基于员工自身的文化属性，找出对企业管理有益的方面加以运用，让文化来促进企业的发展；后者阐述员工进入企业后，形成一个新的群体，企业可构建新的文化来约束新群体的行为。以上观点虽然对于组织与文化的关系研究的侧重点不同，但都认可文化会影响组织行为[1]。

二、我国传统文化的特性

（一）等级制度

我国传统文化的重要组成部分"礼"泛指"礼制"，它是祭祀制度和政治制度的结合体，包括祭祀天地、祭祀祖先和尊崇王权。《礼记·礼运》曰："故先王秉蓍龟，列祭祀，瘗缯，宣祝，辞说，设制度，故国有礼，官有御，事有职，礼有序。""故先王患礼之不达于下也，故祭帝于郊，所以定天位也；祀社于国，所以列地利也；祖庙，所以本仁也"。从《礼记》我们可看出，孔子认为先王持龟甲、埋帛赠神、安排祭祀、宣读祝辞，设立制度使国家有礼制、官员有职责。先王在郊外祭祀天地，显示至尊的地位，贵族只有助祭的义务，在古人尊崇的祭祀中强化了王权和等级制度。周朝的礼制对王室、官员在祭典、宗庙、座驾、用玉、舞蹈、丧礼都有详细的等级要求。例如，宗庙：天子七庙，诸侯五庙，大夫三庙，士一庙，庶人不准设庙；"宗庙之祭，贵者献以爵，贱者献之以散；尊者举觯，卑者举角。"（《礼记·礼器》）。座驾：天子驾六，诸侯驾五，卿驾四，大夫三，士二，庶人一。（《逸礼·王度》）[2]。儒家文化认为人与人之间有着高低贵贱之分，即便在同一个家族内，也有着亲疏、长幼、尊卑。这种区别与人的出身、家族、智力、劳力等有关。所以，儒家文化认为不同的人有着不同的分工，并对应不同的社会责任，强调对不同身份的人采用不同的管理方法，以维护社会的等级秩序。此外，孟子所倡导的"五伦"，即"君臣有义、父子有亲、夫妇有别、长幼有序、朋友有信"，通过"礼"来节制人的欲望，减少争斗，规范贵贱、尊卑等伦常制度，从道德层面强调等级差别。

（二）中庸之道

"中庸"是儒家思想的主要构成部分，最早出现在《尚书》中。孔子将其看作道德标准。"中庸之为德也，其至矣乎！民鲜能久矣。""子曰：'好学近乎知，力行近乎仁，知耻近乎勇。知斯三者，则知所以修身；知所以修身，则知所以治人；知所以治人，则知所以治天下国家矣。'""子曰：'道不远人。人之为道而远人，不可以为道。'《诗》云：伐柯伐柯，其则不远。执柯以伐柯，睨而视之，犹以为远。故君子以人治人，改而止。忠恕违道不远。施诸己而不愿，亦勿施于人。"这些话诠释了孔子的"中庸精神"。

中庸的核心思想是："去其两端，取其中而用之。"就是做事、做人应选择正确的道路，避免偏激。其思想逻辑为尚中、时中、中正、中和。"尚中"就是不偏不倚的意思。朱熹在《论语集注》中说道："中者，无过无不及之名也。庸，平常也。"主张做人"贫贱不能移，富贵不能淫"，要有平常心；做事不要走极端，强调对度的把握。"时中"强调审时度势，指出人们在决定事件的处理方法时要会结合环境的有利因素，规避不利因素，要有应对环境改变的措施。"中正"是指恪守规范、张弛有度的为人处世之道，指出通过创建有约束力的道德规范和礼制来引导人们的行为走向。"中和"即求同存异，孔子认为处理国事应宽严相济，与人交往要求同存异，此观点成为正确处理人际关系的最优法则。

（三）宗族文化

宗族制度萌发于商周时期，形成于西周、春秋时期，直到宋代日渐完善，明清时期得以成熟。一个宗族通常表现为一个姓氏的人们组成的居住群落。它是源于一个祖先的人按照父系血缘关系和一定的社会规范缔结成的社会组织，是身处农业社会的人抱团抵御天灾、战争等生存风险的现实选择。在法治弱化的封建社会，宗族制度对族人的约束力及族人对宗法制度的遵从远远强于法律。为此，统治阶级也利用宗族制度来加强国家管理。

宗族文化是依托人的关系和身份来实现认同的。在我国，人与人之间的行为模式会根据关系的亲疏远近决定。为此，人们非常重视依据教育、居住地、婚姻关系构建的人际网络。这种人际网络关系具有可传递性、互惠性、无形性和实用性的特征。在日常交往及经济往来中，人们对于同族的人的信任度远大于外族人。在企业的经营管理活动中，决策者会以"关系判断"为依据，参考需求法则、人情法则和公平法则等做出决策。

（四）实用主义

除等级制度、中庸之道、宗族文化外，我国传统文化还有一个特性为"实用主义"。在春秋战国时期，面对动荡的社会格局，先秦各家纷纷立学建说探讨治国理政的理念并结合实践不断修正。荀子主张"知之不若行之"[①]，汉代的王充提倡"见用实事"[②]，而到宋时期，儒家文化"格物致知"[③]也强

---

① 知之不若行之，出自《荀子·儒效》。荀子明确指出，对于求知闻道而言，没有听到不如听得到，听到不如看得到，看得到又不如心中理解，而心中理解不如亲身实践。

② 见用实事，出自《论衡》，原文为：华文放流，则实事不见用。

③ 格物致知，出自《礼记·大学》，意思是探究事物原理，从而从中获得智慧（或从中感悟到某种心得）。"格物致知"包含"实事求是"精神，但是其内涵远比"实事求是"丰富。

调务实。此外，我国几千年的农业社会，生产效率低下、资源匮乏。生存成为人们首要的目标，而较少思考生存以外的事情。这就促使先秦以来发展起来的实用主义得以顽强地保存下来并代代相传。到如今，人们衡量一件事情是否值得做的标准就是"是否有价值"。

三、我国传统文化对企业行为的影响

（一）个体层面

我国企业员工在工作态度、沟通行为等方面无不受传统文化的影响。例如，等级制度这个文化烙印使得员工迷信权威，对于领导及专家的意见深信不疑。哪怕自己对公司的行为有着独特的见解，或对领导的决策有异议也不敢表达出来，深知身份差别而体现高度的盲从性。等级制度也造成员工的自我身份认定，缺乏对公司的融入感，当然也缺乏对公司承担责任的使命感。员工不愿为公司贡献更多的智力和情感，更愿在什么位置干什么活，比较适应角色导向性的企业文化。而欣赏等级制度的领导者则喜欢树立权威形象，喜欢在工作中甚至生活中给员工制定规则，但自己却经常打破这些规则，以品味特权带来的快感。

中庸文化使得人们在交往时顾忌对方的脸面，不愿意让交往陷入僵局，希望留退路。所以，双方沟通时不愿直接进入主题、切中要害，而偏好拐弯抹角。沟通双方要学会在谈话中听出弦外之音，正确领会对方的意图。同时，中庸文化强调"团结""和气"，不鼓励突出个体，所谓"枪打出头鸟"就是对个性的打压。为此，企业中的员工往往不会发表自己的意见，喜欢埋没于大众中来寻求安全感。这种状态不利于企业创新。

宗族文化使人天然对同民族、同姓氏、同村、同乡的人有亲近感。人们即使在天涯海角，也会"老乡见老乡，两眼泪汪汪"。打工人在选择企业时，倾向于选择同乡多的企业，造成企业人员按地域聚集的局面，容易引发地域文化的冲突。此外，员工的工作方式及态度很容易受同乡的影响，利益受到侵害或与公司产生冲突也更愿意听取同乡的经验、选择同乡的帮助，对公司管理制度信任度不高。

"实用主义"则让人们在选择工作时更注重眼前利益，在乎投资回报，对于回报期长的工作缺乏耐心。企业员工重视公司给予的福利待遇、晋升路径，强调给多少钱干多少活，不太注重以牺牲报酬为代价的技能培训或经验积累，偏好频繁跳槽来提高报酬。既不利于企业人员稳定，也不利于员工的技能沉淀。

(二) 企业层面

企业是个体组成的组织，文化对个体行为有影响，必然也会对个体组成的企业行为产生影响。

1. 对投资行为的影响

投资是企业追求利润的主要途径。投资方向、投资项目的选择是否合理，财务可行性及技术可行性评价是否具有科学性都是决定投资能否成功的关键。虽然投资决策有一套科学性流程，但在具体的执行过程中，管理层的决策思路会受到传统文化的影响。等级制度文化会使得管理层偏好"一言堂"，对下属的授权有限，下属的意见在公司决策中的分量不大。对投资项目、投资方向的选择过程，虽然有各职能部门进行前期的分析，但最终拍板决定的为权力最大者。所以，领导者本身的能力及素质对于公司决策更为关键。实用主义使得企业选择投资项目偏好回收期短、经营风险偏小的项目。对于发展前景不明朗、投资回报期长、经营风险较大的新兴行业或项目兴趣不大，尤其对于研发投入热情不高。这种投资偏好就使企业热衷投资处于成长期的产品，不愿承担风险研发新的产品，创新性不足，当产品进入成熟期后，利润下滑，公司又无创新能力及偏好，很难可持续发展。

2. 对企业文化形成的影响

我国国有企业的董事长及总经理通常由各级党委组织部门考察确认并由政府任命，而且赋以相应的行政级别。这就使得这些管理层人员把自己当作"官员"看待。在等级制度文化影响下，公司中各等级领导权限有较大差距、薪酬也随级别而不是业绩而定，人们对于管理层个人的成功与否的评价也对标级别而不是对标利润。国企领导对于提高自身级别的追求甚于对企业利润的追求。在此风气下，公司的日常管理行为及人与人的沟通很容易出现官场中的领导任人唯亲、对上不对下；员工对工作阳奉阴违、揣摩领导心思、选择性站队；重形式、轻内容等不良习气，形成一种官僚主义型的企业文化。这种文化与强调适应外部环境、通过创新来提高行业竞争的现代企业管理格格不入。

我国民营企业受宗族文化的影响，管理层对家族成员、乡邻、同学等熟人圈的人员有天然的信任感。在公司的核心管理层及接班人的选择上，公司创始人倾向于任用自己人，形成典型的家族型的企业文化。这种以家庭核心成员为权力导向的企业文化，在人事安排、经营管理、行为方式及组织规范上都存在传统文化的影响，容易呈现封闭性、专制性、地域性的特点，被视作落后的文化类型。

综上所述，企业作为人员组成的团体，其行为方式会受到人员背负的文化烙印的影响。我国传统文化中的等级制度、中庸文化、宗族文化及实用主义对企业经营管理行为、个体在企业中的行为既有积极作用，也有消极作用。为此，企业在经营管理中应注重传统文化对制度建设的作用，充分发挥文化的积极作用，减少消极影响。

参考文献：

［1］杨忠，组织行为学：中国文化视角［M］.南京：南京大学出版社，2010.

［2］马远达.浅议我国传统文化的核心［J］.四川省函授干部学院学报，2011，4.

基于供应链理论的农产品
质量安全监管思考

潘万春　云南财经大学会计学院

摘要：随着经济的发展、生活水平的提高，人民对农产品质量安全要求越来越高。实施农业标准化、保障食品安全，是关系到人民群众切身利益、关系到我国现代化建设全局的重大任务。本文以工业经济学中较成熟的供应链理论为视角，深入分析农产品质量安全监管的必要性和重要性，选取苏州市农产品质量安全监管实践为例，以此达到窥一斑而见全豹的效果，从而引发对加强中国农产品质量监管的思考，最后给出相应的政策建议。

关键词：农产品；供应链；质量；食品安全；监管

目前，我国农产品质量水平不容乐观。为此，我国政府十分重视农产品质量安全问题，相继采取了许多措施，通过所涉农产品供应链各参与体的通力合作，加大对农产品质量安全的管理。

在全面启动新农村建设的新形势下，政府采取的这些措施对从源头上保障农产品质量安全，保障人民群众的身体健康和生命安全，促进农业和农村经济的发展起到了极大的作用，同时也为农业行政主管部门做好农产品质量安全监管工作提供了法律依据。

一、加强农产品质量安全监管的必要性

农产品质量安全，是指农产品的质量符合保障人的健康、安全的要求。健全农产品质量安全管理体系，提高农产品质量安全水平，增强农产品国际竞争力成为中国当前迫切需要解决的问题，是新世纪、新阶段农业和农村经济发展的重要任务，也是全面建设农村小康社会的重大举措，农产品质量安全既关系到农业生产，也关系到居民的生活与健康，是统筹城乡经济社会发展的重要结合点。在全球经济一体化进程加快和推进农业经济结构战略性调整进程中，加强农产品质量安全管理，提升农产品质量安全水平，对于实现农业增效、农民增收和农产品竞争力增强具有十分重要的意义。

当前，由于环境对农业生产的污染和农业投入品的使用不当，农产品市场管理不够规范，少数农产品中残留的有毒有害物质超标，全面加强农产品质量安全管理刻不容缓。必须站在农业和农村经济发展全局的高度，站在全面建设小康社会的高度，深刻认识到农产品质量安全是新时期农业发展的命根子，加强农产品质量安全监管的必要性和紧迫性。

(一) 加强农产品质量安全监管是我国农业参与国际竞争的必然选择

随着经济全球化进程的加快，我国农产品必须面对国内国际两个市场，农产品市场竞争不断加剧由价格竞争转向质量竞争为主，农产品质量安全是影响竞争力的第一基础要素。我国生产的蔬菜、水果、水产品、肉类等劳动密集型产品有较强的竞争优势，也是我国传统的出口创汇产品，但近年来由于与国际接轨的农产品标准体系建设滞后，加上现阶段少数农民的安全生产意识淡薄，农产品生产标准化程度较低，工业对农业产地环境造成污染，致使部分农产品质量安全难以保证，因此出口受阻较为严重。加强农产品质量安全管理，提高农产品质量安全水平，以提高农产品国际市场竞争力，是积极应对国外的"绿色壁垒"，扩大农产品出口、促进贸易的重要举措。

(二) 加强农产品质量安全监管是全面建设小康社会的内在要求

全面建设小康社会，提高人民生活水平，农产品质量安全是最基本的要求。实现农业增效、农民增收和农产品市场竞争力增强，是新阶段中国农业发展的主攻方向。实现"三增"，农产品质量安全起着决定性作用。近年来，全国大部分地区不同程度地出现了农产品卖难、价格低迷、农民增收困难的局面，重要原因之一是农产品优质品率低，有些产品还存在安全隐患，导致农业效益不高，农民收入增长缓慢。因此，农产品的质量安全问题，一定程度上已成为制约农民增收，建设农村小康的一个关键问题。我国农业进入新的发展阶段后，要从根本上解决"三农"问题，必须下大力气解决农产品质量安全问题，这是新时期农业农村经济发展的重大任务。只有这样，才能达到统筹城乡经济社会发展，全面建设小康社会的奋斗目标。

(三) 加强农产品质量安全监管是保障消费安全，提高城乡居民生活质量的重要途径

"民以食为天，食以安为先"，吃饭问题始终是关系人民群众的头等大事。我国已经进入全面建设小康社会的新历史时期，农产品短缺问题已基本解决，数量上的供求矛盾得到基本缓解。随着人们消费水平提高，对农产品质量要求越来越高，农产品质量安全问题直接关系到人们的生活质量和健康，已成为社会各界普遍关注的焦点和热点问题。但是，目前质量安全事件时有发生，

农产品质量安全问题日益凸显。因此，解决农产品质量安全问题，保证城乡居民吃得安全、吃得放心，这是坚持以人为本、对人民高度负责的体现，体现了最广大人民的根本利益。

二、农产品质量安全监管的主体内容

明确了农产品质量安全监管的重要性和必要性之后，就必须清晰确定农产品质量安全监管的主体内容，以便对症下药，有效地采取保障农产品质量安全的措施。借助工业经济学中经典供应链理论以及分析行业内各种政策导向，发现构建农产品供应链质量控制体系是农产品质量安全监管的核心内容。

从横向职能领域看，农产品供应链质量控制体系主要包括农产品危险性评估系统、农产品安全应急管理决策系统、农产品质量安全标准体系与信息管理体系。农产品供应链质量控制体系以信息管理系统作为平台，以农产品危险性评估系统和农产品质量标准体系作为决策支持系统，全面实现农产品质量安全应急监控管理。从纵向看，农产品供应链质量控制体系包含了农产品生产、加工、运输销售的全过程，在国外被形象地比喻为"种子→食品"，而在国内一般称之为"从田头到餐桌"。其中涉及了农产品供应链中各环节的企业以及最终消费者。政府作为农产品安全法律以及标准的制定者、监督执行者，对农产品市场起着及时监管、积极引导的作用。

这些环节与农产品质量安全有着最直接的联系，自然就成为农产品质量安全控制与管理的最终作用点。除了本节点的质量控制以外，农产品供应链的每个主体都承担着监督上游农产品企业的质量控制。政府一方面对农产品供给方进行监管，另一方面引导消费者的农产品安全消费观点，提醒消费者具备安全农产品需求意识。农产品供给方、消费者、政府由此形成农产品市场质量安全监控机制。其重要性在于在农产品生产过程中对质量问题的防范，而不是产后农产品质量的检验。

三、苏州市加强农产品质量安全监管的实践

农产品质量安全水平是现代农业发展的重要内容和主要标志，基于以上农产品供应链质量安全监管主体内容的分析，苏州市委、市政府高度重视农产品质量安全，采取生产和监管两手抓、两手硬的方法，促进无公害农产品质量建设。为了做好农产品质量监管工作，苏州率先制订并全面实施食用农产品安全监督管理条例，展明苏州农业的生产管理已经由偏重数量向更加注重质量安全管理在转变。

回顾苏州市的农产品质量监管工作，苏州市专门成立了监管领导小组给予组织资金保障市局负责制定具体的实施意见，工作重点是强化源头控制，有计划、有步骤地开展了对无公害生产基地的实地执法检查和监管，并对无公害生产基地环境质量和农产品质量进行了抽样检测。正常情况下，每两个月抽检一次；春节、五一、国庆、元旦等重大节日期间增加抽样。采取的主要方法：一是制定了抽样规程、检验方法、判定依据、异议处理等制度，到现场进行随机抽样，并提供法定的检验报告和检查报告。二是依法检查，按认证、认定要求，实地进行标准化判定。三是依据监管结果和实地检查结论进行依法处理。经过这几年的质量监管，做好源头管理，促进了食用农产品质量安全水平的提高。到 2006 年年底，苏州市的无公害生产基地已经增加至 431 个，面积 157 万亩（1 亩 = 0.066 7 公顷），占现有耕地的 50%。"三品"（指无公害农产品、绿色食品和有机食产品 1 106 只，其中无公害农产品 525 只，比上年增加 27 只。绿色食品 515 只，比上年增加 334 只。有机食品 66 只，比上年增加 39 只，销售总额 3.85 亿元。以平均售价比一般农产品高 10% 计，年创经济效益 3 500 万元，为苏州的农业发展、农民增收做出了较大贡献。

苏州市的农产品监管实践表明，要全面提升产品档次，在农产品领域实现"规范生产、安全消费"，就必须坚持两头检测，全程监控"的方针，从源头抓起，做好"从田头到餐桌"全程各个环节的监管。在控制上必须抓住有毒有害物残留监控，在环节上必须锁定生产环节的监管，包括产地环境质量监管、农业投入品质量监管、农业投入品安全使用监管、农产品产地准出监管和产品质量标识监管等。农产品质量安全生产过程的关键控制点在于产前的生产环境质量控制、产中的化学危害控制和动植物疫病控制、产后的有害微生物污染控制等。因此，农产品质量安全监管的重点必须放在农业生产环境保护农业投入品市场管理化肥、农药、兽药、饲料添加剂、生长激素等的合理使用和动物疫病的有效预防，以及初级农产品的标识包装等上面。

四、加强农产品质量安全监管的思考

坚持每一个环节可相互追查的原则，做好农产品生产记录、储运记录和销售记录，实现产品流向可追溯，逐步形成农产品质量安全追溯信息网络，建立生产经营质量诚信承诺制度。建议政府根据监管的需要加大投入力度，支持农产品质检体系、农产品质量安全例行监测等公益性配套设施建设，逐步建立健全农产品质量安全长效监管体系。具体可以考虑从以下四个方面实施监管：

（一）加强生产环节管理，强化源头监管

源头监管首先要注重农产品质量标准的推广工作，加大产地标准、生产技术操作规程和产品标准的实施力度。通过扶持和培育农业龙头企业、合作经济组织、专业协会等提高农业的组织化程度，通过建立标准化生产模式图、标准化综合示范区，推广无公害农业标准化生产技术等推进农业标准化生产。合理化学投入品的使用，规范种（养）植生产行为，指导基地严格按照标准化组织生产和加工，健全产品原料使用记录、农业投入品使用记录、生产过程操作记录、加工包装销售记录和培训记录等质量安全记录档案，努力提高"三品"生产企业的质量管理水平。净化产地环境是不可或缺的。随着开发力度的加大，城市的工业化程度也越来越高，因此要严格控制工业"三废"和城市生活垃圾对农业生态环境的污染，保护种植、养殖区域环境。对不适合无公害农产品生产环境的地方可以考虑种植花卉苗木，尤其是一些可以吸附土壤中重金属的苗木，在增加绿化的同时改良土壤，改善生态环境。优质安全的农资产品的使用，是生产出安全农产品的有力保证。强化农资产品质量监管，要扩大放心农资下乡进村试点，推进农资信用体系建设，定期开展农业投入品市场整治，打击假冒伪劣，严格禁止高毒、高残留农（兽）药、添加剂的销售使用。加强对农民的服务指导，提高农民科学选购和使用农资水平严格农业投入品管理，推广使用高效低残农（兽）药建立生产基地年检制度，采取自查、复查和抽查的方式进行实地检查。

（二）推行市场准入制度，加强流通监管

推行农产品市场准入，一要执行农产品质量认证、认可制度。在积极开展"三品"质量认证的基础上，对生产出的符合质量安全标准的农产品，严格"三品"标识管理，鼓励发展品牌农产品，引导公众放心消费。二要建立农产品质量安全例行监测制度。建立农产品质量安全快速检测点，在农产品生产基地、批发市场、农贸市场和连锁超市开展农药残留、兽药残留等有毒有害物质残留检测，不符合质量安全标准的农产品坚决不准流通和销售。同时推广速测技术，扩大消费者的知情权和监督权。三要实行标识管理，逐步推行产品分级包装上市和产地标识制度，推行追溯和承诺制度。对包装上市的农产品，要求标明产地和生产者。按照从生产到销售的每一个环节可相互追查的原则，做好农产品生产记录、储运记录和销售记录，实现产品流向可追溯，逐步形成农产品质量安全追溯信息网络，建立生产经营者质量诚信承诺制度。

（三）健全信息发布和预警制度，加强舆论监督

逐步建立质量安全信息发布系统，对农产品生产、流通环节质量安全状况进行实时监控，定期向社会发布农产品质量安全检验检测信息，进行预警预报分析。和新闻媒体密切配合加强舆论监督，深入揭露和曝光生产销售假冒伪劣

农业投入品和农产品的违法行为，对重大质量安全事故跟踪报道，提出警示，宣传放心农产品，正确引导消费。一方面加强对农民的社会公德意识教育，强化农产品生产者和经营者的责任意识；另一方面强化消费者安全消费的信心，营造农产品质量安全人人有责，质量安全监督齐抓共管，全社会关心、理解、支持农产品质量安全工作的良好氛围。

（四）依托法律法规体系，加大执法监督

《中华人民共和国农产品质量安全法》规定依法实施对农产品质量安全状况的监督检查，是防止不符合农产品质量安全标准的产品流入市场、进入消费，危害人民群众健康、安全后果的必要措施，是农业行政主管部门必须履行的法定职责。因此各级农业行政主管部门应认真组织学习这部法律的各项内容，严格执法监督，把农产品质量安全的法律法规落到实处。只有准确理解、全面把握法律的规定，才能做到依法办事，正确履行监督管理职责。同时还要做好该法的宣传普及工作，做到电视上有声、报上有文、道路上有横幅，发放宣传手册送法下乡，努力使全市农户都能了解这部法律，在农业生产活动中自觉履行保障农产品质量安全的义务。一方面抓好法制宣传和教育，另一方面加强对产品质量安全的执法监督，例行监管与专项整治相结合，定期不定期地开展农产品质量安全执法检查，对经整改后仍不符合无公害农产品生产基地要求的，可依法采取摘牌措施，确保生产出的农产品有毒有害物质不超标，质量安全可靠。

参考文献：

［1］彭春芽，彭世广．经济政策不确定性对生鲜农产品拍卖市场价格的影响：基于昆明国际花卉拍卖中心的实证研究［J］．科技与经济，2019（3）：41-45.

［2］谢如鹤，喻佩云，袁淑君，等．基于三方博弈的鲜活农产品冷链主体市场行为分析［J］，2019，18（6）：45-51.

［3］孙玉玲，袁晓杰，石岩然．基于利他偏好的农产品供应决策研究［J］．系统工程理论与实践，2017，37（5）：1243-1253.

［4］冯颖，余云龙，张炎治．等随机产出于随机需求下TPL介入的农产品供应链协调［J］．管理工程学报，2017，31（4）：156-163.

［5］熊峰，彭健，金鹏，等．生鲜农产品供应链关系契约稳定性影响研究：以冷链设施补贴模式为视角［J］．中国管理科学，2015，23（8）：102-111.

［6］李剑锋，陈世平，易荣华，等．二级物流服务供应链定价及其效率研究［J］．中国管理科学，2013，21（2）：84-90.

云南高原特色农产品供应链整合研究

管敏　昆明医科大学海源学院
阮萍　云南财经大学会计学院

摘要：高原特色农产品现代化发展需引入供应链思想，供应链整合可以优化农产品产业链上下游的资源配置，提升产业整体竞争力。本文从分析云南高原特色农产品的产业特点及现状出发，分析供应链整合亟待解决的问题，并提出具有操作性的建议。

关键词：云南；农产品；供应链；整合

一、云南高原特色农产品发展现状

云南山区面积占全省面积95%以上，地理优势独特，物种优势明显，在发展优势农业产品上具有得天独厚的区位优势，孕育了丰富多彩的高原特色农业产业。截至2020年，云南共有农业龙头企业4 200余户，营业收入超过3 000亿元，云南省农业经济总量稳步增长，农业农村经济发展取得良好成绩。云南曾经重点发展烟糖茶胶四大特色产业，并将其培育成云南经济的支柱产业，成为中国的烤烟、甘蔗、茶叶、橡胶生产基地。

如图1所示，近年来云南水果和茶叶产量呈现逐年上升的趋势，其中2019年云南省水果产量超过860万吨，茶叶产量高达43.72万吨，香蕉产量超过211万吨，产量均创下历史新高。

近年来，云南着力发展高原特色农业，建设高原粮仓、特色经济作物、开放农业，打出丰富多样、生态环保、安全优质、四季飘香"四张名片"，打造世界一流"绿色食品牌"，发展茶叶、花卉、水果、蔬菜、坚果、咖啡、中药材、肉牛、生猪等重点产业。云南粮食产量在全国13个主产区之外稳居领头位置，鲜切花、天然橡胶、咖啡、烤烟、核桃、中药材种植面积和产量连年保持全国第1位。

云南全省75%的国民收入、70%的财政收入、60%的创汇收入和80%的轻工业原料收入均直接或间接来自农业。

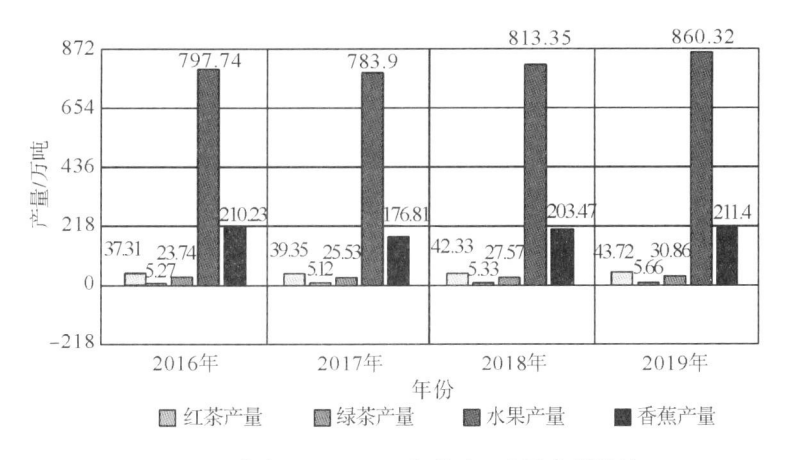

图 1 云南省 2016—2019 年茶叶、水果产量统计

资料来源：根据国家统计局、农业部数据整理绘制。

由图 2 可知，云南省 2016—2019 年国内生产总值逐年升高，第一产业产值增加值连年上升，2019 年云南省第一产业产值增加值高达 3 037.7 亿元，高原特色农产品为此贡献了不少力量，经过多年发展积累，云南高原特色农业走出了一条特色鲜明的发展道路。

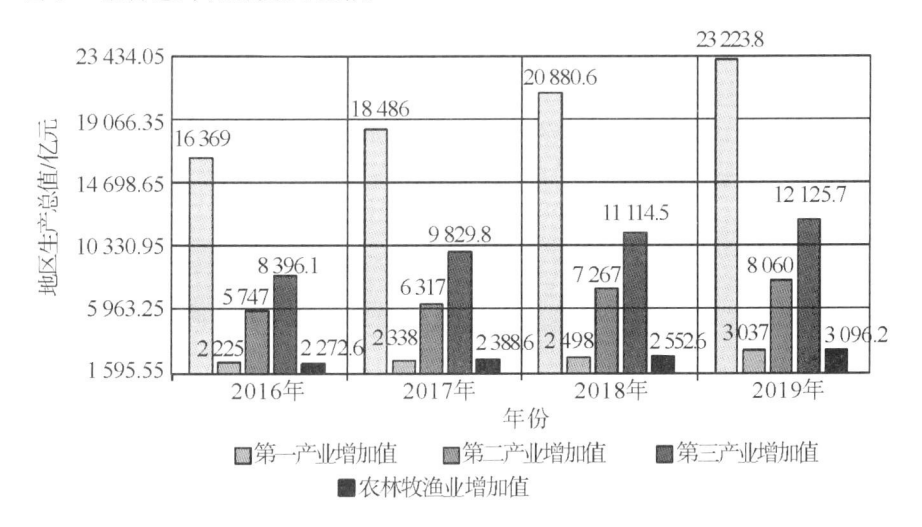

图 2 云南省 2016—2019 年国内生产总值统计

资料来源：根据国家统计局、农业部数据整理绘制。

特色农产品是指一个地区凭借独特的自然条件、生物资源等生产的具有典型特色的产品。特色农产品的生产还依赖于独特的生产技术（如种植、养殖、加工），其他地区很难复制。特色农产品强调资源的异质化和产品的优质、高价值化占有特殊的市场地位，其销量受到居民消费水平影响。

如图3所示，近年来中国居民消费水平正在快速上升，随着消费者需求的多样化以及消费元素的多元化发展，特色农产品更能满足不同消费者的消费偏好，价格弹性大，更容易获得发展空间。然而，长期以来云南高原特色农业一直采用传统模式经营，加之地处边疆，交通和信息相对闭塞，零散的经营模式限制了市场空间及发展潜力，对农业经济发展及农民收入提高造成了一定的影响。

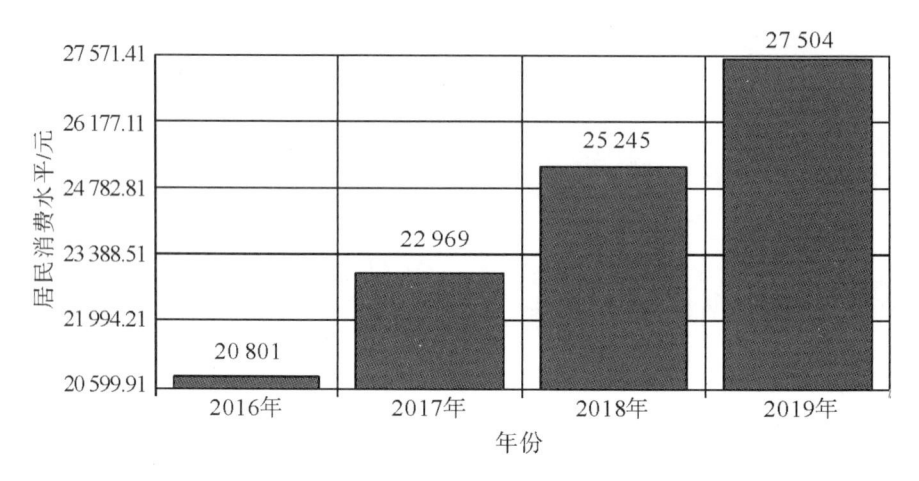

图3 2016—2019年中国居民消费水平统计

资料来源：根据国家统计局、农业部数据整理绘制。

二、云南高原特色农产品供应链问题剖析

供应链整合是供应链伙伴之间为了给顾客提供更高的价值和提高竞争优势，而进行更高水平的合作的管理方法。通过企业与供应链伙伴之间的战略性合作，达成产品流、服务流、信息流、资金流以及决策流的高效率流动，以低成本、高效率为顾客创造最大价值。

国家统计局和农业部相关数据显示，近年来中国生鲜农产品物流规模逐年扩大，预计2020年生鲜物流费用将高达12 910亿元，国内外专家学者对供应链整合问题进行了一系列研究，但过去的供应链整合的研究忽视了内部整合，真正的整合需同时强调内部和外部流程，双管齐下。

按照云南省委省政府对高原特色农业的整体规划，发展高原特色农业是云南省农业农村工作的重点，担负着推进农村产业融合发展，促进农民收入持续

较快增长的重要任务。然而，云南高原特色农产品在原材料供给、营销物流配套、信息传递等环节受传统经营模式的影响，仍存在诸多问题。

（一）高原特色农产品供给端资源整合力度薄弱

云南省部分高原特色产品种类丰富，但供给端资源整合力度薄弱。以野生菌为例，云南野生菌大宗品种有松茸、牛肝菌、羊肚菌、鸡油菌、块菌、干巴菌、奶浆菌等；每年云南栽培菌产量仅约30万吨，原始产值约20亿元；全省食用菌产品远销美国、法国、德国、荷兰、日本、泰国、新加坡等40多个国家和地区，但年出口量仅仅1万吨左右，只能创汇近1亿美元。云南野生菌贸易量约15~20万吨，原始产值约50~60亿元，但近万吨的种类仅有两三种，主要是因为目前云南野生菌的生产主要依赖零散农户，单个农户因市场力量有限，在进入市场时要付出巨大的交易成本，很难取得规模效应。然而，目前云南高原特色农产品的下游龙头制造或销售企业较少考虑去整合农产品的供给资源，建立农产品供应基地，导致产地到市场的交易链条不畅通，交易成本居高不下。

（二）配套产业缺位抬升高原特色农产品交易成本

以食用菌为代表的云南高原特色产品往往利润不高，走冷链运输会增加成本，冷链的成本有时候高于利润；容易变质的简单加工的产品，相对来说利润高一点，但必须大宗运输才能保障成本；一些特殊鲜活易腐难贮存的农产品需要单独运输，不能和其他冷链产品混合运输，造成成本过高，或装载量不多。

如图4所示，我国冷链物流行业发展规模越来越大，2015—2019年复合增长率为15.5%，2019年达3 264亿元，肉类一直占大头，2019年肉类物流费为1 366.4亿元，近5年复合增长率为17%；水果物流收入增长最快，复合增长率近30%，但受保鲜难度、交易成本和市场价格影响，冷链物流品类间差异仍然较大。为了保鲜，不得不在流通中必须采取一定的特殊措施，在流通环节单独加工整理；在储存时使用特定的容器和设备；在运输过程中利用冷链技术保鲜保质。然而配套的冷链物流发展迟缓，对产品的质量保证及价格产生了不良影响。由于配套产业及配套设计的缺乏，云南高原特色农产品的交易成本一直较高，运转效率不足，无法创造更多利润空间。

（三）信息不对称增加高原特色农产品的供应链风险

高原特色农产品生产者和消费者均具有零散性，导致市场信息十分分散。市场中供求关系竞争者及合作者等信息很难全面收集，加之云南高原特色农产品生产的季节性强，导致市场价格波动较大。需求的不确定性以及市场信息不完全，增加了交易成本的同时，还加大了机会主义倾向。此外，云南高原特色农产品尚未建立起自己的品牌价值，消费者对其独有的特色和价值了解不够，产业整体价值被低估。

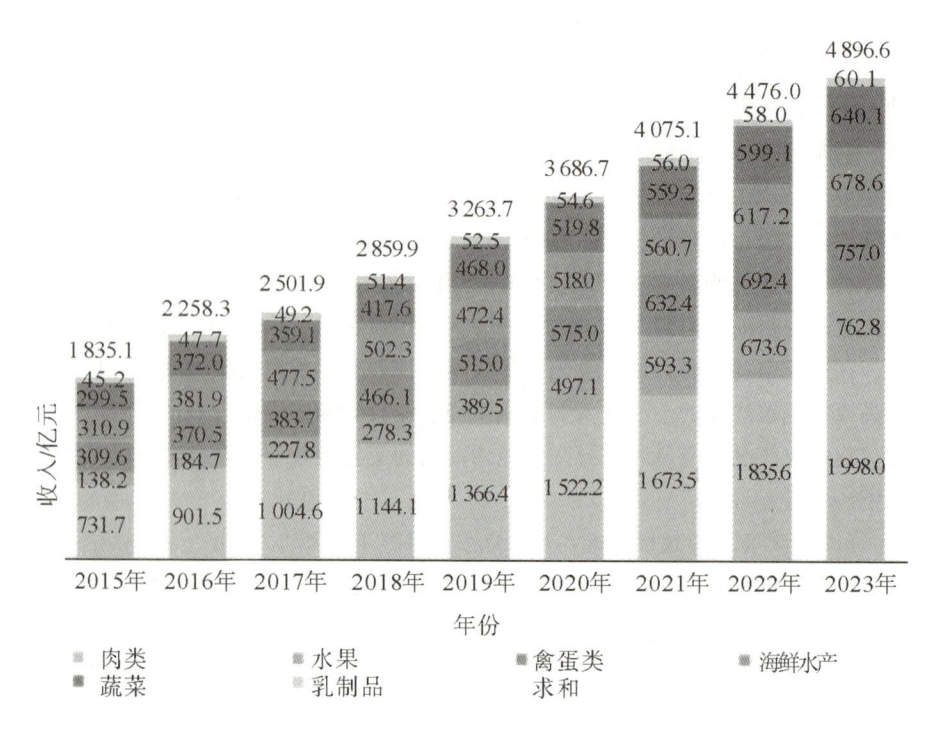

图4 2015—2023年中国冷链物流行业分品类收入

资料来源：根据国家统计局、农业部数据整理绘制。

三、高原特色农产品供应链整合建议

整合高原特色农产品供应链实质上就是优化配置资源，解决产销失衡，稳定市场价格，增强产业整体竞争力，促进农业持续发展。针对云南高原特色农产行业面临的问题，可以从以下几个方面推进产业供应链整合，实现产业现代化发展。

（一）建立高原特色农产品供应链合作组织

农业生产者作为高原特色农产品供应链体系的起点，具有行动力弱、分布不集中、规模小的特点。供应链整合应利用培训等手段来提高农业生产者的整体素质，包括生产技能、契约精神、诚信意识等，改善农户的弱势地位，使其融入供应链中。建立农民合作组织能较为有效地抵御市场风险，例如成立农民合作社或专业协会，分化风险，共享利益。也可以采用"企业+基地+农户"

的模式，降低农民承担的市场风险。农产品供应链起点的稳定将为供应链整合奠定良好的基础。

（二）增强高原特色农产品供应链协同作用

供应链整合的效果取决于业务操作上的整合效率。农业龙头企业作为农产品加工主体，应当在供应链条中承担起上下协同的作用。与上游农业生产者或农产品生产基地协作时，可在资金、技术等方面帮助其改善生产技术和水平，提高生产效率，保证产品质量；在与下游销售商协作时，可根据零售商提供的市场信息制订生产和研发计划提升产品的市场竞争力。不同品种的农产品供应链的核心也不尽相同，需要分析龙头企业在供应链中所处的位置，同时依托技术发展及品牌建立进行。

（三）实施高原特色农产品供应链中信息共享战略

可以微信小程序为基础，依托云计算、大数据、人工智能等成熟的技术体系，将物流、信息流、资金流进行整合，从而让云南高原特色农产品以最快的速度、最低的成本、最优的服务送达消费者手中。通过依托互联网科技，提云南高原特色农产品的竞争力以及品牌知名度，推动当地特色产品发展，定量生产，促进当地农业产业向规模化、智能化、集约化发展。助力人民群众增收致富，奠定坚实的产业发展基础。小程序操作流程简单、界面整齐清晰、内容简洁明了，能够帮助消费者快速找到自己想要的商品。小程序页面以美食、果蔬、自有产品、精选活动、品牌秒杀等进行划分，将农产品进行有效整合分类，将产品信息快速传达至消费者。同时用户还可以选择自己喜欢的商家进行下单，购买成功后，小程序将智能进行物流配送服务，消费者可实时获取到产品的物流信息。为相关商家提供线上销售平台，助力云南高原特色产业的相关商家快速打通双营销渠道，解决农副产品滞销的难题，突破时间空间的限制，扩大的客户群体。

供应链整合过程中，信息流整合的效率至关重要，而信息化是信息流整合的基础。信息化过程应当从企业内部向外部，从核心业务至整体业务逐层推进。首先开展信息化基础设施建设。构建信息交流平台及相关软件等设施；其次，开展各核心部门业务的信息化处理，建立起财务、生产等部门的应用系统；再次，推进企业内部业务活动之间的有效互联，协同操作，实现信息共享；最后，通过信息技术把供应链上的上下游企业和各组织连接起来。实现各节点资源的有效整合以及互动管理。推行供应链信息共享战略能更有效地向市场提供商品和服务，提高供应链的响应速度。

（四）创立高原特色农产品供应链整合的品牌优势

供应链整合的主体是企业，应当通过积极培养高原特色农产品龙头企业并依托龙头企业建立供应链管理体系，创立品牌优势，以龙头企业为基础逐步推进企业内部和外部的整合。通过企业内部各部门各种类型的协作，加强龙头企业内部的整合，建立企业共同的战略目标，形成品牌意识，内部整合具有成效后，龙头企业要开始推动外部整合，逐步与供应链上下游环节建立战略伙伴关系，创立统一的供应链整合管理平台品牌形象。

参考文献：

[1] 赵顾惜. 我国农业龙头企业创新发展模式研究：基于对云南建水和源农业公司的调研［J］. 中国集体经济，2021（2）：10-13.

[2] 黄宁. 基于电子商务的新疆农产品供应链集成模式研究［D］. 石河子：石河子大学，2015.

[3] 陈志敏. 基于供应链的湖北特色农产品物流管理及信息系统研究［D］. 武汉：武汉理工大学，2013.

[4] 王东生，郑宽明. 物流服务供应链整合对物流绩效的影响测度［J］. 商业经济研究，2020（23）：103-106.

[5] 赵临风. 农产品供应链整合策略探讨［J］. 商业时代，2010（2）：33-35.

[6] 焦钢. 云南省优势特色农产品发展思路与对策研究［J］. 学术探索，2004（6）：43-46.

[7] 申世周. 云南高原特色农产品新零售模式探析［J］. 云南农业大学学报（社会科学），2021，15（1）：76-80，96.

[8] 洪涛. 2020中国农产品电商发展报告（三）［J］. 农业工程技术，2020，40（21）：63-70.

[9] 谢波，鲁智秀. 浅谈供给侧改革下的供应链优化问题：以云南蒙自石榴为例［J］. 物流科技，2020，43（4）：136-138.

西南少数民族地区农产品供应链信息共享与协调优化

张冰琛 云南财经大学会计学院

摘要：农产品供应链的信息共享与协调优化能够有效促进上下游企业沟通与合作，建立互信机制，及时了解消费者需求，让农产品生产者能够调整生产方向和营销策略，从而提升自身利益。我国西南少数民族地区由于区位因素，供应链的信息共享与协调水平远远落后于发达地区，因此，分析西南少数民族地区供应链信息共享与协调的现状，从政府和企业两大层面了解其施行必要性，对于提高我国民族地区供应链信息化水平，促进国家整体经济实力提升具有重大意义。

关键词：少数民族地区；农产品供应链；信息共享与协调优化

一、引言

供应链是指在生产及流通的过程中，涉及将产品或服务提供给最终用户活动的上游与下游企业所形成的网链结构。而供应链信息共享与协调是指在其网链结构上的节点企业依靠分享平台进行数据的互利共享，建立企业间的互信机制，提高自身的管理水平。但是，从数据上来看，我国少数民族地区的农产品供应链信息共享与协调水平远低于我国发达地区，供应链信息共享与协调水平还需要进一步提高。本文旨在探讨如何实现西南少数民族地区农产品供应链的信息共享与协调，为我国少数民族地区农业长远发展建言献策。

二、少数民族地区农产品供应链信息共享与协调的必要性

农产品供应链是一个基于农产品价值的，"由田间到餐桌"的链条，少数民族地区传统的农产品供应链主体多，构成复杂，流通效率不高，不利于存储和运输。但是，农业供应链的信息共享与协调能够有效整合农户及企业，保护农民切实利益。从政府层面来说，农产品供应链信息共享与协调能够有效促进少数民族地区的农业发展，加速城乡一体化，实现收益翻倍。少数民族地区在

一定程度上存在经济发展落后的情况，但农产品供应链的发展，能够充分利用其丰富的产品资源，有效促进信息流快速转化，优化资源配置，增加产品加工的附加值及农户收益，带动少数民族地区农村经济，有效实现城乡一体化发展。从行业层面来说，农产品供应链信息共享与协调能有效促进农业产业结构的调整，协调提高供应链整体利润。信息的可靠性和安全性直接影响行业的有效信息传递，供应链信息协调状况则会直接影响整条链的经营利润，信息能否顺畅流动是供应链信息协调的关键，只有信息畅通传递，整个供应链才能运作顺利，提高整体利润。从企业及农户层面来说，农产品供应链信息共享与协调能够有效提高企业的经营利润及农产品竞争力，供应链的信息沟通一旦出现问题，会致使企业间相互猜疑及不信任，继而引发恶性竞争。而信息协调是竞争资本的关键因素，也是企业竞争力的来源，信息的协调能够引领企业良性竞争，有效提高农户农产品的竞争力。

三、少数民族地区农产品供应链信息共享与协调现状及问题分析

随着农产品信息技术的日益发展，农产品信息发布平台也逐渐普及到了我国西南少数民族地区，在一定程度上促进了农产品供应链上的信息流通。但是，少数民族地区的供应链共享与协调水平还远远落后于我国其他的发达地区，具体表现可以从政府层面及企业农户层面来进行分析。政府层面上可以分为农产品安全信息未细分认证、信息发布平台不完善、产品信息开发水平低、信息传递机制不健全以及参与方缺乏信任。企业层面主要表现为经营模式信息单一化、物流信息建设水平低、核心企业的协调能力不足。

（一）政府及市场层面

1. 农产品质量信息安全未进行细分认证

由于农产品质量信息安全没有完全纳入法律认证范畴，人们常说的绿色无公害食品也没有准确的鉴定标准。质量安全认证的总体规模小，消费者认知度较低，难以保证市场中的产品质量。农产品品质参差不齐，安全认证度没有保障，可能存在农产品市场信息混乱，轻则出现假冒伪劣产品，重则出现食品安全问题，影响消费者权益。

2. 农产品信息发布平台构建仍不完善

目前少数民族地区构建的农产品信息发布平台仍然存在问题，农产品信息的共享和协调尚未得到真正实现。农产品信息发布平台可以分为自建信息和公共信息两大类平台，但是两种平台都难以实现信息的全面沟通。其中，自建平台的构建需要企业不断投入成本维护运营，才可以保证信息数据的更新速度，

保障数据的完整性，但是其所需的经济成本一般商户难以承受。公共网络信息平台的构建具有多重优点，如：存储量大、信息及时、开放性强，平台中的农户和商家都可以根据自身需要，发布商品数据信息。但是，这同时也会引起产品数据混乱，其真实性难以得到保障。

3. 农产品信息开发利用水平较低

近年来，少数民族地区农产品供应链信息化水平逐渐受到了人们的关注，以往的旧模式难以满足社会新的发展需要，虽然农产品供应链的信息开发水平取得了一定进步，但相对于发达地区仍然还存在一定差距。少数民族地区农产品供应链信息的发展问题，不仅仅是人才的匮乏，而且信息体系建设、信息处理、信息采集的整体技术水平也较为落后。

4. 农业供应链信息传递机制不健全，信息化程度低

农产品供应链中各环节的信息共享传递是否通畅决定了农业供应链的工作效率，如果农业市场难以将农产品供应链中的信息共享，那么就会造成供应链中企业信息不对称，引发各类不必要的成本损耗。我国少数民族地区农产品供应链信息传递机制还不够完善，市场信息呈现单向性传递，小农户生产者难以接收到新市场信息，经销商的低价收购可能会致使大量农户利益受损。此外，信息化程度低会影响消费者体验，企业无法获得真实市场反馈，难以提高产品质量，调整产品销售和生产策略。

5. 农业供应链参与方缺乏信任，信息共享难度较大

我国少数民族地区农业供应链信息共享程度较不高，难以实现完全的信息共享，主要受以下两个原因影响：一，农业市场上的各企业间缺乏信任。由于农产品各厂家存在竞争关系，信息资源无疑决定了其竞争优势，所以彼此之间也难以建立信息共享的合作关系。二，企业为了提高自身在市场上的占有额，会尽可能地获取农产品市场上的私有信息，而供应链其他环节的参与者为维护自身权益，则会尽力将其私有信息进行保密。这种情形下，农产品信息共享机制的建立也难以实现。

（二）企业及农户层面

1. 农产品经营模式单一，缺乏规模化信息意识

我国民族地区农产品产地大多位于农村，生产主体以小型农场和家庭农户为主，生产主体的理念落后，经营模式较为单一，信息化共享意识薄弱，较难形成规模化的农产品供应链信息共享平台，单一的商业模式只能满足终端消费者的需求，农产品与销售商难以形成长期的战略合作关系。由于生产规模和经营模式的限制，具有区位优势的地方特色农产品无法实现品牌化和标准化，无

法达到采购、运输、销售环节的电子商务标准要求。因此，单一经营模式下的农产品价值得不到发挥，特色农产品质量下降，农户利益难以保障。

2. 农产品供应链物流信息化建设水平低

信息化建设的水平和规模取决于经济实力，由于我国少数民族地区经济发展还相对落后，现代信息技术在少数民族地区农产品供应链中的发展水平还处于初步形成阶段。尤其是供应链的物流信息化建设水平较低，信息化建设有待完善。

3. 农产品供应链核心企业的协调与沟通能力不足

位于农产品供应链关键节点的企业就是核心企业，每个环节的参与者通过核心企业都能进行有效衔接，继而形成一条完整的农产品产业链。在这条完整的产业链下，农产品链条上的参与者（物流公司、生产商、消费者、中间商等）在利益驱动下，围绕农产品又会形成统一的网络链。总体看来，少数民族地区由于其核心企业的沟通和协调能力不足，经济实力有限，其农产品供应链的规模明显低于国内发达地区，难以拉动少数民族地区整体运营及供应链的稳定发展，继而难以保障农产品供应链发展所需的供需信息。

四、少数民族地区农产品供应链信息共享与协调的优化策略

我国少数民族地区农产品供应链信息共享与协调尚不够完善，还存在诸多问题，为了缩小少数民族地区与发达地区之间的经济差异，我们依然可以从政府层面和企业层面提出相应的优化策略。政府层面可以对农产品安全信息进行细分认证，将农产品信息发布平台由政府牵线转为由政府管理，目的是提高农产品信息采集与开发利用水平、健全农业供应链信息传递机制以及引导和鼓励农产品供应链的信息共享。企业层面可以丰富经营模式规范信息标准、加强农产品供应链物流的信息化建设、提高核心企业协调与沟通能力。

（一）政府及市场层面

1. 对农产品质量信息安全进行细分认证

政府部门要加快完善农产品质量信息的安全认证，细分各农产品质量要求并加以认证。绿色无公害产品源自传统农业，是为了应对消费者对农产品的安全性要求而出现的，也是维持农业可持续发展的产物。地方政府应该根据国家总体方针的要求，结合少数民族地区的实际情况，通过人才培训和经济扶持等政策，帮助和倡导更多的农产品生产者生产无公害绿色食品，切实提高生产者农产品质量信息安全意识。同时，应将农户进行户籍编码，每户对应的编码贴到自产的农产品上，形成有效的信息追溯。

2. 农产品信息发布平台由政府牵线转为政府管理

少数民族地区已构建的农产品信息平台不够完善，高额的维护成本和数据混乱都会影响到农产品生产者的权益，部分少数民族地区的信息条件还处于较为落后的水平。少数民族地区的政府部门应发挥带头作用，将地方农业研究院、大型农业企业纳入公共信息平台，对平台数据信息的发布进行统一规范，引导和培训农户数据填写规范，安排专员对农产品数据进行分类整理，对于民族偏远地区要积极建设并完善网络设施，实现对农产品供需数据的高效处理。

3. 提高农产品信息采集与开发利用水平

由于少数民族地区的生产者对农业信息采集及开发利用水平不高，其农业产品的供应链信息共享与协调的能力也受到了影响，所以，政府部门应该采取相应的措施，引导和鼓励农产品生产者去提高自身信息采集的能力。首先，政府相关部门要引导生产个人和企业明确农产品信息采集标准，将国家农业部门出台的农产品信息采集内容加以整合，对采集信息的准确及实效性进行体系化的说明，引导少数民族地区的生产者高效、准确采集农业信息。其次，在信息采集规范化进行的同时，政府可以招募信息采集志愿者进行统一培训，培训结束后对民族地区的农户和企业再进行统一的培训学习。

4. 健全农业供应链信息传递机制，保证信息通畅

我国在《中华人民共和国国民经济和社会发展第十四个五年规划和2035年远景目标纲要》（以下简称《"十四五"规划纲要》）中提出，要"提高农业质量效益和竞争力"的战略目标，因此，为了提高农业质量，建立健全农业供应链信息传递机制刻不容缓。一方面，政府部门要鼓励民族地区的农户"走出来"，引导农产品生产者与电商、物流公司、零售商进行合作，对农产品的信息数据及时进行沟通和处理。另一方面，政府部门要加强和普及少数民族地区网络通信及公路的建设，尽可能地为农户考虑当地的环境劣势，确保供应链信息传递机制的有效运行，保证农产品生产者与市场销售商、消费者的有效沟通，获得市场真实反馈，及时调整产品销售和生产策略，切实维护自身利益。

5. 引导和鼓励农产品供应链的信息共享

由于少数民族地区农业市场存在信息不对称，各企业之间也缺乏信任，造成了供应链的信息难以实现共享互惠。因此，一方面，政府及市场协会应当引导和鼓励农产品企业实现信息共享，制定和完善法规政策，严禁生产者利用信息壁垒进行恶意竞争，加大对民族地区的资金及人才扶持培养力度，推动农产品供应链信息系统的稳定发展。另一方面，市场农业协会对生产者可以统一进

行打分制，对于屡次犯规，利用私有信息谋取暴利的企业进行剔除，限制或取消其相应的生产销售资质，对于积极共享信息的企业给予星级评定，在与外界合作时，大力推荐信息共享、互利的优质农产品厂商，切实保障生产者利益。协会的生产者排名要能够看出其内在的商誉价值，让消费者和经销商更愿意与其合作，能够有效鼓励更多企业良性竞争，有效推动供应链信息共享的实现。

（二）企业及农户层面

1. 丰富农产品经营模式，规范产品信息标准

由于少数民族地区单一商业模式只能满足消费者终端需求，特色农产品又缺乏相应的品牌及标准化，为了增强农产品供应链信息协调，企业要对产品的经营模式进行多元化发展，规范农产品相应信息标准。首先，企业可以利用网络途径进行直播采摘和虚拟化体验，通过宣传农户背后的故事来打动消费者进行购买。通过网络虚拟化体验，不仅可以让消费者模拟种植过程，还可以让消费者看到农户种植农产品的过程，保障食品绿色、安全、无污染，吸引到更多的消费者和经销商。其次，对农产品进行规范化贴牌，由政府引导按户籍给农户发放产品贴码，能够有效建立起食品质量追踪。产品的包装和运送也应当按照当地政府的要求，积极整改自身农产品，实现产品质量信息的高要求、高标准、高质量完成。

2. 加强农产品供应链物流的信息化建设

目前，我国少数民族地区农产品供应链物流信息化建设水平仍需加强，政府部门和企业自身都需要进行投入。首先，政府部门要加强民族地区物流建设，帮助企业及农户自建物流体系解决农产品运输难题。其次，农产品生产企业及农户要学习和提高自身物流信息水平，不断引入新技术运用在供应链物流信息化假设中，如物联网、GPS、区块链等。根据供应链信息共享及反馈及时调整农产品营销的策略，提升消费者满意度。

3. 充分发挥核心企业的带头作用，提高自身的协调与沟通能力

少数民族地区农产品供应链龙头企业应该向发达地区看齐，学习发达地区核心企业的协调经验，主动增强自身的协调与沟通能力，并且起到领头羊的作用，以自身实际行动号召民族地区上下游其他企业实现信息共享，并且帮助地区企业加强自身信息化体系的建设和完善，充分发挥好带头作用。

五、结语

综上所述，我国西南少数民族地区的供应链信息共享及协调水平还较为落后，农产品信息质量安全保证还不够细化完善，信息发布平台也存在局限性，

物流信息建设水平还需进一步提高，真正的信息共享还需要进一步实践、提高。今后，少数民族地区的供应链信息共享和协调仍然需要政府主导，企业和农户积极参与，才能够加快缩小与发达地区之间的差异，实现整体经济水平的提升。与此同时，供应链信息共享与协调还可以适当加入区块链技术，确保农产品供应上的透明化，物流上的安全化，对于农产品质量安全进行快速的信息追溯，有效提高供应链上下游的沟通效率，建立互信机制，实现利益共享。

参考文献：

［1］蔡丽艳.物联网时代的智慧物流［J］.物流科技，2010（12）：95-97.

［2］MANYIKA J, CHUI M, BROWN B, et al. Big data：the next frontier for innovation, competition, and productivity［R］. Chicago：Mc Kinsey Global Institute，2011.

［3］杨亚，范体军，张磊.新鲜度信息不对称下生鲜农产品供应链协调［J］.中国管理科学，2016，24（9）：147-155.

［4］李武，邱国斌.少数民族贫困地区精准扶贫的困境与路径：基于农产品供应链创新的视角［J］.云南民族大学学报（哲学社会科学版），2016，33（5）：119-123.

［5］姜斌远.民族地区农产品供应链信息共享与协调研究［J］.贵州民族研究，2017，38（10）：179-183.

［6］KIRCH M, POENICKE O, RICHTER K. RFID in Logistics and Production-Applications, Research and Visions for Smart Logistics Zones［J］. Procedia engineering，2017，178：526-533.

［7］王子晗.对互联网+金融模式提高电商扶贫项目可持续性的分析［J］.时代金融，2018（7）：299-300.

［8］赵颖.云南省乌蒙山集中连片贫困区农业供应链的扶贫路径研究［J］.物流工程与管理，2019，41（10）：19-22.

［9］陈园.信息技术应用与电商农产品供应链优化策略研究［J］.中国管理信息化，2020，23（24）：172-173.

［10］李林红，王兰，张超.关系质量、协同管理与农产品供应链运作绩效的关系研究：信息共享的调节作用［J］.科技与经济，2021，34（2）：46-50.

［11］李勇建，陈婷.区块链赋能供应链：挑战、实施路径与展望［J/OL］.南开管理评论：1-20［2021-08-20］. http://kns.cnki.net/kcms/detail/12.1288.F.20210508.1440.003.html.

"互联网+"推动乡村经济振兴的路径探索

何江南　云南财经大学商学院

摘要：随着经济的发展，当今的时代已经变成了网络化的时代，整个社会在互联网的推动下高速前进。正是由于互联网的发展，使许多传统行业都面临着巨大的挑战，其中许多行业直面挑战，通过与网络的结合实现了产业的自我革新。乡村经济发展一直以来都是我国经济发展的难题，在互联网时代，乡村也应当合理地利用网络资源来实现自我振兴的路径探索，为我国经济的发展注入新的活力和动力。

关键词："互联网+"；乡村经济；农业发展；路径探索

当今世界正面临百年未有之大变局，国内外的环境都在发生着巨大的变化。因此，我国必须大力增强国力，从而使我国能够更好地应对这个时代存在的各种风险与挑战。而乡村已经成了我国发展路上的瓶颈，只有大力发展乡村经济，才能使我国经济能够更加平稳地前进。而近几年来，有越来越多的乡村与一些公司合作，更好地利用了网络资源，进而实现了产业的革新并逐渐摆脱贫困。因此，本文主要进行"互联网+"推动乡村经济振兴的路径探索。

一、"互联网+"推动乡村经济振兴的现实支撑

（一）国家的政策支撑

最为重要的便是国家的支撑，只有具备了国家层面的支撑，"互联网+"推动乡村经济振兴才能具备合理性。近几年来，脱贫成为我国的首要任务，我国坚定信心打赢脱贫攻坚战。因此，国家为了实现脱贫成功的目标，制定了一系列的政策。正是由于国家的脱贫政策支撑，为乡村产业的自我革新以及乡村经济的自我发展提供了相应的保障，乡村产业的创新以及乡村经济的互联网化才可以顺利地开展，政策因素为乡村经济的发展减少了很多的阻力[1]。

（二）政府的相关部门支撑

政府的相关部门在国家政策的倡导下也逐渐认识到了发展乡村经济的重要

性，并在实践中采取了许多措施来保障国家政策的实现。国家机关的各个部门几乎都有对口扶贫的工作，许多工作人员在工作之余的时间面临着特定的贫困对象，想尽方法来发展乡村的经济，促进乡村人民能够尽快地脱离贫困。此外，发展乡村经济仅仅依赖于乡村是不行的，需要政府部门利用自己的资源以及技术等来帮助乡村找到适合自己的发展道路，从而推动乡村振兴。

（三）互联网用户规模的扩大

用互联网来推动乡村经济的振兴仅仅有国家和政府的支持是远远不够的，还需要有大多数人民的支持。互联网用户规模的增加则为赢得人民的支持创造了有利的条件。一方面，互联网用户的增加使更多人能够通过互联网来了解到乡村和乡村的发展；另一方面，互联网的用户规模扩大不仅仅体现在数量上，还体现在各个行业中。尤其是农业技术研发行业，其与互联网的应用能够使农业工作人员也及时了解到最新的农业技术，从而使农业生产效率最大化。

（四）乡村对互联网的认识

"互联网+"推动乡村经济振兴最重要的是要获得村民的支持，有了村民的支持，一切路径的探索才是有意义的，推广方式的创新才能真正在乡村中得到实现。以往，村民的思想大多比较落后，不知道互联网是何物，不知道它的作用是什么。甚至还有一些村民认为互联网的应用可能会对自己的生活以及农业的发展产生不利的影响。但是，随着互联网越来越普及，大多数的村民对于互联网的认识发生了变化，有越来越多的村民通过网络来购买物品并且通过网络来了解当今社会的一些热点事件。村民对互联网的认识减少了乡村振兴工作开展的阻力，推动了互联网与农业的结合[2]。

（五）互联网的原有理念

互联网原本的诞生理念为"平等、共享"，这与推动乡村经济振兴的内核也是一致的。一方面，乡村经济发展的重要性与城镇经济发展的重要性是相等的，不能只注重对于城镇经济的发展，而忽略了乡村经济振兴，这便充分体现了互联网理念中的"平等"；另一方面，乡村经济振兴的前提是要实现农业技术的共享，只有乡村掌握了最先进的农业技术，才能对传统的农业种植进行改革，这影射了互联网理念中的"共享"。

二、"互联网+"推动乡村经济振兴的路径

（一）在农业生产阶段促进互联网与农业生产的结合

在农业生产时，充分利用互联网以及数据分析来提高农业生产的效率和科学性。首先，在农作物的播种上，可以通过气候以及土壤等分析测算出各个地

区适合播种什么样的农作物,从而避免播种的农作物与地区环境不适宜的情况。其次,在农作物的灌溉上,同样可以通过互联网来计算出适宜的浇水频率,来使种植效率最大化。通过互联网与农作物种植的各个环节的结合,可以使农作物的生产更加的科学化,从而使农民能够在相同的成本投入下获得更多的收益[3]。

(二) 在生产技术阶段促进技术和信息的共享

目前,我国的农业技术已经研发得比较成熟,通过这些技术的应用可以大大降低农业生产的成本。但是,农民进行农业生产时仍采取的是较为传统的技术,只有很少一部分农民应用了这些先进的农业生产技术,从而导致了农业技术只是停留在理论阶段并没有实际应用的结果,根本原因在于农民对于这些先进的农业技术并不了解。因此,要利用互联网平台促进农业技术以及信息的共享,并对这些农业技术以及信息进行大力宣传,从而使农民对这些农业技术有所了解,真正将技术应用到农业生产的实践中,振兴乡村经济[4]。

(三) 在农产品交易阶段促进网络营销

互联网的兴起,带来了许多新兴的消费模式,比如线上购物、线上打车等等。这种模式突破了时间和空间的界限,为人们提供了更多的便利。因此,乡村要紧紧抓住网络时代带来的机会,利用网络平台来营销自己的农产品。首先,乡村要抓住农产品的特点,有一个特定的营销重点;其次,乡村可以与一些电子商务公司合作,根据发掘出来的营销重点来对农产品进行包装,吸引消费者们。同时,在售卖农产品时,要注意保证农产品的质量以及对农产品进行保鲜。通过网络营销的方式,扩大了农产品的销售对象,突破了时间和空间的限制。

(四) 在乡村产业阶段促进乡村产业的多样化

乡村经济是一个有机整体,不仅仅只包括农业经济,还包括其他各个方面的产业经济。只有通过多个产业的带动,才能全面提升乡村经济的发展速度。在保证发展农业经济的前提之下,乡村还可以利用自己的地理优势开发一些乡村游乐园,使之成为度假胜地。此外,乡村游乐园还可以带动游乐园周围的零售经济,为村民带来更多的就业机会。乡村还可以借助当地自然风光来推广民宿以及农家乐等等,吸引更多的游客来乡村放松自己以及享受大自然。乡村应当在保证环境不受破坏的情况下,尽可能使自己的产业多样化,同时也可以利用一些互联网平台发布一些优惠信息来吸引游客。

三、促进互联网与乡村经济结合的推广方式

（一）相关部门制定推广政策

"互联网+"推动乡村经济振兴的路径推广工作需要政策来支持，只有制定了相关的政策，推广工作才能真正受到重视。同时推广政策是一个针对全国的宏观标准，全国各个地区的经济发展不同以及对于互联网的认知不同，推广工作的落实也都各不相同。因此，制定一个全国完全统一的推广标准是不现实的，相关部门应颁布一个推广政策作为最低标准，推广政策是各个地区衡量"互联网+"推动乡村经济振兴的路径推广工作的底线。基于全国制订的推广政策，各个地区应根据本地区情况制订推广计划。要根据当地的天气状况、人口分布等进行战略部署，明确推广重难点地区，来重点突破。同时可以根据当地的风俗习惯来设置推广方式，从而使"互联网+"推动乡村经济振兴的路径推广工作更容易被大家所接受。

（二）加大宣传力度

目前互联网与乡村经济结合的一个主要问题是宣传不足，宣传不足体现在宣传方式单一、宣传范围等方面。首先在宣传方式上，目前的宣传方式可能仅仅是新闻宣传等，宣传方式过于单一。世界进入了互联网时代，出现了各种各样的媒介和平台。在宣传方式上，要多利用网络媒介和平台，例如抖音、微博等，扩大宣传范围和增加受众人群。其次是宣传形式上，既可以采取文字形式、图片形式，也可以采取如今新兴的短视频形式，通过宣传形式的多样化，使互联网与乡村经济的结合路径能够宣传至各个年龄段的人群。

（三）建立科学高效的推广机制

推广工作是一项繁琐的工作，需要制定高效的推广工作机制以及许多工作人员密切配合。首先，要明确各个部门人员的工作任务，尤其是基层村干部，要落实每一项推广任务。同时，在分配工作任务时，要注意不能将大量的工作任务集中于基层上，每一部门的工作任务要注重与该部门的工作性质以及工作繁重度相结合。其次，建立信息共享机制，由于每个部门的工作任务和掌握信息量不同，各个部门很容易出现信息差，从而导致工作效率降低。因此，要建立信息共享机制，实现各个部门的信息共享，从而提高"互联网+"推动乡村经济振兴的路径推广工作效率。最后，任务要与责任相适应，根据每个有关推广人员的任务完成度进行考评，实行个人负责制，以此来激发工作人员的责任感。

四、结束语

本文主要通过三个方面来探讨"互联网+"推动乡村经济振兴的路径探索，分别包括"互联网+"推动乡村经济振兴的现实支撑、"互联网+"推动乡村经济振兴的路径以及促进互联网与乡村经济结合的推广方式。其中现实支撑包括国家的政策支撑、政府的相关部门支撑、互联网用户规模的扩大、乡村对互联网的认识以及理念的改变。乡村和有关部门可以从以下几个路径来实现乡村经济振兴：在农业生产阶段，促进互联网与农业生产的结合，在生产技术阶段，促进技术和信息的共享；在农产品交易阶段，促进网络营销以及从乡村产业阶段，促进乡村产业的多样化。推广方式包括推动技术研发，创新农业发展、加快互联网以及农业技术的普及、加强对于农产品各个环节的监控。

参考文献：

[1] 邵妍. 基于"互联网+"的乡村振兴战略实施路径研究 [J]. 齐齐哈尔大学学报（哲学社会科学版），2018，254（4）：17-19.

[2] 杨耀旭. "互联网+三农"助推河南乡村振兴路径研究 [J]. 环渤海经济瞭望，2020，304（1）：76-77.

[3] 胡飞. 互联网视角下乡村振兴战略实施路径研究 [J]. 山西农经，2020（14）：25-26.

[4] 贾芳芳，薛立刚. "互联网+"背景下振兴乡村经济的新路径探讨 [J]. 中国农业会计，2020（4）：58-60.

电子商务环境下的物流模式及创新发展

何江南　云南财经大学商学院

摘要：电子商务的崛起带动了物流产业的发展与物流模式的变革，但由于长期以来物流产业滞后于电子商务的发展，且移动互联网、大数据、云计算、人工智能等新型IT技术为电子商务带来了新发展契机。因此，要从整体上有效推动电子商务的发展，就必须对现有物流模式进行改革创新。本文首先介绍了电子商务与物流模式的关系，然后分析了现有电子商务物流模式存在的不足，最后有针对性地给出了电子商务环境下物流模式的创新对策，以期对我国电子商务物流的发展提供一些有价值的参考意见与建议。

关键词：电子商务；物流模式；现存不足；创新对策

一、电子商务与物流模式的关系

在互联网经济下，电子商务飞速崛起，同时带动了物流产业的发展，也在此过程中开创了新的物流模式。随着互联网时代企业运行理念及管理模式的发展变革，电子商务与物流模式的关系越来越密切：首先，物流是电子商务活动的重要环节，在高速发展的电子商务环境下，高效率、低成本、专业化的物流模式已成为关系电子商务活动最终成效的关键；其次，电子商务依靠网络来帮助用户摆脱购物的时空局限性，而将其与科学高效的物流模式相结合，则更能凸显电子商务的优势，使电子商务如虎添翼；最后，蓬勃发展的电子商务，也会为物流行业的发展创造有利的环境和条件，进而使得物流模式更为完善高效。

物流大体包含仓储、包装、物品运输、搬运装卸、流通加工、配送及物流信息等环节，当前电子商务环境下的物流模式大体都是基于B2C的，主要有物流联盟、第三方物流、企业自营物流及物流一体化等。但总体看来物流产业的发展仍滞后于电子商务的发展，很多物流企业都缺乏先进的管理理念和科学高效的物流模式，因此在移动互联网、大数据、云计算、人工智能等新型IT技术快速发展普及的全新的电子商务环境下，物流企业只有打破传统理念和思维的桎梏，整合资源、引入全新元素以创新物流模式，才能从整体上有效推进电子商务的可持续发展。

结合电子商务和物流行业自身的特点和发展趋势，电子商务物流应在完成好对物品的仓储、发货、配送等的同时，实现对物流整体流程的统一化管理。在全新的电子商务环境下，科学高效的物流模式应具备以下特点：一是注重对新型IT技术的应用，实现对物流信息的数字化、自动化，以提升物流的整体水平和质量；二是提供专业化的物流服务，通过系统化、智能化的操作程序与技术水平，保障电子商务的高效率、低成本；三是通过云仓储、云物流、大数据、人工智能等技术，在提高物流效率、实现区域一体化的同时，充分考虑消费者的不同需求，针对不同产品特征等提供有针对性、个性化的物流服务。

二、现有电子商务物流模式存在的不足

第一，物流产业结构缺乏多元性，物流企业发展不够成熟。一方面，随着电子商务的高速发展和消费者需求的提升，物流模式应体现出多元性特征，如此才能跟得上电子商务发展的脚步，并为进一步推动电子商务创造机会和条件，但现实的情况是我国电子商务物流产业结构还比较单一，主要以物品运输、配送为核心业务，难以满足电子商务市场的发展需求。另一方面，我国物流企业发展不均衡，但仅有少部分大型物流企业具有较好的专业能力与服务水平，大部分物流企业规模较少，业务范围单一，经营理念和物流模式落后，物流基础设施也比较陈旧，导致物流产业整体专业性不强，服务水平参差不齐，且难以进行统一规划和集约化、动态化管理，最终使物流产业缺乏科学且有远见的战略定位，进而丧失核心竞争力，难以健康可持续地发展。

第二，电子商务物流配送体系不完善，导致物流成本高而服务水平低。传统的物流配送体系在当前全新的电子商务环境下已不适用，并将被新兴的更加高效便捷且服务水平更高的电子商务物流取代。但因电子商务物流在不同的物流企业有不同的标准及规范，缺乏一整套科学完善的电子商务物流配送体系及其标准，使得物流企业间难以在仓储、运输工具等方面实现资源整合和灵活调度，从而导致资源浪费，不但提高了物流成本、降低了工作效率，而且难以保证相应的服务水平，这就对物流产业的发展造成了一定的制约。

第三，电子商务物流信息化程度不高，导致物流业务效率较低。电子商务依托互联网而存在，新型IT技术为电子商务带来全新契机的同时，也为物流产业的发展提供了全新的环境与技术手段。但总体来看现有的电子商务物流的信息化程度还比较低，难以实现全自动式的、智能化的物流管理，物流各环节

信息的数据精细化程度都还不够，各物流环节之间、物流企业与电子商务平台或客户之间难以进行流畅的信息交换或共享，不同行业、部门间无法形成多级互动管理和物流调度，网络信息结构及服务质量还有待增加新技术投入进行优化，这些都会极大地制约物流产业的效率和规模化发展的步伐。

第四，严重缺乏高水平物流专业人才。人才问题是影响电子商务物流发展的最基础也是最根本的问题。当前的电子商务物流亟须物流管理、商贸、对外贸易、国际英语、货运及新型IT专业技术人才，尤其是既懂电子商务又懂物流管理，还掌握相当程度新型IT技术的综合型、应用型专业人才。同时，高校专业教育和职业技能培训与电子商务物流的发展不甚吻合，教育与培训的不到位，使得我国物流专业人才无论在质量上还是数量上都难以满足行业的发展需求，也难以使我国电子商务物流超越国际水平，更难在世界范围内引领行业发展并主导行业规范、标准的制定。

三、电子商务环境下物流模式的创新对策

针对上述问题，在全新的电子商务环境下，物流企业要积极面对挑战，紧抓电子商务高速发展及移动互联网、大数据、云计算、人工智能等新型IT技术带来的机遇，创新物流模式，通过以下创新策略推动电子商务物流向网络化、数字化、智能化发展。

第一，健全政府在电子商务物流中的作用，积极推动行业立法和标准制定。电子商务物流的健康有序发展，不仅仅关系着本行业的效益，也对其他行业及社会发展都有着积极影响，因此必须健全政府在电子商务物流模式创新中的职能和引导作用，从宏观角度指导建立全国性的物流行业管理机构，以有前瞻性和针对性地指导、协调调度电子商务环境下物流行业的发展。一方面，政府要用宏观调控的手段因地制宜地规划不同地区的物流发展，加强水陆空等基础设施建设，增大相关技术和资金投入，基于全方位覆盖的信息网络（尤其是移动互联网）与四通八达的交通网络，推动电子商务物流网络的实现落地；另一方面，政府要积极推动电子商务物流相关法律法规和行业标准的制定，并提供一定的政策保障，以规范电子商务物流的发展，保障电子商务物流模式创新的最终形成。

第二，引入先进的物流管理理念和技术手段，加快电子商务物流结构转型。要创新电子商务物流模式，要懂得理念先行、技术先行的道理。在我国现有的物流企业中，大型物流企业较少，而中小型的物流企业则因自身实力不足、理念与设施陈旧的原因，在业务范围、服务质量与效率等方面都跟不上电

子商务的发展。因此，我国的物流企业必须尽快调整物流组织结构，通过引入先进的物流管理理念和新型IT技术、电子跟踪、条码识别、智能交通及其他高科技技术设备等，促使电子商务物流各环节实现一体化、数字化、智能化；同时，还要基于电子商务物流网络提高专业服务水平，并将其与信息、金融等其他行业相结合，开发新的增值服务，以满足多元化的客户需求，增加客户的满意度，实现运用维护的物流模式创新。

第三，加强物流行业的信息化基础设施建设，发展智慧型的电子商务物流。在全新的电子商务环境下创新物流模式，必须以信息化的基础设施和高新技术为支撑。一方面，在大数据、云计算时代，要用好这些新型IT技术，充分发挥其优势，更新电子商务物流的基础设施，如在云仓储模式下，商家可就近从各地的分仓中安排物品配送，并辅之以智能、高效的包装、搬运等技术设备，从而最大限度地提升货物配送效率；再如利用云物流平台，提升物流企业的信息处理能力和行为决策能力，同时提高电子商务物流网络的安全性、可靠性、便捷性和透明性。另一方面，要依托物联网、移动互联网等，通过新型IT技术和协同共享模式，转变物流产业生态，发展智慧型的电子商务物流，实现连接升级（更多要素接入物流互联网）、数据升级（大数据技术的成熟使数据从采集到应用更加精准便捷）、模式升级（新的分工协作模式将重构物流业务和运营模式）、体验升级（客户体验得以提升）、智能升级（智能机器人将更多地取代人工重复性、机械性的工作岗位）、绿色升级（更好地整合资源，减少能耗）、供应链升级（物流上下游产业链协同共享的生态系统将逐步形成）。

第四，结合电子商务物流的自身特点、现实需求及发展趋势，培养具有开创性的高素质物流专业人才。一方面，物流企业要与高校深度合作，在优化高校物流专业的同时，在物流企业建立实践实训基地，以培养兼具专业物流知识和新型IT技术，同时了解电子商务环境发展方向的综合性、实践性、开创性的高素质人才；另一方面，物流企业要对在岗物流人员进行多种形式的培训或继续教育，以提升电子商务物流从业人员的整体素质。

四、结束语

综上所述，在当前的电子商务环境下，物流企业必须正视自身的不足，从电子商务发展的需求和自身实际出发，从建立健全法律法规和行业标准、引进先进管理和服务理念、采用新型IT技术等方面创新电子商务物流模式，发展智慧物流，用高质量的服务来推动自身、电子商务行业及社会经济的发展。

参考文献：

[1] 王钰琳.电子商务环境下物流模式的创新探究[J].现代经济信息，2018（23）：290.

[2] 孙蕾.云环境下我国电子商务物流模式创新与发展趋势[J].商业经济研究，2016（20）：98-100.

[3] 杨维.电子商务环境下物流管理模式的创新分析[J].科技经济导刊，2019（6）：230.

[4] 姜文文.论电子商务环境下第三方物流运营管理模式创新研究[J].纳税，2018（5）：193.

[5] 张路.电子商务环境下的企业物流管理模式创新[J].农家参谋，2020（17）：261.

[6] 毕玉洁，亓海峰.电子商务环境下物流管理模式的创新[J].企业改革与管理，2017（18）：53.

互联网经济与实体经济的融合发展策略

何江南　云南财经大学商学院

摘要：近几年来，互联网时代的来临推进了我国整体经济实力的发展。在数据和信息的发展过程中，诞生了新型的互联网经济，虽然其与实体经济具有极大的差异性，难以被当时的国民所接受，但是互联网经济给人类的日常生活带来了极大的便利，促进了社会经济的发展。由此可见，互联网经济和实体经济之间有着良好的融合性，通过解决不同形式的两经济体的矛盾，历经时间的磨合，更加有利于实现社会高水平经济的发展。一方面，互联网经济和实体经济之间有着千丝万缕的关系，建立在互联网信息技术的条件下，可以改善农业产品的销售模式，创新发展制造业，提高消费水平，从而推动实体经济的发展。另一方面，还能拓展充分的空间来发展制造业，打造高品质的服务业，升级网络经济市场，平衡市场的供求关系促使市场经济稳定发展。紧跟时代的步伐，国家应颁布相关政策，引导两种不同经济体的碰撞与融合，进行融合策略的思考与探讨。

关键词：互联网数据；经济体融合；实体经济；策略思考

第三次工业革命的开启，网络信息时代随之而来。在该过程中，国家找到了新途径发展我国经济。昔日的实体经济的运营难以保持在高效率的状态之中，所占市场份额逐渐趋于饱和，新兴互联网经济的发展呈迅猛之势，建立在实体经济的基础上，为其拓展了广阔的发展空间，两种不同经济体的融合是时代发展的需要，唯有两者高度融合，才能促进国民经济的持续发展。如今，电子商务在互联网的基础上，网络销售和直播带货等营销手段层出不穷，成为现代人的主要消费方式。然而，在此融合过程中，由于网络管理的松散、实体经济的不协调等诸多原因，导致社会经济的综合实力大幅度下降，严重地破坏了当今的经济结构，影响了农业、服务业和工业等多产业链的生产。为此，互联网经济与实体经济的融合发展策略，还需进一步摸索与发展，调整经济发展模式，及时转变国民经济意识形态，利用两者的共同点，形成更为紧密的综合型经济体。

一、当今实体经济的发展状况

自改革开放以来，我国实体经济一直保持高速发展状态。近几年随着互联网技术的发展，经济发展逐步实现全球化，各种不确定因素在实体经济的发展中出现，严重地影响了其发展速度，导致产品生产中出现高成本、低盈利的现象，促使分布于各个行业的企业面临着经营危机，无法解决劳动力的流动、低额的交易量和高昂的税收等问题。例如，在2017年我国大型企业的盈利收入统计表中，每单交易金额的成本开销占比百分之八十，再加上其他费用的支出，最终盈利不到总体的百分之五，这说明了实体经济的盈利空间逐步被压缩。在产品的生产方面[1]，我国部分企业长期处于低效率状态，产品质量大多数处于中、下水平，造成市场竞争处于弱势状态，对市场的风险管理能力较差，无法满足消费者的日常需要。企业发展实体经济的创新意识较差，无法降低生产成本，提高其经济效益，对其长远的发展具有极强的制约能力，无意识中破坏了生态环境，造成该企业容易被淘汰。在互联网经济的冲击下，消费者对线下的商品需求逐步降低，市场资金逐步向股市、证券等行业进行转移，造成实体经济的结构无法协调的状况，处于一种孤立的地位。而线上消费逐步成为主流，多媒体宣传和广告的大量投入，发展了高性价比的消费观念。实体经济资金投入和收益的长周期弊端[2]，消磨了投资方的耐心，高风险的资金投入，使得更多人止步于此，诸多难题使得实体经济无法长远发展。

二、根据互联网经济和实体经济的共同特点，促进两者之间的相互融合

在市场经济的发展过程中，新兴互联网经济的发展，建立在实体经济的基础上，不断地促进社会经济的健康发展。通过金融学者对互联网经济在市场发展中产生的影响进行一系列调研，其发展方式促进了传统式经济体系发生了巨大的变化，对诸多行业造成了深远的影响。然而，在整个国民经济体系的发展过程中，互联网经济和实力经济具有共同的发展特点，促使绿色环保经济的发展。充分利用互联网灵活、信息流动快、储存时间长等特点，协调实体经济发展过程中的问题，对投资资金和物质材料进行合理分配，保持市场供求关系处于动态平衡的水平，实现市场交易体系平稳运行[3]。同时，实体经济发展时间较长，在生民的日常生活中占有为重要的地位，是发展互联网经济的基础，能促进消费者与消费观念的转换，让更多人能够接受互联网经济消费观。在两种不同经济的融合过程中，实体经济为民生生活的根本，而互联网经济则提高了实体经济的发展效益，两者相互补漏、融合线上线下的资源信息，发展新型的

营商模式，推动社会经济进一步发展。

三、解读互联网对市场发展的作用，与实体经济的关系

随着互联网技术的不断革新与发展，我国实体经济发展迅猛，进入一个全新的市场平台。虽然实体经济在前期发展速度较快，消费水平的逐步降低，缓慢影响了经济水平的提高，同时人们的劳动收入也停滞不前，难以实现人们高质量生活水平的愿望。然而，互联网技术的出现，打开了市场经济的一片新天地，以互联网经济的形式为主的电商经营模式，开通了金融服务体系，其低操作要求和低入门门槛的特征，满足了更多人的消费需求和资金需求，方便了企业家进行借贷款和还款的系列操作，不再受制于时间地点。电商平台的开通，为消费者提供了更为便捷的消费渠道，衍生了快递、咨询等相关行业发展，极大地促进了社会经济的发展，提高了人们的收入水平，促进了实体经济的发展[4]，为进入小康社会打下了坚实的基础。与此同时，互联网还推动了实体经济产业结构的升级，一二三产业结构市场占比发生巨大改变，不再以农业产业为经济的主导地位，促使了工业产业和服务业产业的发展，创造了新型的生产技术，进行高效率商品生产。通过利用"互联网+各种产业"对实体经济模式进行升级，从经营成本和产品质量、技术创新等多方面下手，灵活利用闲置资源，改善实体产业发展的弊端。对企业的管理和监管功能进一步提高，注重发展优质产品和高品质服务，行业的发展理念学习互联网思维，提高企业公司的核心竞争力，满足实体经济的多元化发展，契合消费者的消费理念。

四、加强对互联网市场的管理，提出不同经济两者的融合发展理念

在互联网技术的诞生之初，由于缺乏完善的管理体系，造成了互联网经济发展的诸多弊端，影响了实体经济在市场中的稳定性。为此，政府结合市场规则建立相关规章制度，规范各行各业利用互联网经商模式，在遵循市场自发性调控的基础上，对小部分形象恶劣的公司企业进行经济干预，保证市场经济维持在一定水平。探究联网经济和实体经济的融合发展道路，根据先进理念知识的指导，找出两者之间的相关联系，充分认清两种经济持续发展的脉络，推动"虚实结合"的发展观。认识到发展实体经济的根本地位，将虚拟经济控制在一定程度上，可以有效避免市场风险带来的经济损失，引导用户使用互联网消费，其不受时间地点限制还能够减少消费的成本，从而促进实体经济提高消费水平。帮助企业认识和学习互联网经济，促进线上经营和线下销售形成整体，建立互联网信息平台，拓展更多的消费渠道，以此用来吸引消费者。

五、实现融合创新型策略发展，充分发挥第三方调控作用

培养现代新型综合性技术人才，能够促进互联网技术的创新发展，让互联网经济和实体经济的融合发展提上日程。党一直强调经济融合创新发展战略，对培养网络型综合技术人才给予高度重视，壮大互联网经济是发展实体经济的必然要求，充分落实"三大行动"的发展策略。提倡大型企业学习经济发展理论和互联网知识，进行传统式产业升级，对产品生产进行创新，加大对互联网体系的建设力度，完善互联网市场经济规章制度，能够极大地促进实体经济与互联网经济的融合发展。在形成新的经济增长点期间，需要注重对互联网发展的支持，消除不可控因素的影响，利用第三方的职能与权力积极进行调控作用，网络管理人员加强对网络财产安全的管理，减小对实体行业的影响。积极发挥市场与政府作用，通过各种定向补贴政策和优惠制度，减缓对实体经济造成的压力，两种经济相互协同，防止市场调控失灵，有效促进市场经济的发展。

六、完成近代实体经济模式的升级，生产高品质产品

近代实体经济的发展不平衡，各产业之间经济水平差异较大，尤其表现在农业生产结构上。农业生产一直以人力耕种的方式进行生产，该生产模式效率较低、农产品难以进行长时间的保存，急需引入互联网技术进行生产促销。例如，农业发展互联网经济，通过建立虚拟的网页销售平台，让消费者可以购买到高质量农产品，极大地减少了储存和运输过程中的浪费情况，有效地促进了农业经济的发展。这种新型的实体经济模式，结合了互联网经济的优势，形成了经济体系融合发展的驱动力，有着紧密的关系，促进社会经济水平的极大提高。

七、结束语

通过以上分析，单一的实体经济发展道路不再适用于国民经济的未来发展，容易被市场中诸多不可控因素的影响，造成高支出、低利润的低效率经营模式。而互联网经济的出现，解决了当前运费高和租金高的问题，有效地节约了生产成本，促使市场对资源能够进行合理配置，这种经济模式更加遵守市场发展规律，从而促进经济实力的发展。在促进实体经济和互联网经济融合发展的方面，离不开各方的努力与合作，政府应制定针对两种经济体发展有关的政策，开发创新式驱动战略，在壮大互联网经济实力的同时，逐步跟进实体经济

的发展；企业应积极利用互联网技术，对内部的产品和产业进行革新，发展信息化管理平台，加大对数据资源的充分利用，促进企业经济实力整体的提高；在社会方面，将鼓励市场交易应用互联网技术，促使民众变更传统式经济体制的思想，充分利用现今存在的先进网络技术，接纳互联网经济的发展现状，以达到两种经济体相互融合的发展目标。

参考文献：

［1］杨德英.互联网经济与实体经济融合发展的策略［J］.大众投资指南，2020，365（21）：41-42.

［2］雷尚君，李勇坚.推动互联网、大数据、人工智能和实体经济深度融合［J］.经济研究参考，2018，(8)：50-58.

［3］惠宁，陈锦强.中国经济高质量发展的新动能：互联网与实体经济融合［J］.西北大学学报：哲学社会科学版，2020（5）：47-61.

［4］陆岷峰，杨亮.互联网金融与实体经济融合关系及驱动思路研究［J］.天津商业大学学报，2016，36（1）：5-9，16.

农村电子商务的发展实践及优化升级

何江南　云南财经大学商学院

摘要： 农村电子的商务发展蕴藏着巨大的潜力，对于乡村振兴战略意义重大，因此全社会都应积极探讨解决发展实践中存在的问题，共同致力于农村电子商务良好生态环境的创设，进而实现农村电子商务的优化升级。本文首先介绍了农村电子商务的发展实践现状，然后分析了农村电子商务在发展实践中存在的问题，最后提出了一些农村电子商务优化升级的策略，以期为农村电子商务的健康长远发展贡献一些力量。

关键词： 农村电子商务；发展实践现状；存在的问题；优化升级对策

一、发展农村电子商务的现状及意义

互联网经济已发展成为经济转型增长及提质增效的"新引擎"，在此背景下，电子商务下沉农村，则为乡村振兴战略提供了全新的契机。农村电子商务（以下简称"农村电商"）可激活乡村经济，使其摆脱地区局限，走向更广阔的天地和市场。可以说，农村电商是拉动消费、改善民生、解决农村农业农民（即"三农"）问题的重要抓手，业已受到国家和社会各界的高度关注以及在政策、资金、人才及基础设施等诸方面的支持，并在短短几年内出现了井喷式的发展态势。

当前，农村电商在一些地区获得了极大的成功，并开始向专业化、规模化方向发展。根据商务部的数据，我国电子商务扶贫聚焦深度贫困地区，截至2019年，电子商务进农村综合示范累计已实现对全国832个国家级贫困县的全覆盖，各省、各地区也在推动建设农村电商示范村、示范服务站点等。根据《中国农村电子商务发展报告（2019—2020）》的数据，2020年仅上半年农村网络零售额就达7 668.5亿元，同比增长5%，其中实物商品占比为91.3%，未来农旅结合的服务类商品将在农村电商中占有很大的发展空间。

农村电商的积极意义不言而自明，具体来说包括：第一，基于电子商务所涵盖的产品加工、包装设计、物流运输等各个环节，可以多样化、合理化农村的经济结构，促进农村产业链的形成及完善，降低农产品的区域性失衡及结构性缺陷，以最大限度地为农民创收、增收，提升农民的经济收益；第二，农村电商有助于增加农村创业、就业机会，吸引外出高质量人才回流，并逐步培养高素质的职业农民，更好地发挥人力资源的价值，提升农村经济发展的可持续性；第三，随着网络直播、短视频等新媒体向农村下沉，农村电商也在与新媒体的逐步融合中演化出新的组织、销售模式，如直播带货，有益于农村电商更深层次地探索和完善；第四，农村电商有助于推动农村基础设施建设，尤其是数字基础设施建设，从而使农村地区更好地、全方位地融入国家发展战略，在完成精准脱贫的基础上走向乡村振兴。

二、农村电子商务在发展实践中存在的问题

农村电子商务的发展现状及广阔的前景令人振奋，但也应该对一个新业态培育、发展、完善、升级这一漫长而曲折的过程有理性、客观的认识，看到发展实践中存在的矛盾及问题并及时解决，以引导、促进行业健康发展。当前，我国农村电商在发展实践中存在的问题主要有以下几个方面：

第一，农村电商基础设施不够完善。一是网络问题。我国东西部经济发展水平差异较大，东西部农村网络建设也不均衡，西部农村尤其是偏远山区、边疆地区网络覆盖不甚全面。据有关统计，至2020年3月，我国农村互联网普及率为46.2%，尚有很大的进步空间。二是仓储问题。农村电商扩张很快，但在发展之初往往是小作坊模式，农村经营者往往以自家住房作为生产、存储之所，卫生、存储、防灾等设施缺乏，从而导致一系列质量及安全问题。三是物流问题。由于交通、资金等因素的制约，以及农村居住分散的现状，导致物流运输条件较差，配送距离较长，即面临着"物流链长+消费密度低"的困境，使得物流网点的覆盖率严重不足，且在配送速度、费用及服务态度方面不尽如人意。

第二，农村电商产品开发不够多元。一是农村的现代化水平还比较低，很多农村地区都无法实现农业生产的现代化，难以实现高效率、自动化、大规模的农产品生产，以支持农村电商市场的发展需求。二是大多数农民并未对农产品进行包装、设计、售后等深度开发，无法发展具有高附加值的农产品及服务，而更依赖、倾向通过价格、销量来开发市场，从而实现快速盈利。三是同一地区的农村电商，往往同质化竞争严重，产品类型、网店风格、售卖点等有相互模仿、彼此趋同的现象，进而导致商家为自身立足而打价格战，甚至出现不良竞争，以次充好，影响整个地区的农村电商市场。

第三，农村电商经营水平不够高端。一是经营模式比较单一，大多以个人或家庭为单位为主，很多农民还仅仅认为电子商务就是通过网络售卖农产品而已，且农村网店等级差异较大，在整个电子商务市场上不占优势，缺乏竞争力。二是即使有一定电子商务经验的"新农民"，其距离专业的电子商务运营还有不小的差距，对电子商务相关的理念、策略、知识等掌握还不够，离具有互联网思维则更远，远不足以应对农村电商的专业化、规模化发展。三是相对分散、缺乏有效组织且难以进行规模化生产的农村电商，很难凝聚起品牌效应，加之农民品牌意识更加缺乏，从而使不少地区极有口碑的农产品难以在市场竞争中胜出。

第四，农村电商产业链条不够完善。一是农村电商的生产、加工、包装、销售、运输等各环节缺乏统一的规范与有效的监督，有碍于其进一步的发展。二是农产品生产加工的标准化程度较低，农村电商市场上的产品质量参差不齐，从而导致一系列质量、诚信、服务及安全等问题，甚至引发社会舆情事件。三是缺乏健全的信息化管理服务平台，从而使农村农业信息、政策规范信息、投资信息等难以统一，往往出现信息滞后、交互错位、虚假信息泛滥等导致的工作效率低下、失误较多等问题。

第五，农村电商专业人才严重不够。一方面，农民普遍知识水平不高，对网络时代的各种新鲜事物认识不足，电子商务的专业性很强，仅凭简单的培训和经验已难以满足农村电商发展的需求。二是相对而言农村地区的工作环境、教育、医疗等方面条件比城市距离较大，难以吸引高素质的电子商务专业人才扎根农村。三是农村电商人才教育和培训不足，人才储备不够，无论从质量还是数量上，无论从开设、经营网店等基层开发还是紧跟国家乡村振兴战略的顶层设计方面，农村电商人才都存在严重短板。

三、农村电子商务的优化升级策略

我国农村电子商务要在推进乡村振兴战略的大背景下，运用互联网思维，从优化农村经济发展环境、提升农村电商运营水平、注重差异化与品牌化发展、运用大数据等新型IT技术、加强专业技术人才培养与引进等方面来推动农村电商的优化升级。

第一，优化农村经济发展环境。各地区要关注乡村振兴战略背景下的相关政策、项目，整合各种资源以改善农村地区的基础设施，升级农村电网、交通网、互联网、邮政系统等，规划建设可靠、安全、便捷的仓储体系，吸引物流企业下沉农村，从交通要道、中心乡镇展开布局，通过梯次转运来走完农村物流的"最后一公里",破除制约农村电商发展的硬件阻碍;同时,还要注重农村电商发展的软件条件,要加大宣传,通过各种政策、优惠等条件吸引社会投资和人才回流。此外,还应构建标准与规范监管体系,并引导经营者严格落实从生产加工、质量定级、包装、销售、宣发、物流等各环节的标准规范,以保障农产品的质量。最终使农村电商在健康良好的经济环境中逐步走向专业化、标准化和可持续化。

第二,提升农村电商运营水平。首先,要通过专业人士下沉农村指导工作,以及通过职业培训、经验推介、专业讲座、网络课程等方式提升经营者在营销策略制定、财务、人力资源、包装设计、宣传等方面的专业能力。其次,要引导经营者探索新的农村电商模式,除传统的电子商务平台外,可借助短视频平台、直播平台、图文流媒体等进行"带货",生动有趣且能让消费者可见,售卖农产品的同时也能扩大农产品及相关地区的影响力;还可与其他品牌商或企业构建联合营销,以彼此成就,快速提升农产品的市场覆盖率、影响力和竞争力;还可分区域、分品类发展"产地+社区"直送模式,以实现水果生鲜等对保质期有严格要求的农产品的销售;以及在移动互联网时代探索、深耕移动电子商务、社交电子商务等,最终推动多维度、多模式协同发展的农村电商模式。最后,要注重差异化与品牌化发展,基于地区优势产业开发、培育本土集体品牌农产品,通过专业化、规模化的生产,形成地区特色产业集群和特色农产品生产加工基地,以避免同质化竞争,最终做强本地区农村电商。

第三,运用大数据等新型IT技术。要花大力打造农村电商信息平台,运用大数据等新型IT技术为经营者提供实时信息,使其及时掌握新的市场动态、政策变化、投资信息等,以及时调整经营策略,做到与市场同步发展;同时,通过物联网等技术,建立、健全农产品溯源体系,以全过程感知农产品的生产、销售、流通、售后服务等,实现精细化、精准化发展,为消费者提供高质量、个性化的产品与服务。

第四,加强专业技术人才培养与引进。各地要对农村电商的发展有长远的规划,关键就在于人才,一是与高校、企业合作大力培养本地人才,通过职业培训让新型农民充斥农村电商的各个基层环节;二是通过各种优惠政策吸引本地大学生、专业技术人才下沉乡村创业或者参与农村建设;三是构建人才团队,从更高层次对本地电子商务的发展进行规划设计,并积极建设农村电商文化,以推动农村电商持续健康发展。

四、结束语

总之,继续推进和优化升级农村电商对于发展农业经济,促进农村基础设施建设，提高农民收入等意义重大。在农村振兴战略的大背景下，不同地区要因地制宜，结合区域特色和优势，积极探讨农村电商优化升级的策略。完善农村基础设施建设、加强农产品质量保障与标准把控、创新投资体系与发展模式、提升从业者整体素养等途径推动农村电商向纵深发展，使农业经济实现长远持续的良性循环，进而最大限度地促进高效农业的落实。

参考文献：

[1] 罗宝刚，韩景灵.农村电商平台建设应用分析与实践探索［J］.企业科技与发展，2020（12）：140-142.

[2] 侯红梅.乡村振兴背景下农村电子商务的发展现状与优化对策研究［J］.内江科技，2020（8）：28-30.

[3] 王兴宗."互联网+"视野下农村电子商务发展环境的优化与策略［J］.社科纵横，2016（9）：40-42.

[4] 杨永亮.我国农村电子商务发展面临的困境与创新途径［J］.农业技术与装备，2020（11）：95-96.

[5] 陈冰冰.农村电子商务发展面临的困境及新途径探究［J］.现代营销（下旬刊），2020（10）：116-117.

[6] 李霞.农村电子商务的发展现状及对策研究［J］.农业工程技术，2020（30）：66-68.

[7] 杨莉惠.农村电子商务发展的困难问题与对策建议［J］.全国流通经济，2020（31）：18-20.

关于农产品供应链管理问题的研究

杨添翔　云南财经大学会计学院

摘要：农业作为我国的第一产业，既是国民经济的基础，也是国之根本，对于拥有着几千年历史的中国，更是有着极其重要的意义。发展农业是缩小城镇和农村差距的举措，是保障社会稳定、转变经济增长方式、调整经济结构的重要方式，对于我国经济的发展和综合国力的提高具有举足轻重的作用，也在脱贫攻坚战中起到了不小的助攻作用。

随着生活水平的提高，人们对于农产品供应链的管理提出了更高的要求。本文对我国农产品供应链目前存在的主要问题进行了深度分析，指出目前我国生鲜农产品供应链上所存在的不足之处，并提出建立健全符合农产品供应链技术标准和服务规范体系建议，对我国农产品供应链的管理有一定的参考意义。

关键词：农业；农产品；供应链

一、研究意义

近年来，电商行业突飞猛进的发展在一定程度上带动了生鲜农产品电商的发展，农产品供应链管理随之诞生。农产品供应链管理是指农产品在生产、加工、销售的环节中的各个参与者之间进行信息沟通，满足消费者在价格和质量上的需求，从而更加高效地为消费终端提供优质农产品。可以说农产品供应链管理是否有效决定了农产品能否为农民带来收益。在政府的宏观调控下，农产品供应链管理受到政府高度重视，特别是在农产品质量安全的提升上得到国家政策的大力支持，例如在数字农业、特色农产品、农村电商的普及、加强供应链设施建设等多方面的支持，为供应链的上下游提供信息共享，加强不同节点之间的联系，利用相关资源实现整个供应链管理的方向和市场运作，建立更加专业化、现代化、智慧化的农产品供应链，提升农产品在整个流通过程中的供应效率。

然而，由于农产品的特殊性，农产品在供应链的流通环节中常常受基础设施、信息交流、季节、生产周期等诸多因素的影响，存在易损耗、易腐烂等问题,造成部分农产品滞销,质量参差不齐,市场供需不平衡,这在一定程度上影响了农产品的发展。此外,由于我国农产品供应链的建设尚处于初步阶段,没有建立一套完善的管理体系,存在诸多不成熟之处,因此对农产品供应链现存问题的研究分析显得尤为必要。

二、农产品供应链管理中存在的问题分析

(一)农产品物流基础设施落后

虽然我国的农产品供应链经过几年的发展,已经形成一套相应的发展体系,在技术和水平上都有了一定的进步,但相比于发达国家的农产品物流技术,还存在一定的差距。我国大部分农产品的供应链主要依靠冷链,但冷链物流体系的建设尚不成熟,一些冷库设备陈旧,建设水平达不到标准,运输与仓储环节不能紧密配合,相关基础设施不能满足市场需求。例如冷链的运输、仓储、GPS定位系统、物流装卸搬运、包装配送在农产品供应链上的普及率远远不够,导致供应链上游企业不能满足下游消费者的需求,农产品供应链效率低下,物流质量系数大打折扣。

此外,一些偏远乡村交通不便,导致农产品不能及时送到消费者手中,上游企业也没有对这些农村市场进行开发,同时这些地方的仓储设备、冷库、冷藏终端、运输工具等设施设备层次也较低,达不到相关标准,增加了农产品在运输过程的损耗率,无法保证农产品的质量,降低消费者的信任。由于技术成本过高,一些上游企业认为高成本的投入应用到收益率较低的农产品上,可能会产生投资收益不成比例的现象,因此也没能开发具有高端信息化的物流软件。但是目前农产品流通环节中,涉及主体众多,上游企业在农产品流通的过程中不能为下游消费者提供全程跟踪监控,造成信息短缺,阻碍农产品供应链物流节点之间的信息沟通,一旦物流发生问题,无法及时准确地进行定位,不仅需要投入大量人力物力资源,还要增加成本投入和延长运输周期,使农产品在运输过程中承受着巨大的风险。

(二)农产品供应链安全体系不够完善

农产品供应链参与主体众多,存在诸多不可控因素和安全隐患,其中任何一个环节出现质量问题都有可能影响最终送到消费者手中的农产品质量。目前,我国的农产品安全质量体系不够健全,没有建立规范的安全质量体系认证标准。

上游部分生产农户受自身素质和经营理念等因素制约,他们只关心如何把农产品卖出去,却不在意食品的安全问题,对于食品安全理念更是一无所知,

他们生产的农产品实际上无法达到市场要求。一些供应链各主体只考虑自己的利益，昧着良心道德不顾农产品质量安全问题。由于农产品易损耗易腐蚀的特殊性，生产者往往会对农产品进行一定的加工再进入市场，但是我国大部分农产品加工企业就是一些小作坊，加工环境恶劣，设备也比较落后，对农产品加工所添加的原材料质量把关也不严格，缺乏有效监督，一些进入市场的加工农产品存在很大的安全隐患。就算是经过正规企业加工的农产品也不能保证在运输过程中不会出现损耗变质的情况，农产品质量没有基本保障，食品安全问题令人担忧。

而终端消费者方面，由于平时对农产品安全知识的学习不够深入，对农产品质量安全问题不够重视，缺乏基本的安全意识。一些消费者甚至会因为价格原因放弃安全的优质农产品，转而选择相对低价但缺乏质量保障的农产品，导致高质量的农产品严重滞销，打击了农户和优质农产品加工企业的生产积极性。

（三）农产品供应链利益分配机制不合理

农产品供应链各主体之间的流通实际上是各利益主体之间进行的联动，其中涉及的核心问题就是供应链主体之间究竟如何分配利益才能让各方都满意，因此公平合理的供应链分配机制对维系供应链稳定来说是至关重要的。然而从目前我国农产品供应链的分配机制来看，仍然存在一些不合理和不健全的地方。

农产品供应链利益分配机制不合理主要体现在利益分配的不均衡上。农产品供应链上游生产者主要是农户。我国农户的生产方式主要是以家庭为单位的小农经济，生产规模小，存在人多地少，生产资源不均衡等问题。农业生产者以老龄农户居多，劳动力比重过低，大部分农户以独立且分散的形式在供应链中进行市场交易，这种特征导致农户面对下游的大型收购商，缺乏应有的话语权和竞争力，容易出现利益被侵占的情况。例如一些中间环节的收购商联合其他收购商借机压低收购价格，再高价出售给终端消费者，从中抽取利润，导致上游环节的农户利润偏低。于是常常会出现这样一种情况：一些菜农出售蔬菜的价格远低于市场价格，甚至出现亏本售卖农产品的情况，严重打击了农民生产的积极性，优质农产品数量不断减少，整个供应链陷入恶性循环之中。

此外，一些农户与收购商在实际进行履约的时候也存在一些利益矛盾。当农产品价格上涨时，收购商与农户事先约定的价格可能会低于市场价，农户可能会不顾诚信道德的约束，不乐意按照约定好的价格出售给收购商。当农产品价格下降时，收购商也存在不按事先约定的价格收购农产品的可能性。由于法律制度和诚信体系建设的不健全，当一方遭受违约状况时，没有切合实际的法律法规来维护被违约方的利益，当事人往往选择大事化小小事化了，不愿花费时间精力和金钱来通过合理的法律途径维护自己的利益。长此以往，农户与收购商不能建立长期信任的合作关系，双方利益都会受到损害，利益矛盾加深加重，农产品供应链管理受到影响。

三、解决农产品供应链问题的发展建议

（一）搭建农产品智慧供应链

相比之前高成本、低效率的传统供应链，搭建农产品智慧供应链可以使其更加专业化和现代化。在当今互联网快速发展的趋势下，农产品智慧供应链利用物联网、大数据、区块链最新科技，搭载最新的互联网技术，整合所有信息资源，构建最新最全面的互联网信息共享平台，真正实现供应链各主体信息资源的实时共享，为各主体之间构建联系，使整个供应链在流通过程中的每一个环节都做到透明化和规范化，最大限度地提升工作效率，降低农产品供应链的治理难度。

农产品智慧供应链运用信息技术和网络技术，条形码技术、EDI 技术等高度集成了物流系统的各个环节。条形码、智能标签等自动识别技术在供应链运输过程中对物流信息进行高速准确的采集，及时捕捉作为信息源的物品在出库、入库、运输、包装、配送等过程中的各种信息，实现对客户管理系统的动态资源管理，收派服务环节应用 GPRS 通用无线分组技术，运输调度通过后台指挥中心实现对车辆全程车载监控、GPS 定位功能转运分拨、提前知道物流走向，提高物流作业程序的效率，减少不必要的人工成本以及降低出错率，提高客户服务水平。

智慧供应链还可以根据不同的地理位置，结合交通规划，建立智能数字模型，筛选最优时间和最低成本，运用大数据规划出时间最短、成本最低的运输路线，把农产品及时送到消费者手中。并且还可以根据现代互联网技术，打造智能商店、智能应用、智能物流，搭载智能化的冷链物流系统，为农产品预设最佳保鲜温度，降低农产品运输过程中损耗率，在智慧化供应链的基础上，构建一个可以实现采购、生产、仓储、运输的智能供应链协同平台。可以在智能应用中下载相应的手机 APP，用户可以在手机上进行远程操控，实现智能生产，及时记录农产品的成长过程，分析作物情况，定期为农户普及相关农业知识，提前做好病虫传播防护，为农产品质量把关。

（二）完善的农产品质量安全体系

成熟的农产品安全法律监管体系在我国目前尚未成型，在农产品供应链管

理过程中如果出现质量安全问题，没有相关法律法规可参考，且各主体之间只会相互推卸责任。政府在这方面抓紧立法可以说是迫在眉睫，相关管理部门要尽快完善农产品质量管理标准。首先，在法律上必须明确究竟由哪一个相关主体责任人负责。其次，建立农产品市场准入制度，制定农产品加工企业的行业质量标准，例如对生产设备和生产环境的重点检查，重点查处不合格的农产品加工企业，只有合格的加工企业才能从事相应的生产经营活动，重点加强企业的社会责任感。最后，定期开展农产品安全知识讲座，提升农户和消费者的农产品安全质量意识。

目前，我国农产品的质量安全标准主要是根据绿色食品安全、营养卫生标准制定的，与发达国家的有机农产品标准存在一定差异，我国也应提升质量标准，完善农产品质量安全标准体系的建设，积极实施与推广，早日与国际接轨，确保我们的农产品让消费者安心，满足现代农业发展的需求。流通在供应链上的农产品必须保证质量合格，符合国家标准，坚决抵制不合格农产品流通市场对外销售。此外还要加强农户生产者对农业生产技术的培训，提升其职业技术素养，提升农产品品质。

(三) 建立合理的利益分配机制

政府可以在供应链主体之间设置利益协调组织，搭建一个帮助供应链成员协调利益分配的平台，帮助各主体之间完善利益协调机制，建立日常运营机制，使其规范运营。在利益协调的具体工作中，组织者要定期修订、完善利益协调的准则，定期总结反思，对不完善的地方及时征求主体成员的意见，做到公允公正，防止其受相关利益主体干扰，出现不公允的情况，共同改善供应链利益分配的机制。政府还应完善市场诚信体系建设，供应链成员在进行交易之前，可提前缴纳保证金，对相关失信行为进行记录，必要时还可对相关失信人员强制执行，为农产品供应链稳定发展提供良好的环境。

其次，还要加强对农户生产者的培训。农户不仅是农业的生产者，同时也是供应链管理的起点，对农户的教育培训对农产品供应链良性发展来说是至关重要的，必须加强基本道德和相关法律普及工作，对农户进行诚信教育，培养契约精神，配合农产品供应链的管理。同样也要加强企业的教育培训，主要是在农产品供应链的推广和引导方面，发挥企业在供应链管理中的核心作用，加强相关知识的学习，更好地为农产品供应链服务。

总之，政府不仅要保障农户在整个农产品供应链中的利益，也要保障各主体之间的合法利益。通过相应的协调机制激励各利益主体，提高主体之间的积极性和配合程度，从不同角度来保障农产品供应链整体稳定发展。

四、小结

综上,提高农产品供应链的管理质量是大势所趋,不仅可以为消费者提供更优质的服务,顺应市场需求,还可以帮助提高生产效率,为农户带来超值收益,实现农产品经济效益最大化。提高供应链质量管理,不仅需要政府的支持还需要企业的社会责任感,只有坚持全方位的管理,才能保证农产品供应链健康发展。

参考文献:

[1] 喻冬冬,吴战勇,卜淼.非对称成本信息下考虑不公平厌恶的农产品供应链批发价格契约[J].华中师范大学学报(自然科学版),2019,53(3):459-468.

[2] 王新武.基于供应链的农产品风险预警设计[J].网络安全技术与应用,2021(4):137-139.

[3] 洪美娜.基于社会偏好的鲜活农产品供应链管理研究[D].南京:南京工业大学,2016.

[4] 杨一博.基于收益分配合作博弈的农业供应链金融减贫效应研究[J].甘肃金融,2020(9):40-44.

[5] 李臣岩.绿色农产品供应链管理博弈分析与对策建议[J].河南农业,2014(24):63-64.

[6] 潘庆丽.食品安全背景下我国农产品供应链管理研究[J].农业经济,2012(11):114-116.

[7] 吴昊.生鲜农产品供应链管理问题及对策分析[J].农村经济与科技,2017,28(12):71,73.

[8] 岳一姬.浅析农产品智慧供应链构建及运作模式[J].南方农机,2021,52(8):62-63.

[9] 宋新峰.农产品供应链利益协调机制研究[D].杨凌:西北农林科技大学,2012.

[10] 石家倩,彭姗姗,严静雨,等.智慧物流背景下农产品供应物流协同模式研究[J].南方农机,2021,52(7):48-49,89.

[11] 洪明祥.沃尔玛(中国)生鲜农产品供应链管理及优化研究[D].长春:吉林大学,2016.

[12] 姚松.农超对接下农产品供应链的合作博弈机制及利益分配研究[D].秦皇岛:燕山大学,2020.

数字经济时代
云南省农产品供应链优化研究

王帧　云南财经大学中华职业学院

摘要：随着"互联网+"、大数据、电子商务和智慧物流等逐步在农村地区兴起，农产品供应链出现了变革式发展。政府出台的一系列精准扶贫与助农惠农相关政策促进了数字经济时代下农产品流通业快速发展。云南省作为一个农业大省，特殊的地理条件和市场使云南省农业逐步形成了花卉、果蔬、烟草、食用菌、茶叶、药材等独特的高原农产品。本文通过实地走访和发放调查问卷等方式，发现由于地域、交通、人口、文化等各个方面因素的影响，云南省农产品供应链主要表现为规模化农产品经营有限、物流发展受一定制约、农产品供应链信息范围有限等，存在农产品供应链模式单一、农产品重点品牌不突出、销售渠道不畅通、供应链链条成员契约性较弱等问题，并针对以上问题，提出了落实农户合作的经营模式、发展数字经济下线上线下双渠道供应链模式、积极进行农产品品牌认证、提升数字化营销效率等数字经济时代云南省农产品供应链优化的策略。

关键词：数字经济；云南省；农产品；供应链；创新

随着互联网、大数据、电子商务和智慧物流等逐步在农村地区兴起，农产品供应链出现了变革式发展。政府出台的一系列精准扶贫与助农惠农相关政策促进了数字经济时代下农产品流通业快速发展。

一、数字经济时代下农产品供应链的变化

（一）"新零售"模式下农产品供应链管理得到全面发展

新零售主要指在数字化经济时代，结合人工智能、大数据等技术环境和商品的需求，通过物流系统让销售模式规范化、综合化、整体化，使销售更加简洁、方便，提升企业的销售量。新零售主要通过线上线下相结合的农产品供应链模式，使农产品资源得到更好的整合。人们通过网络来搜寻自己需求的农产品，农产品生产供应商也通过网络来营销自己的产品，使农产品供应链不再局

限于区域。传统的农产品供应链会随着距离的增加导致影响力变小,而现在通过线上线下的模式,就可以扩大这个区域的影响力,让农产品得到充分的流通。另外,在新零售模式下,溯源系统贯穿于农产品供应链各个环节,追溯农产品质量出现问题的环节,可保障消费者的权益,促进农产品质量和销量的提高。

(二)农民对数字经济供应链管理有较深刻认识

在数字化经济时代,农产品供应链模式在不断变化、升级、转型,农民深刻认识到如果他们仍然以传统模式进行农产品销售,农产品销售将会举步维艰。所以,通过数字经济供应链管理能够使农产品供应模式更加便利与多样化,提高了农产品生产效率和农户的生产热情,同时也降低了中间商赚差价的销售成本,进一步降低销售价格,节省购买者时间和资金成本。

(三)农产品供应链物流成本管理的效率有较大提升

在数字化经济时代,通过"互联网+"和大数据等信息化技术平台,农产品供应商明确了解消费者的需求和最新经济与科技信息,最终使农产品不断转型升级以符合人们的消费意愿和市场需求,提高了农产品供应链的运行效率。这种方式可以使农产品资源得到整合,批量运输相同农产品,全面降低了农产品供应链中物流的成本,从而降低了商品出售价格,提升了农产品销售量。同时通过数字化平台使消息同步,协调农产品供应链,针对不同的消费者需求,增加或减少不同农产品的产量,这样充分迎合了消费者的心理,提升了消费者购买欲望,从而使农产品销售更有效率。

二、云南省农产品供应链发展现状

云南省作为一个农业大省,动植物农产品丰富,一直有"动植物王国"的美称。截止到2019年,人均粮食产量为386千克,人均水产品产量为13千克,人均油料产量为12千克,人均猪牛羊肉产量为71.45千克。云南甘蔗单位面积产量为63 777千克/公顷,谷物单位面积产量为5 011.2千克/公顷,油菜籽单位面积产量为2 073.9千克/公顷等。特殊的地理条件和市场使云南省逐步成为花卉、果蔬、烟草、食用菌、茶叶、药材等独特的高原农产品产地,但由于地域、交通、人口、文化等各个方面因素的影响,云南省农产品供应链现状主要表现为规模化农产品经营有限、物流发展受一定制约、农产品供应链信息范围有限等。

(一)云南省规模化农产品生产经营有限

通过对云南省各州、市、区农户的调查发现,在农产品的生产过程中,以分散经营为主，集约化经营为辅，由于受资金以及技术的限制，农户的生产经营规模较小，农产品合作组织数量有限；农户的分布区域较为分散，农产品的生产者主要是个体从业者。农户大多数是在满足自己对农产品的需求后有剩余才自主到当地市场销售，且议价能力较低，收益也低。在这种无组织化分散经营农产品模式下，农户不能有效利用时间、生产资料和土地资源，缺乏有效的供需信息，对于市场的需求掌握程度低，从而导致其生产农产品出现产品数量不足或过剩等方面问题，降低了云南省农产品供应链发展的效率。

（二）云南省农产品供应链模式有限

调研中我们发现，虽然部分地区农产品供应链已经发展到数字化平台模式阶段，但是目前受限于通信、硬件设施等条件，云南省农产品供应链模式仍然以传统线下供应链模式为主。传统的线下模式一般有四种，分别是以龙头企业为核心的供应链模式、以超市为主的"农超对接"供应链模式、以批发商为主体的供应链模式、以农户为主体的供应链模式。目前，云南省茶叶、鲜花企业一般与种植户建立契约关系，组织生产、加工和销售，成为连接农户与批发商、超市以及最终消费者之间的桥梁，处于主导地位；云南省水果蔬菜种植户一般组建农村专业合作社，与零售超市直接对接合作，将水果蔬菜产品提供给消费者，这种模式在云南省果蔬供应链中具有一定的竞争优势，越来越受到农户的欢迎；另外，部分农产品种植户还会采用种植基地等形式，借助云南旅游的区位优势，将农产品和旅游有机结合起来以观光采摘的方式直接面向消费者。

随着数字化平台全面运用于农产品供应链流通，特别是生鲜农产品供应链流通，依托优越的生态环境和独特的高原农产品优势，云南省农产品供应链流通经历了从传统的线下模式到互联网线上流通模式的过渡阶段，积极推动了云南省农产品企业、种植基地、农户与橙心优选、绿鲜达、多多买菜、美团等电商平台开展合作，促进了云南省高原农产品的销售与品牌打造。目前，云南省农产品的供应链模式亟须大规模推进线上流通模式，如借助电商平台进行直播销售、淘宝开店销售或者微信群销售，将农产品送到消费者手中。

（三）云南省农产品物流发展受一定制约

当前，农村地区受道路、通信、硬件设施建设、人口、文化等各个方面因素的影响，云南省农产品物流缓慢也是在农产品供应链发展过程中的主要问题。物流公司的专业化水平和效率直接关系着我省农产品供应链的效率和效益。同时，个体农业产品从业者缺乏市场营销观念，不重视产品的包装以及推广，并未形成农产品的品牌效应，导致云南省农产品供应链发展秩序较混乱，影响农产品物流供应效率。

三、云南省农产品供应链存在的问题

(一) 云南省农产品重点品牌不突出

调查数据显示，云南省内外参与调查人群的73.8%都知道云南高原马铃薯、鲜花、水果、食用菌等农产品，但对具体品牌却不是特别了解。云南省部分农产品由于质量好，口感风味独特，种植户不愁销路，基本没有品牌意识，上榜全国特色农产品知名名牌的品牌较少。所以，云南省农产品还没有深度挖掘出品牌价值，品牌差异化不突出，导致品牌外向度比较低，知名度不高。

(二) 云南省农产品销售渠道不畅通

调查数据显示，参与调查的65.6%的人愿意通过数字化平台购买云南省特色农产品。云南省许多农产品的农户优势主要体现在生产领域，把大量的资源和精力放在种植和生产上，如农产品的病虫害防治、采摘、产量增加、产品质量得到提升，但对供应链后期的产品深加工、品牌营销、渠道管理、仓储运输、产品后续特色化服务等方面基本不重视，导致他们"轻营销、重生产"，造成云南省农产品销售渠道虽多但销售不顺畅、销售数量有限等问题。

(三) 云南省农产品供应链链条成员契约性较弱

通过对云南省各州、市、区农户的调查发现，云南省部分生鲜农产品，如野生菌、鲜花、水果、中药材等受云南省温度和湿度等自然因素的影响导致其产量和质量不稳定。另外，供应链合作主体复杂多样，组织化程度低，从而导致供应链上中下游节点沟通较少，不同环节之间信息不对称，供应链链条成员契约性不强，信息不顺畅，使农产品在生产期间未以市场需求为导向，不符合市场需求，影响到农产品销售水平，降低了农产品的经济效益，对农产品供应链的发展造成一定阻碍。另外，云南省农产品供应链中以批发市场为主的农产品线下销售模式，由于农户和批发商缺乏契约关系，合作意识不强，双方存在信息不对称，利益分配方面会存在分歧，容易出现供应链断裂现象，给供应链发展带来较多不确定的风险因素。

四、云南省农产品供应链优化的政策建议

(一) 全面构建农产品数字化系统

为了更好地提升云南省农产品的销量，确保农产品生产者和销售者能够掌握市场供需信息，构建以消费者需求为导向的创新发展模式，确保各环节实现高效的沟通，需要全面构建农产品供应链各环节之间的交流沟通平台，全面构

建数字化物流系统以满足市场消费者对于农产品的迫切需求。可以通过以下途径进行：一是企业可以设立专项基金，投入资金系统研发，或者进行校企合作，定向培养物流和计算机、人工智能等复合型人才；二是政府增加对电商平台、物流企业智能化设备研发的政策支持。政府应设立专项资金，或者出台相关的税收减免政策，鼓励企业利用科技提高效率；三是加强对社区智能终端配送系统与设备的普及，为社区智能供应链构建奠定基础。

（二）充分利用数字经济时代的便利落实农户合作的经营模式

全面提高云南省农产品供应链的效率及质量，需要综合数字经济时代特点，促进数字经济平台在云南省农产品供应链中的应用与发展，保证云南省农产品供应链的全面发展。充分发挥农民专业合作社的作用，根据云南省地理条件及农产品的特点，组织农户有组织地开展集约化、规模化生产，对农产品生产流程进行科学规范的管理，农产品质量进行安全的监控，从而高效利用土地资源、资金及人力等资源。通过落实农户合作经营模式，有效改善农产品生产组织小而分散的问题，利用数字化平台的信息，加强农户相互合作沟通，根据市场需求进行农产品的生产，满足消费者对于农产品的需求。另外，在数字化平台的帮助下，农户合作经营的过程当中可以交流意见、相互沟通，有效提高云南省农产品供应链的发展水平。

（三）全方位多渠道提升农产品的物流速度

要保证云南省农产品供应链的良性发展，需要针对当前的物流配套设施进行统计与汇总，并且依照当前发展的实际情况来完善和农产品相关的物流配套设施，构建以第三方物流企业为核心主体的农产品供应链模式，突出数字化平台和连锁超市和第三方物流的核心地位，借助互联网信息技术实现供应链的信息沟通和共享，使整个供应链上下游企业达成一致，形成稳固的利益联盟，共同维护合作信誉。这样能够保证农产品及时运输到市场中，确保消费者按质按量收到农产品，有利于满足消费者的需求，提高消费者满意度，从而为云南省农产品供应链实现高效发展奠定基础。

（四）发展数字经济线上线下双渠道供应链模式

云南省农产品应注重发展线上线下的双渠道供应链一体化运营模式，应与各大电子商务平台签订长期合作协议，实施云南省农产品线上线下协同运营，实现供应链信息共享。应该建立专门的云南省特色农产品电子商务网站，通过网络营销云南省各种特色农产品，实现云南省特色农产品资源信息共享。利用大数据等互联网技术实现与各大电子商务平台的共用消费者数据分析，发挥信息整合、传播以及管理上的优势，及时掌握云南省农产品的供求、质量、价格等关键信息，确保供应链各成员可借助信息传递方式实现链内链外信息的共享，实现云南农产品供应链的提质增效。

（五）积极进行农产品品牌认证，提升数字化营销效率

云南省应继续引导和推广农产品生产标准化，实现农产品投入产出全过程标准化管理，建立农产品质量标准和监督检测体系，培育云南省农产品的特色，积极组织进行农产品认证，争取多项农产品入选中国农业品牌目录，提高云南省农产品的品牌知名度和国际市场竞争力。政府应积极为农产品种植户提供培训服务，使其树立品牌意识，确立农产品统一的包装标准，包装材料、包装标识和包装设计，实现包装过程的品牌宣传。借助数字化信息网购平台，微博、微信、抖音、直播等新媒体等互联网营销渠道进行品牌营销，提升云南省农产品品牌知名度和美誉度。

参考文献：

[1] 宁珂."互联网+"背景下生鲜农产品供应链流通模式[J].中小企业管理与科技，2021（4）：57-64.

[2] 赵淑雯."互联网+"背景下生鲜农产品双渠道供应链物流效率研究[J].农业经济，2018（2）：129-131.

[3] 雷萍.供应链管理视角下生鲜农产品流通需求设计与优化[J].商业经济研究，2018（10）：121-124.

[4] 丁静，王苗苗.互联网背景下生鲜农产品供应链模式创新及协同机制[J].河北农业大学学报（社会科学版），2020（1）：50-54.

[5] 郑亚琴，金超.基于多维度的农产品供应链风险控制研究[J].重庆科技学院学报，2018（1）：52-55.

契约执行环境改善能够提高农业企业价值吗？

成杭　云南财经大学城市与环境学院
阮萍　云南财经大学会计学院

摘要：在"乡村振兴"战略背景下，农业企业的发展问题尤为重要。本文以中国A股上市农业企业作为研究对象，考察契约执行环境如何提升农业企业价值。研究发现，契约执行环境改善能够显著提高农业企业价值，替换企业价值指标、控制省份和行业固定效应和考虑内生性问题之后，基础结论依然稳健；作用机制表明，契约执行环境改善通过加快资产周转率进而提高农业企业价值；异质性分析发现，契约执行环境改善对国有企业和胡焕庸线以东农业企业的价值具有显著的提升作用。本研究对落实"乡村振兴"战略具有一定的借鉴意义。

关键词：契约执行环境；资产周转率；农业企业价值；"锁定"效应

一、引言

在市场经济快速发展的当今世界，企业作为经社会经济的主要载体在经济发展当中具有不可替代的作用。当前市场存在一种现象，即金融行业的价值普遍要高于其他实体行业，而在实体行业中，农业的价值普遍较低，市场资金并不青睐农业。但"乡村振兴"战略的实施，给农业发展提出新的要求，也提供了新的发展机遇。农业企业作为农业发展中的中坚力量，农村发展得好不好，农民富不富，甚至"乡村振兴"战略能否最终落实，都要看农业企业发展的状况如何。可见，探讨农业企业价值问题具有重要的现实意义。

当前研究企业价值的文献主要集中在对整体企业价值的研究，研究农业企业价值的文献较少，尤其是缺少从契约执行环境等制度因素方面探讨农业企业价值变动的文献。缪克跑等（2021）从生物信息披露的角度研究了农业企业的价值，但其并没有从契约执行环境的角度进行研究；张慧霞（2020）探讨了契约执行效率对企业价值创造能力的影响，其主要研究的是整体企业，也是从金融契约的角度进行研究。本文与上述两篇论文的不同之处在于，本文是将农业企业的商品契约作为研究出发点进行研究，深入研究了契约执行环境对农业企业价值的影响，且进行了作用机制检验及异质性分析。本文的研究目的在于探讨契约执行环境对农业企业价值的影响，提出有利于农业企业发展的政策建议，对于促进农业企业健康可持续发展具有重要意义。

二、理论分析与研究假设

制度环境作为影响企业投融资决策的重要因素，其对企业价值的影响已经得到广泛证实（North D.C.，1991）。那么，作为制度环境的重要组成部分，契约执行环境对农业企业的价值会产生何种影响呢，需要进一步探讨。

契约执行环境改善能够降低农业企业的制度性交易成本，同时增加农业企业的回款速度，进而降低农业企业的生产经营性成本，提高农业企业的盈利能力，最终增加农业企业的价值。农业企业在接到客户订单之后，投入资金进行农产品生产，由于农业投资绝大部分都是不可逆的投资，一旦投入就很难转作他用，而且客户具有特定性，很难重新寻找客户进行销售，这时投入的资产就被"锁定"。客户在了解农业企业投入的资产很难转作他用，而且最终生产的产品很难通过其他客户购买来缓解锁定"效应"后，会有对客户"敲竹杠"的动机。在契约执行环境差的情况下，农业企业被客户"敲竹杠"之后，很难通过法律途径追回损失，企业的制度性交易成本升高，而且产生纠纷也使农业企业资金的时间成本增加，降低了企业资金的回款速度。农业企业预料到这种情况，会进行逆向选择，减少资金投入，进而降低资金的利用效率，即农业企业资产周转率下降，从而影响企业的运营能力和盈利能力，最终降低农业企业的价值。

当契约执行环境改善，客户如果不能按照契约签订的内容执行，农业企业可以通过仲裁机构或者法院低成本的收回损失，提高了农业企业经营收入的回款速度，提高了资产周转率，进而提高盈利能力，最终提高农业企业的价值。另外，契约执行环境变好，也会激励农业企业增加投资，减少闲置资金占用，提高资金利用效率，提高企业盈利能力，进而提高企业价值。基于此，本文提出如下假设：

假设1：契约执行环境改善将提高农业企业价值。

假设2：契约执行效率改善可以通过加快资产周转率提高农业企业价值。

三、研究设计

(一) 数据收集与整理

本文采用在中国A股上市的农业企业作为研究对象，样本时间为2008—2017年，并删除经营异常的企业；同时，删除样本缺失值、极大值和极小值，得到最终的样本，本文所有的财务数据来源于国泰安（CSMAR）数据库。契约执行环境的数据来源于樊纲等编制的"市场中介组织发育和法律制度环境"指数。

(二) 计量模型

为考察契约执行环境对农业企业价值的影响，本文设计以下计量模型：

$$TQ_{ijkt} = \alpha_0 + \alpha_1 FD_{it} + \beta X + \sum Firm + \sum Year + \varepsilon_{ijkt} \qquad (1)$$

其中，TQ_{ijkt}表示农业企业价值；FD_{it}表示契约执行环境；X表示控制变量，包括企业规模（SIZE）、流动资产比例（LA）、主营业务收入率（REV）、企业成长性（GREV）和融资约束（KZ）；$Firm$表示企业固定效应；$Year$表示时间固定效应；ε_{ijkt}表示随机扰动项。

(三) 变量说明

1. 企业价值

企业价值反映的是一个企业的投融资决策能力、经营能力，同时也能表示企业的投资价值。本文借鉴杨筝等（2017）[4]的做法，采用托宾Q值表示农业企业的价值，托宾Q值越大，说明企业的价值越高，具体计算公式为

托宾Q=（企业市值+总债务）/资产重置成本

2. 契约执行环境

契约执行环境由于测量上具有很大的难度，目前并不能直接测量契约执行环境的好坏，只能采用代理变量进行衡量。本文借鉴李俊青等（2016）的做法，采用樊纲等编制的"市场中介组织发育和法律制度环境"指数作为契约执行环境的代理变量，该指数越大，表示契约执行环境越好，契约执行效率越高，如表1所示。

表1 变量定义与描述性统计

	变量定义	平均值	标准差	最小值	最大值
TQ	（股票市值+债务市值）/资产重置成本	2.221	1.098	0.998	6.903

表1(续)

	变量定义	平均值	标准差	最小值	最大值
FD	中介组织发育与法律环境指数	5.185	3.072	0.520	14.77
SIZE	总资产取自然对数	21.64	0.949	19.52	24.45
LA	流动资产/总资产	0.526	0.176	0.149	0.908
REV	主营业务利润/主营业务收入	0.021 6	0.158	−0.642	0.392
GREV	(当年营业收入−上年营业收入)/上年营业收入	0.166	0.428	−0.561	2.484
KZ	KZ指数	0.959	1.357	−5.689	3.071

3. 控制变量

影响农业企业价值的因素众多，本文控制其中主要的几个变量，包括企业规模（SIZE）、流动资产比例（LA）、主营业务收入（REV）、企业成长性（GREV）和融资约束（KZ），具体定义及统计特征见表1。

四、实证结果分析

（一）基准回归分析结果

契约执行环境对农业企业价值的影响如表2所示，实证结果表明，契约执行环境改善有助于农业企业价值的提高，列（1）是没有加控制变量的结果，该结果在10%的显著性水平下不显著，进一步考察系数和标准误差的关系可以发现，其显著性水平与临界值的显著性水平基本相当，可认为具有显著的正向关系。列（2）～列（6）是分别加入企业规模、流动资产比例、主营业务利润率、企业成长性和融资约束等控制变量的回归结果。结果表明，在控制其他影响农业企业价值的因素后，契约执行环境改善能够对农业企业价值产生明显的促进作用，不仅显著性提高，而且影响作用更大。由此，假说1得以证实。具体逻辑是：契约执行环境改善，将加快农业企业对外销售的速度，增加企业的收入，提高企业的盈利能力，最终促进企业价值增加。

对于其他控制变量而言，企业规模（SIZE）越大反而会降低农业企业的价值，似乎与常理不符，规模大的企业应该具有更大的企业价值，但事实上，企业规模越大，可升值空间已经有限，且资产重置成本相对较高，因而会降低企业的价值；流动资产比例（LA）越大，农业企业价值越高，说明流动性越好的企业，受到外部约束的可能性降低，从而促进企业价值增加，虽然结果不显著，但从标准误差来看，该结果显著性与临界值的显著性相差不大，可认为是显著相关的；主营业务利润率（REV）越高，企业盈利能力越强，从而增加企业价值；企业成长性（GREV）越高，企业价值反而越低，与常理不符，可能是因为成长性越好的农业企业越容易受到资本市场的炒作，已经透支了资本市场的价值，从而抑制了农业企业的价值；融资约束（KZ）越高，农业企业价值反而越大，可能是因为受到融资约束强的企业更加注重自身的发展，从而使企业的运营能力和盈利能力更强，进而提高企业的价值。

表2 回归结果

变量	(1) TQ	(2) TQ	(3) TQ	(4) TQ	(5) TQ	(6) TQ
FD	0.079 0 (0.047 9)	0.130 7*** (0.044 4)	0.135 0*** (0.044 4)	0.137 8*** (0.043 9)	0.132 9*** (0.043 8)	0.148 0*** (0.049 0)
SIZE		−0.893 1*** (0.130 5)	−0.951 4*** (0.139 7)	−0.901 5*** (0.139 4)	−0.880 1*** (0.138 9)	−0.901 9*** (0.154 7)
LA			0.650 9 (0.486 4)	0.428 3 (0.478 8)	0.416 5 (0.475 0)	0.972 1 (0.590 2)
REV				0.644 0 (0.441 7)	0.791 0* (0.461 1)	1.922 6*** (0.722 2)
GREV					−0.115 5 (0.105 9)	−0.210 4* (0.119 3)
KZ						0.156 8** (0.066 9)
常数项	2.016 5*** (0.257 3)	20.989 9*** (2.816 0)	21.874 9*** (2.909 5)	20.890 9*** (2.897 4)	20.476 1*** (2.892 7)	20.373 8*** (3.151 4)
企业固定效应	YES	YES	YES	YES	YES	YES
时间固定效应	YES	YES	YES	YES	YES	YES
观测值	266	266	266	266	266	234
调整的 R^2	0.617 4	0.672 5	0.673 2	0.675 5	0.675 5	0.674 5

注：圆括号中为稳健标准误，* $p<0.1$，** $p<0.05$，*** $p<0.01$。表3同。

（二）基于资产周转率的机制检验

前面已经证实，契约执行环境改善能够显著提高农业企业价值。那么，契约执行环境改善如何提高农业企业价值呢，又通过什么途径提高农业企业价值？需要进一步证实。我们采用中介效应检验模型对契约执行环境影响农业企业价值的机制进行检验，检验结果如表 3 所示。检验结果发现，表 3 列（1）的系数在 1% 的显著性水平下为正，表 3 列（2）的系数在 5% 的显著性水平下为正，实证结果表明，契约执行环境改善不仅直接对农业企业价值产生影响，而且对农业企业的资产周转率也会产生显著的促进作用。进一步将契约执行环境与资产周转率作为解释变量，农业企业价值作为被解释变量，得到的回归结果如表 3 列（3）所示，资产周转率的系数在 5% 的水平下显著为正，契约执行环境的系数也在 5% 的水平下显著。结果表明，资产周转率在契约执行环境对农业企业价值中表现出部分中介效应，证实契约执行环境改善通过提高农业企业资产周转率，进而提高盈利能力，最终提高农业企业价值。

表 3 作用机制检验

变量	（1） TQ	（2） TTC	（3） TQ
FD	0.148 0***	0.017 0**	0.127 8**
	(0.049 0)	(0.008 5)	(0.049 3)
TTC			1.187 6**
			(0.474 8)
SIZE	-0.901 9***	-0.116 6***	-0.763 4***
	(0.154 7)	(0.030 7)	(0.164 9)
LA	0.972 1	-0.007 7	0.981 3*
	(0.590 2)	(0.103 0)	(0.587 3)
REV	1.922 6***	0.232 8***	1.646 2**
	(0.722 2)	(0.075 3)	(0.701 7)
GREV	-0.210 4*	0.103 1***	-0.332 9***
	(0.119 3)	(0.028 3)	(0.123 6)
KZ	0.156 8**	0.020 9**	0.132 0**
	(0.066 9)	(0.008 8)	(0.064 4)

表3(续)

变量	(1)	(2)	(3)
	TQ	TTC	TQ
常数项	20.373 8***	2.926 2***	16.898 6***
	(3.151 4)	(0.650 0)	(3.480 0)
企业固定效应	YES	YES	YES
时间固定效应	YES	YES	YES
观测值	234	234	234
调整的 R^2	0.674 5	0.878 6	0.683 6

(三) 稳健性检验

1. 替换企业价值指标

农业企业价值的衡量方法存在不同，各学者对企业价值的计算指标有不同的意见，农业企业价值的度量方式不同，所得到的结果也可能存在差异。为避免因测量误差对实证结果产生影响，我们替换农业企业价值的衡量指标，采用农业企业的市场价值来进行稳健性检验，具体的指标计算公式为：农业企业价值＝（股票市场价值+债务市场价值）/总资产，采用新指标并重新对模型进行实证检验，所得结果如表4列（1）所示，回归系数在5%的水平下显著为正，证明基准回归结果相对稳健。

2. 控制省份和行业固定效应

农业企业价值的影响因素众多，仅仅控制部分控制变量可能会产生遗漏变量，对实证检验结果造成估计偏误。为避免遗漏变量对实证检验的结果产生影响，我们在原有控制变量的基础上，增加省份固定效应和行业固定效应，省份固定效应控制的是随省份变动但不可观测的影响，行业固定效应是随行业变动但不可观测的影响，所得结果如表4列（2）所示，回归系数在1%的水平下显著为正，再次证明基础结果的稳健性。

3. 内生性处理

模型的设定可能存在内生性问题，即解释变量和被解释变量互为因果的问题，也会对估计结果产生很大的影响。为避免双向因果关系对实证结果的影响，即农业企业价值的变动也会对契约执行环境的变化产生影响，我们对模型进行内生性处理，即取所有解释变量的滞后一期作为新的解释变量，重新进行回归，得到的结果如表4列（3）所示，系数在5%的水平下显著为正，支持基础回归的结果,进一步证实基础回归结果的稳健性。

表 4 稳健性检验

变量	（1）替换企业价值变量 MV	（2）控制省份和行业 TQ	（3）解释变量滞后一期 TQ
FD	0.121 3**	0.155 6***	0.128 7**
	(0.047 7)	(0.050 0)	(0.055 4)
SIZE	-1.003 2***	-0.945 5***	-0.822 9***
	(0.253 7)	(0.159 7)	(0.226 2)
LA	2.432 7**	1.004 0	1.048 3
	(1.109 9)	(0.625 4)	(0.738 6)
REV	3.514 6***	1.864 0**	0.758 9
	(0.930 3)	(0.742 5)	(0.612 8)
GREV	-0.375 3	-0.192 2	-0.116 6
	(0.233 7)	(0.118 7)	(0.183 7)
KZ	0.144 5	0.144 8**	0.033 0
	(0.087 4)	(0.067 5)	(0.052 8)
常数项	22.227 9***	21.270 5***	18.975 2***
	(5.101 0)	(3.220 8)	(4.665 3)
企业固定效应	YES	YES	YES
时间固定效应	YES	YES	YES
省份固定效应	NO	YES	NO
行业固定效应	NO	YES	NO
观测值	234	234	234
调整的 R^2	0.636 1	0.673 8	0.626 8

五、异质性分析

（一）所有制异质性

根据所有制不同,可以将企业分为国有企业和非国有企业,国有企业于非国有企业在诸多方面存在不同，不仅有企业本身存在的不同，也有企业背后所隐藏的各种不同关系。我们在本文中讨论契约执行环境对农业企业价值的问题，重点从企业契约的角度进行探讨。实证检验结果显示，表5列（1）的系数都显著为正，证明契约执行环境改善对国有的农业企业价值影响最大。而表5列（2）的系数不显著，表明契约执行环境改善对非国有企业不具有显著的影响。具体而言，国有企业相比非国有企业而言，在交易中采用契约完成的比例要高于非国有企业，而非国有企业，主要是民营企业契约意识不强，采用签订契约完成的交易较少，因而契约执行环境的改善对国有企业的影响要更大（Long C.X.，2010）。

（二）地区异质性

我们按照胡焕庸线对企业进行地区划分，分为胡焕庸线以东的地区和以西的地区，不同地区企业由于初始禀赋不同，投资机会存在差异，因此会对契约执行环境产生不同的影响，具体结果如表5列（3）~列（4）。实证结果显示胡焕庸线以东地区的系数在5%的水平下显著为正，而胡焕庸线以西的地区的企业并不显著。由于东部沿海地区基础设施好，投资机会多，契约执行环境改善能够直接支持企业调整战略，有利于农业企业价值的提高；而胡焕庸线以西地区的农业企业，由于企业本身的技术相对较差，而该地区的投资机会又少，契约执行环境即使改善，该地区的企业也很难抓住发展机会发展企业，因为对当地农业企业的价值的影响不显著。

表5 不同所有制企业异质性检验

变量	（1）国有企业 TQ	（2）非国有企业 TQ	（3）胡焕庸线以东地区 TQ	（4）胡焕庸线以西地区 TQ
FD	0.192 9**	0.079 3	0.169 0***	0.088 8
	(0.074 3)	(0.071 7)	(0.055 6)	(0.138 0)
SIZE	-1.068 2***	-1.018 4***	-0.923 7***	-0.749 3
	(0.169 1)	(0.233 6)	(0.184 4)	(0.580 4)
LA	0.824 7	1.341 5	1.168 6	1.098 1
	(0.666 9)	(0.978 2)	(0.736 1)	(1.516 7)

表5(续)

变量	（1）国有企业 TQ	（2）非国有企业 TQ	（3）胡焕庸线以东地区 TQ	（4）胡焕庸线以西地区 TQ
REV	1.173 1	3.647 0***	2.286 4***	0.522 1
	(0.741 4)	(1.026 5)	(0.687 3)	(1.836 5)
GREV	-0.144 8	-0.266 9	-0.209 3	-0.193 8
	(0.172 8)	(0.161 7)	(0.148 8)	(0.385 1)
KZ	0.296 1***	0.167 7*	0.209 0**	-0.105 6
	(0.096 1)	(0.099 7)	(0.080 8)	(0.219 9)
常数项	23.627 6***	22.933 5***	20.343 8***	18.212 4
	(3.555 8)	(4.731 2)	(3.750 7)	(12.281 8)
企业固定效应	YES	YES	YES	YES
时间固定效应	YES	YES	YES	YES
观测值	121	144	192	74
调整的 R^2	0.801 5	0.627 9	0.623 4	0.695 6

六、研究结论与启示

本文采用农业上市公司的数据,运用双向固定效应模型检验契约执行环境对农业企业价值的影响,并检验其作用机制,并进行所有制和地区异质性分析。研究发现,契约执行环境改善能加快农业企业产品的销售,促进销售收入增加,加快资产周转率,提高农业企业盈利能力,最终提高农业企业价值。在更换企业价值的度量指标、控制省份和行业等宏观影响因素和进行内生性处理之后,得到的结果依然稳健;契约执行环境改善不仅能直接影响农业企业的价值,也能通过加快农业企业的资产周转率对企业价值产生促进作用;异质性分析发现,由于所有制背后隐藏的优势和劣势不同,以及各地区初始禀赋不同,契约执行环境改善对国有企业和胡焕庸线以东的地区的企业价值提高效应更显著。

各地政府要出台政策法规规范当地市场,打造良好的市场交易环境。只有维护好当地的契约执行环境,才能促进当地企业的交易,加快企业的资金流动和资产周转率，提高企业的盈利能力，最终提高农业企业的价值。除此之外，地方政府要正视不同所有制和不同地区的差异，针对不同的企业出台针对性的治理措施，对民营企业要给予更多的保护，而对胡焕庸线以西的地区也要加强基础设施建设，增强农业企业的投资能力，拓宽企业的投资渠道。

参考文献：

[1] 缪克跑，石道金. 生物资产信息披露对企业价值的影响分析：基于农业类上市公司的经验研究 [J]. 财会通讯，2021（3）：68-72.

[2] 张慧霞. 契约执行效率、融资成本与企业价值创造能力 [J]. 财会通讯，2020（23）：56-59.

[3] North D C. Institutions [J]. Journal of economic perspectives, 1991 (1): 97-112.

[4] 杨筝，刘放，李茫茫. 利率市场化、非效率投资与资本配置：基于中国人民银行取消贷款利率上下限的自然试验 [J]. 金融研究，2017（5）：81-96.

[5] 李俊青，刘帅光. 契约执行力与产业结构：来自中国工业企业的证据 [J]. 世界经济，2016（6）：124-148.

[6] Long C X. Does the rights hypothesis apply to China [J]. The journal of law and economics, 2010 (4): 629-650.

社会信用与农业企业债务融资

——来自中国A股上市公司的证据

王蓬　西南大学经济管理学院
马麟　昆明医科大学海源学院

摘要：本文以中国A股农业上市公司为研究对象，考察了社会信用环境对农业企业债务融资的影响。研究发现，社会信用环境改善能够显著增加农业企业的债务融资规模，在进行安慰剂检验、更换被解释变量和控制行业固定效应之后，得到的结果依然显著。机制检验发现，企业规模具有完全中介效应，即社会信用环境改善能够通过提高企业规模提高农业企业的外源融资规模。进一步异质性分析发现，社会信用环境改善对西部地区农业企业的债务融资促进最大，中部地区次之，而对东部地区农业企业债务融资没有影响。本文关注非正式制度对农业企业债务融资的影响，有利于丰富农业企业的相关研究，对于促进农业产业链发展具有重要的现实意义。

关键词：社会信用；债务融资；农业企业；企业规模；农业产业链

一、引言

农业企业承载着农村振兴的希望，如何发展农业企业，成为乡村振兴的重要内容。农业企业要发展，只靠企业本身的积累，难以完成大规模的投资，也无法扩大生产规模，产生规模经济，此时，外源融资对农业企业而言就显得相对重要。但是，受制于中国特有的融资环境，以及中国目前正处于转型经济的背景下，制度不完善、法律制度存在缺陷以及执行不力、金融市场不完全等原因，民营企业在资金市场遭受着严重的信贷歧视，尤其是对于中小企业来说，融资难和融资贵的问题始终是困扰企业发展的一大难题。在中国的信贷市场，信贷歧视广泛存在，企业首当其冲。国有企业由于受到政府的隐性担保，在信贷市场占据着上风，外资企业不受中国的融资约束，中国的环境对其融资影响不大，而对于中国的民营企业来说，缺乏担保和抵押，银行不愿意放贷，造成信贷歧视。面对严峻的形势，亟需寻找一条道路打开民营企业，尤其是中小企业的融资困境，那么在信贷歧视的环境下不能获得融资，民营企业更加依赖于非正式制度对其支持。鉴于农业企业中的民营企业更需要依赖于非正式环境获得外部融资，那么，探讨社会信用环境对农业企业债务融资的影响就十分具有现实意义。

当前多从企业特征等方面对企业债务融资进行研究。部分学者从企业规模特征研究了企业债务融资的影响（Titman & Wessels，1988；Scott & Martin，1975；陆正飞和辛宇，1998），研究结论并不一致。也有学者从企业的盈利能力方面研究了企业的债务融资（Titman & Wessels，1988；冯根福 等，2000），所得到的结论也不相同。除企业规模和企业盈利能力外，王皓非和钱军（2021）认为大股东质押比例越高，企业的债务融资越困难，陈雪，孙慧莹，王雨鹏等（2021）认为企业的媒体声誉好会增加企业的贷款规模和延迟贷款期限。葛永波和姜旭朝（2008）认为企业规模越大，越倾向于采用债务融资的方式融资，而较少采用内源融资的方式进行融资。在研究企业特征之后，学者们发现企业的外在环境对企业的债务融资也具有十分重要的作用，并进行了较为丰富的研究。陆正飞和高强（2003）研究了我国资本市场制度及公司治理对债权融资的影响。李四海和刘星河等（2013）研究了社会信任环境对民营企业债务融资的影响，得到的结论是社会信任改善能够降低企业融资成本和提高长期贷款的比例。祝继高和韩非池等（2015）认为与银行建立关系能够显著提高企业的长期贷款比例。学术界对社会信任改善影响企业的债务融资研究相对较多，但是研究农业企业的债务融资的文献相对缺乏，尤其是对采用国家企业信用信息公示系统上线方面的研究更是缺乏，因此，社会信用对农业企业债务融资还需进一步探讨。

本文运用2006—2019年的中国A股农业上市企业的数据，采用双重差分法实证检验了国家企业信用信息公示系统上线对农业企业的债务融资规模具有何种效应，并进行机制检验和异质性分析。研究发现：第一，社会信用环境改善能够显著增加农业企业的债务融资规模，在进行安慰剂检验、更换被解释变量和控制行业固定效应之后，得到的结果依然显著；第二，机制检验发现，企业规模具有完全中介效应，即社会信用环境改善能够通过提高企业规模提高农业企业的外源融资规模。第三，异质性分析发现，社会信用环境改善对西部地区农业企业的债务融资促进最大，中部地区次之，而对东部地区农业企业债务融资没有影响。

本文的贡献在于：第一，采用国家企业信用信息公示系统上线衡量社会信用环境，对于丰富社会信用方面的研究具有重要意义；第二，从非正式制度的视角考察社会信用对农业企业债务融资的影响，有助于丰富农业企业的相关研究，对促进农业产业链发展具有重要的实践意义。

本文接下来的安排：第二部分为理论分析与研究假说，第三部分是研究设计，第四部分是实证结果分析，第五部分是稳健性检验分析，第六部分是研究结论与启示。

二、理论分析与研究假说

社会信用会对不同主体之间的契约产生作用，进而对企业的投融资产生影响。本文以农业企业与银行签订的债务契约和农业企业与其他生产经营主体签订的商品契约为研究对象，考察社会信用对两种契约关系的影响，进而探讨对农业企业债务融资的影响。

债务契约是农业企业与银行签订的金融契约，农业企业自身受到财富约束时，需要向外部资金供给机构借款，以支持企业生产经营，但社会信用环境的不同，会对债务融资的成本、规模以及期限产生影响，进而影响企业最终获得的债务融资规模。由于银行和农业企业具有有限理性和机会主义，同时二者之间存在信息不对称问题，农业企业与银行签订的债务契约的不完全的，当银行将资金借贷给农业企业后，对企业的生产经营缺乏了解，不能清楚地了解自己的资金是否安全，是否能够收回等情况，此时银行的资金被套牢，在与农业企业的博弈中处于弱势地位。基于不完全契约理论，当社会信用差的时候，农业企业就会表现出机会主义倾向，向银行"敲竹杠"，延迟向银行还款付息，对银行造成损失（Williamson，1985；Grossman et al.，1986；Hart et al.，1988）。银行在了解自己将处于弱势的情况下，为防止道德风险对自己造成损失，基于逆向选择的思想，会提高贷款利率，贷款利率提高会引起均衡贷款规模的下降（胡士华 等，2019），影响企业的债务融资。当社会信用改善，农业企业对银行的机会主义倾向受到抑制，减小道德风险，银行受损的风险降低，将降低贷款利率，同时提高贷款规模，促进农业企业债务融资规模增长。

农业企业与银行签订的债务契约能够直接影响农业企业的债务融资，而农业企业与其他生产经营主体签订的商品契约则是间接对企业债务融资产生影响。不考虑农业企业向外借贷资金的情况，考察农业企业与其他经营主体之间签订的商品契约。农业企业与其他经营主体（如农户、经销商、原材料供应商等）都具有有限理性，各自存在机会主义倾向，双方签订的商品契约是不完全的，当签约的一方在签约之后，不按照契约的规定方式供货和保证质量，表现出机会主义倾向，那么双方的合作是不稳定的，一方会被另外一方套牢，投入的一方将处于被动地位。具体地，以农户与农业企业签订的契约为例，基于不完全契约理论，当社会信用差的时候，因为农户本身就处于弱势地位，在与农业企业的博弈中会损失得更多。农户在了解到相关信息之后，为避免投入之后遭到农业企业的"敲竹杠"，农户会采取一定措施来保护自己：一是提高供给品的价格，农户采取提高价格的措施将增加农业企业的生产成本，降低生产经营收益，进而降低农业企业的投资意愿，缩小企业的规模；二是减少产品的供应，直接降低农业企业的生产经营能力，造成农业企业的规模减小。农业企业规模减小，将加剧信贷歧视，进一步降低农业企业的债务融资能力。当社会信用提高，农户面临的道德风险降低，因此会降低产品的价格和增加产品的供应，促进农业企业扩大投资，增加企业规模，企业规模增加，有利于抵押品的价值增加，将更有利于农业企业获得债务融资。农业企业与经销商之间签订的产品契约与供应商品契约一样，社会信用差的时候会降低农业企业资产规模，提高企业面临的融资约束，只在博弈方面，此时进行投资的农业企业会处于弱势地位，而社会信用环境改善，将改变这一处境，促进农业企业扩大生产，缓解信贷歧视，增加企业的债务融资能力（葛永波和姜旭朝，2008）。基于此本文提出如下假设：

假设 1：社会信用改善将提高农业企业债务融资能力。

假设 2：社会信用改善将通过扩大企业资产规模促进农业企业债务融资增加。

三、研究设计

（一）数据来源与样本处理

本文选择 2006—2019 年农业企业上市公司的作为研究样本。本文使用的财务数据来源于国泰安数据库（CSMAR），并在原始数据的基础上对数据进行过一定的处理，首先本文在下载数据时只选择农业企业的数据，获得数据后根据数据的特征，将数据缺失的样本删除，最后得到 436 个样本数据。为避免数据中极大极小值对债务融资的影响，本文在 1% 和 99% 的水平上对数据进行双向缩尾（Winsorize）处理。

（二）估计模型

本文采用 2014 年国家企业信用信息公示系统上线作为冲击，选取农业企业民营企业作为研究对象，构建双重差分法，探讨社会信用对农业企业债务融资的影响效应。

$$Debt_{kt} = \alpha_0 + \alpha_1 Private_k \times Post2014_t + \lambda X + \mu_k + \gamma_t + \varepsilon_{kt} \qquad (1)$$

$Debt_{kt}$ 表示农业企业 k 在第 t 年的债务融资，用债务规模除以总资产标准化处理；$Post2014_{it}$ 表示事件冲击时间，采用 2014 年国家企业信用信息公示系统上线作为事件冲击，2014 年及之后的年份为 1，2014 年之前为 0，$Private_{kt}$ 表示民营企业，民营企业为 1，其余企业为 0；采用国家企业信用信息公示系统上线与产权性质的交互项构建双重差分，以此来捕捉社会信用提升对农业企业债务融资的影响；X 是控制变量集合；μ 表示个体固定效应，γ 表示时间固定效应。

（三）变量定义

1. 社会信用

社会信用表示的是一种非正式环境，在好的社会信用环境中，参与个体自动履约的概率要更大一些。本文将企业划分为实验组和控制组，实验组为民营企业，由于国有企业和外资企业在信贷配给方面要优于民营企业，社会信用的改善主要是针对民营企业而言，同时采用 2014 年国家企业信用信息系统公示平台上线作为社会信用环境改善的分界线，将二者的交互项（Private×Post2014）作为社会信用环境的衡量指标。

2. 企业债务融资

企业债务融资是农业企业获得债的规模，本文采用企业的总债务用总资产标准化作为衡量指标。在稳健性检验阶段，为了考察测量误差是否对基本结果有影响，本文用所有者权益对总债务进行标准化，用来衡量农业企业债务融资。

3. 控制变量

为了控制其他因素对企业债务融资产生影响，本文参考其他研究，控制了一系列企业层面的控制变量，包括有形资产占比（FA）、成长性（GREV）、托宾 Q（TQ）、股权集中度（OC）、主营业务收益率（REV）、实体投资率（INVEST）。具体定义如下：

有形资产占比＝固定资产/总资产

成长性＝（本年主营业务利润率－上年主营业务利润率）/上年主营业务利润率

托宾 Q＝（企业总市值+债务总市值）/资产重置成本

股权集中度＝第一大股东持股数/总股数

主营业务收益率＝主营业务利润/主营业务收入

实体投资率＝购置固定资产、无形资产和其他非流动性资产现金支出之和/总资产

四、实证结果分析

（一）描述性统计

表1为各变量的描述性统计，A股上市公司的样本量为436个。债务融资的均值为41.8%，最大值达到98%，说明农业企业对债务融资的依赖度特别大，对企业的经营决策具有重要的影响。自变量Private的均值为0.511，表明有51.1%的样本属于民营企业样本，Post2014的均值为0.493，表明49.3%的样本位于国家企业信用信息公示系统上线之后，Private×Post2014均值为0.278，表明约有27.8%的民营企业样本位于企业信用信息公示系统成立之后。控制变量的分别与其他文献一致，表明本文选择的样本具有一定的合理性。

本文同时对各变量之间的共线性问题进行检验，本文计算各变量的方差膨胀因子，总的方差膨胀因子为1.17，最大的方差膨胀因子为1.32，表明采用该模型来估计社会信用对农业企业债务融资的影响不会产生多重共线性问题，证明数据与模型的合理性。

表1 描述性统计

变量	样本量	均值	标准差	最小值	中值	最大值
Debt	436	0.418	0.190	0.035	0.403	0.980
Private	436	0.511	0.500	0.000	1.000	1.000
Post2014	436	0.493	0.501	0.000	0.000	1.000
Private×Post2014	436	0.278	0.448	0.000	0.000	1.000
FA	436	0.273	0.148	0.013	0.245	0.669
GREV	436	0.166	0.428	−0.561	0.093	2.484
TQ	436	2.221	1.098	0.998	1.855	6.903
OC	436	36.578	15.391	8.774	37.756	70.483
REV	436	0.022	0.158	−0.642	0.026	0.392
INVEST	436	0.062	0.057	0.001	0.045	0.262

（二）基本结果回归

表2报告的是社会信用对农业企业债务融资的实证结果，其中，列（1）没有控制企业层面的控制变量，列（2）是控制企业层面变量的结果。研究结果表明：国家企业信用信息公示系统上线与产权性质交互项（Private×Post2014）系数在1%的水平下为正，在加入企业层面的控制变量之后，交互项的系数依然显著为正，但绝对值有所下降，表明社会信用改善能够提高农业

企业的债务融资规模,支持了研究假说1。

从表2可以看出,有形资产的比例越高,农业企业获得债务的规模越大,因为可以抵押的资产越多,银行越愿意贷款。成长性越好的企业,越有能力还款,获得贷款的规模也就越大。获利能力越强的企业,债务规模反而越小,可能是因为获利能力强的企业有较多的自由资金进行投资,不需要向外贷款进行筹资,因此表现出盈利越高,贷款越少的情况,这一结论与葛永波等(2008)的结论一样。企业的价值、股权集中度和实体投资率对企业债务融资的规模没有显著的影响。

表2 基本回归结果

变量	(1) Debt	(2) Debt
$Private \times Post2014$	0.080 0***	0.059 2**
	(0.026 4)	(0.023 0)
FA		0.149 8*
		(0.080 7)
GREV		0.070 5***
		(0.018 3)
TQ		−0.013 5
		(0.008 3)
OC		−0.001 2
		(0.001 6)
REV		−0.455 7***
		(0.065 4)
INVEST		−0.007 0
		(0.147 9)
常数项	0.395 7***	0.431 3***
	(0.008 9)	(0.069 3)
样本量	432	432
F值	9.217 5	11.870 5
调整的 R^2	0.590 6	0.683 0

注:圆括号内为稳健标准误,* $p<0.1$,** $p<0.05$,*** $p<0.01$,表3同。

(三)机制检验

社会信用改善对农业企业债务融资的促进作用已经得到证明,那么,社会信用改善是通过何种途径对企业债务融资产生影响的呢，还需要进一步进行机制检验，本文采用中介效应模型对二者的机制进行检验。本文要检验的机制是社会信用改善是否会通过扩大农业企业的资产规模，进而扩大企业的债务融资规模。为验证企业规模的中介效应，本文还需要设计如下两个估计模型：

$$SIZE_{kt} = \beta_0 + \beta_1 Private_{kt} \times Post2014_{kt} + \lambda X + \mu_k + \gamma_t + \varepsilon_{kt} \quad (2)$$

$$Debt_{kt} = \theta_0 + \theta_1 Private_{kt} \times Post2014_{kt} + \theta_2 SIZE + \lambda X + \mu_k + \gamma_t + \varepsilon_{kt} \quad (3)$$

其中，$SIZE_{kt}$ 表示企业的资产规模，为避免原值过大，本文对其取对数处理；其他变量同公式（1）相同。公式（2）考察的是社会信用改善对企业资产规模的影响，公式（3）考察的是社会信用改善和企业资产规模对企业债务融资的影响。

表 3 显示的结果是社会信用改善对企业债务融资的中介效应检验，列（1）显示的是社会信用改善对企业债务融资的影响，与表 2 的结果相同。列（2）显示的结果是社会信用改善对农业企业资产规模的影响，结果显示交互项（Private×Post2014）系数在 1% 的水平下显著为正，表明社会信用改善能够促进农业企业扩大投资。列（3）展示的是社会信用改善和企业资产规模对农业企业债务融资的影响，结果显示交互项（Private×Post2014）的系数变得不显著，而企业资产规模（SIZE）的系数依然显著，表明企业资产规模在社会信用和企业债务融资之间起完全中介作用，研究假设 2 得以证实。

表 3 中介效应检验

变量	（1）Debt	（2）SIZE	（3）Debt
Private×Post2014	0.059 2**	0.293 3***	0.035 0
	(0.023 0)	(0.066 0)	(0.023 5)
SIZE			0.082 4***
			(0.019 8)
FA	0.149 8*	−1.306 8***	0.257 4***
	(0.080 7)	(0.327 4)	(0.083 8)
GREV	0.070 5***	0.083 1*	0.063 7***
	(0.018 3)	(0.046 1)	(0.018 7)
TQ	−0.013 5	−0.122 4***	−0.003 4
	(0.008 3)	(0.029 4)	(0.009 1)

表3(续)

变量	（1） Debt	（2） SIZE	（3） Debt
OC	-0.001 2	-0.009 4**	-0.000 4
	(0.001 6)	(0.004 3)	(0.001 7)
REV	-0.455 7***	-0.021 9	-0.453 9***
	(0.065 4)	(0.157 8)	(0.061 4)
INVEST	-0.007 0	-0.924 7*	0.069 2
	(0.147 9)	(0.513 4)	(0.134 3)
常数项	0.431 3***	22.580 1***	-1.428 2***
	(0.069 3)	(0.178 8)	(0.453 1)
样本量	432	432	432
F 值	11.870 5	14.540 2	16.354 8
调整的 R^2	0.683 0	0.890 3	0.701 5

（四）异质性检验

社会信用的改善对不同地区的农业企业的债务融资是否有不同的影响？受不同地区发展不平等、信贷资源分配失衡等因素的影响，在东部地区的农业企业，在获取信贷资金方面具有更大的优势，中部地区的企业次之，而位于西部地区的农业企业，本身在西部地区由于缺乏信贷资源，作为农业企业，也相对难以获得贷款，社会信用的改善能够更明显地促进中西部地区的农业企业获得更多的债务资金。表4列（1）显示的是社会信用改善对东部地区农业企业债务融资的影响，所得结果为负，且不显著，列（2）展示的是社会信用改善对中部地区农业企业债务融资的影响，在5%的水平下显著为正，列（3）是社会信用改善对西部地区农业企业债务融资的影响，在5%的水平下显著为正。从东中西部企业的系数可以看出，社会信用改善对西部地区农业企业债务融资是影响最大，对中部企业的影响次之，对东部企业无影响。

表4 异质性检验

变量	（1）东部地区 Debt	（2）中部地区 Debt	（3）西部地区 Debt
$Private \times Post2014 \times east$	−0.007 8 (0.024 2)		
$Private \times Post2014 \times centre$		0.095 6** (0.039 3)	
$Private \times Post2014 \times west$			0.208 3** (0.098 2)
FA	0.136 2* (0.080 9)	0.151 4* (0.081 6)	0.115 8 (0.081 8)
GREV	0.071 8*** (0.017 9)	0.070 4*** (0.018 6)	0.068 8*** (0.017 7)
TQ	−0.013 3 (0.008 3)	−0.014 0* (0.008 4)	−0.014 5* (0.008 4)
OC	−0.001 1 (0.001 6)	−0.001 3 (0.001 6)	−0.001 2 (0.001 6)
REV	−0.466 0*** (0.064 9)	−0.458 7*** (0.065 1)	−0.454 6*** (0.065 0)
INVEST	−0.070 3 (0.147 6)	0.001 6 (0.137 4)	−0.070 5 (0.147 4)
常数项	0.455 4*** (0.069 8)	0.448 7*** (0.069 1)	0.460 7*** (0.069 9)
样本量	432	432	432
F值	12.041 1	13.379 5	12.971 6
调整的 R^2	0.677 3	0.682 1	0.679 5

五、稳健性检验

(一) 安慰剂检验

本文通过设置虚假政策冲击时间对模型进行安慰剂检验。由于国家企业信用信息公示系统的建设可能会存在一定时间段的影响，本文将其冲击时间设置在系统上线后的第三年，即假设公示系统2017年才成立，考察社会信用对农业企业债务融资的影响。表5列（1）展示的即是将冲击时间向后推3年后的回归结果，交互项（Private×Post2014）系数虽然为正，但是并不显著，证明国家企业信用信息公示系统上线对农业企业债务融资规模的影响具有稳健性。

(二) 替换被解释变量测量指标

债务融资不同的衡量方式可能会对结果实证结果产生不同的影响，债务融资测量方式的变动也会影响实证的结果，债务融资规模可以采用不同的指标进行标准化，常用的指标有总资产、所有者权益以及销售收入，每一种衡量方式都是表达的债务融资，但由于标准化的指标不一样，可能产生不同的结果。本文采用总债务用所有者权益标准化后的大小衡量企业债务融资规模的大小，回归结果如表5列（2）所示。交互项（Private×Post2014）系数在10%的水平下显著为正，该结果表明，基础回归的结果具有稳健性。

(三) 控制行业固定效应

本文在基础模型中控制了企业个体固定效应和时间固定效应，但是在行业层面，可能会有影响企业债务融资的因素。因此，本文在基础回归的模型上加入行业固定效应，重新考察社会信用改善对农业企业债务融资的影响，所得结果如表5列（3）所示，交互项（Private×Post2014）系数在10%的水平下显著为正，该结果与基础回归结果是一致的，证明了基础回归结果的稳健性。

表5 稳健性检验

变量	(1) Debt	(2) Debt1	(3) Debt
Private×Post2014（3）	0.025 3		
	(0.029 6)		
Private×Post2014		1.144 0*	0.044 3*
		(0.628 6)	(0.023 0)

表5(续)

变量	(1) Debt	(2) Debt1	(3) Debt
FA	0.196 3	4.189 1	0.138 8*
	(0.129 1)	(2.643 4)	(0.080 5)
GREV	0.061 2**	−0.184 2	0.071 7***
	(0.027 3)	(0.303 6)	(0.018 2)
TQ	−0.012 5	−0.298 0	−0.016 3*
	(0.011 7)	(0.274 7)	(0.008 4)
OC	−0.000 4	−0.101 1*	−0.001 2
	(0.001 9)	(0.054 4)	(0.001 6)
REV	−0.406 5***	−2.793 7***	−0.460 5***
	(0.090 4)	(0.797 0)	(0.065 0)
INVEST	−0.077 3	−0.097 3	−0.022 9
	(0.200 7)	(1.941 1)	(0.148 4)
常数项	0.412 3***	4.180 0**	0.447 2***
	(0.088 1)	(1.877 4)	(0.068 9)
样本量	280	432	432
F值	4.598 4	2.776 7	12.456 1
调整的 R^2	0.700 1	0.232 2	0.693 8

六、研究结论与启示

(一) 研究结论

农业企业的发展离不开金融的支持,在农业产业链中,金融支持是相当重要的环节。但是在实践中,农业企业反而是最不容易获得资金的企业,这也给农业产业链的完善带来极大的困难,如何改善农业企业获得债务资金的环境,是我们要解决的最大问题。乡村振兴背景下,农业企业的发展关乎着乡村振兴战略的全局,发展好农业企业至关重要。鉴于此,本文采用2006—2019年中国A股农业上市公司的数据,采用民营企业为实验组,其他企业为控制组,利用双重差分法考察社会信用改善对农业企业债务融资规模的影响,研究结果显示：第一，社会信用改善有助于提高农业企业的债务规模；第二，社会信用改善不仅能够直接改善农业企业和银行的关系，促进贷款，而且还能通过扩大企业规模，降低信贷歧视，进而获得更多融资；第三，由于中西部地区受信贷约束较大，社会信用环境改善对中西部地区农业企业的债务融资具有明显的促进作用，而对东部地区企业的债务融资不具有作用。

（二）政策启示

本文从企业规模的视角研究了社会信用环境改善对农业企业债务融资的影响，社会信用环境改善能够显著促进农业企业债务规模增加，对丰富社会信用的相关研究具有一定的价值。

（1）政府应该加大力度发展和完善国家企业信用信息公示系统，改善社会信用环境。社会信用改善能让企业与企业之间，企业与银行之间，企业与农户之间的交易关系变得更加透明，交易成本更小，有利于农业企业获得更多的融资和农业企业的发展。除此之外，对于不同地区的政府来说，应该根据当地的社会信用环境，出台一些能够弥补缺陷的政策或者法规，让企业能够正常地获得发展所需要的融资。

（2）农业企业应该尽量选择在社会环境好的地区经营和借贷，减少企业的经营费用，有利于提高企业的盈利能力，提高企业获得融资的能力。同时，农业企业也要从自身的建设出发，努力做大做强，缓解信贷歧视，也有利于获得更多的融资。

参考文献：

［1］Grossman S J, Hart O D. The costs and benefits of ownership：A theory of vertical and lateral integration ［J］. Journal of political economy，1986，94（4）：691-719.

［2］Hart O, Moore J. Incomplete contracts and renegotiation ［J］. Econometrica，1988，56（4）：755-785.

［3］Titman S, Wessels R. The determinants of capital structure choice ［J］. Journal of finance，1988，43（1）：1-20.

［4］Williamson O E. The economic institute of capitalism ［M］. New York：Free Press，1985.

［5］陈雪，孙慧莹，王雨鹏，等. 媒体声誉与企业债务融资：基于媒体文本情绪大数据的证据 ［J］. 中央财经大学学报，2021，（1）：54-69.

［6］冯根福，吴林江，刘世彦. 我国上市公司资本结构形成的影响因素分

析［J］．经济学家，2000，（5）：59-66．

［7］葛永波，姜旭朝．企业融资行为及其影响因素［J］．金融研究，2008，335（5）：151-162．

［8］胡士华，刘鹏．信贷合约、合约履行效率与信贷约束基于农户调查数据的经验分析［J］．上海经济研究，2019，(4)：98-109．

［9］李四海，刘星河，吴伟炯．社会信任环境与民营企业债务融资研究：来自中国上市公司的经验证据［J］．金融评论，2013，（2）：75-88．

［10］王皓非，钱军．大股东质押与债务融资成本［J］．山西财经大学学报，2021，43（2）：86-98．

［11］祝继高，韩非池，陆正飞．产业政策、银行关联与企业债务融资：基于A股上市公司的实证研究［J］．金融研究，2015，（3）：176-191．

电子商务中的大数据分析研究

何江南 云南财经大学商学院

摘要： 近年来，大数据分析在电子商务领域越来越受到重视。利用大数据分析技术，可对电子商务行业大数据的特性和背后价值进行深入挖掘和分析，进而更加精准地规划、调整电子商务行为和营销策略，定位客户，实现个性化营销与服务等。大数据分析在电子商务中的重要性可见一斑。本文首先分析了电子商务中大数据的特性，然后深入探讨了电子商务与大数据分析的关系，最后重点给出了一些大数据分析在电子商务中的应用策略，以期为推动大数据背景下的电子商务发展提供参考。

关键词： 电子商务；大数据分析；特性；应用价值；面临问题；应用策略

随着我国移动互联网的逐渐普及，以电子商务（以下简称"电商"）为核心的数字经济迅速崛起，随之而来的便是各种数据暴增，客户在电商平台的购物行为、在互联网上的浏览痕迹，以及客户个人的信息数据、社交关系等汇集成了广受社会公众热议的大数据。在电商领域，传统的数据处理技术已无法胜任行业大数据在体量、类型、时效、准确性及价值等方面的变化，为了满足电商实时高效运营及精准化管理与营销的需求，大数据分析技术应运而生并在电商领域得到了良好的应用，其可以帮助电商企业更有效地利用行业大数据，提高营销决策的正确率，提高市场交易、管理及时间成本效率，精准识别目标客户，确定忠诚可盈利客户，改善高性能业务流程，实现精准物流配送及实时信息展示等，对电商的健康、有序、可持续发展起着非常重要的驱动和保障作用。

一、电子商务中大数据的特性

电商中的大数据，包括客户在购物行为中产生的交易（或业务）数据、浏览网站产生的点击流数据，以及在电商活动各环节产生的音视频数据等。其中，交易（或业务）数据源自电商企业管理、维护的客户关系资料，下单、支付、配送等销售过程数据，以及售后客户评价、投诉事件数据等，这些数据虽来源众多，但本质上是结构化的，利用其可帮助电商企业大幅提升在整个价值链中的收益；点击流数据源自互联网访问痕迹、在线广告（或推文）、社交媒体帖子等，利用其可帮助电商企业做出明智的、战略性的决策和精准化的、个性化的营销策略；音视频数据源自客服或呼叫中心的语音数据，售后评价中客户上传的图像、视频数据，以及在电商活动其他环节捕获的语音、图像和视频数据。这些数据是非结构化的，利用其可帮助电商企业识别客户的情感偏好、兴趣意图等细微差别，提供有针对性的、个性化的服务，以培养忠诚客户或锁定新客户，进而为电商企业增加竞争优势和价值。

大数据具有"5V"特性，即体量巨大（volume）、类型多样（variety）、快速高效（velocity）、真实准确（veracity）和价值密度低（value）。电商大数据也不例外，同样具有"5V"特性。在电商领域，其行业数据呈指数式增长，体量现已达 PB 级，包含结构化、半结构化、非结构化等多种类型的数据。数据的收集、处理及分析要尽可能实时进行；数据源众多，但可靠性高，获取的数据真实准确，数据质量高；数据的价值密度低，但对其进行合理分析、运行，能以低成本创造高价值，进而占据信息、战略及营销优势。

二、电子商务与大数据分析

大数据背景下的电商，主要致力于同时实现企业绩效、核心竞争力等战略价值和提高转化率、降低成本等交易价值，在整个电商活动流程中借助大数据分析来获得精准的洞察力以实现生产、仓储、销售、配送、财务、风险、知识创新、人资管理等，以保障电商各环节的顺利进行。而大数据分析则通过优化生产、营销、金融、人资管理等业务流程，以及识别客户与数据间的情感联系等，为电商企业探索创新点与增值点，为其在市场竞争中占据核心优势而发力。

大数据分析对电商而言，机遇与挑战并存，既有巨大的应用价值，又面临不少的问题。

（一）应用价值

第一，检索统计。对于电商这种基于互联网而形成的新型商业模式而言，对数据信息的快速检索和实时统计是其各项业务的核心。电商企业可通过大数据分析技术强大的检索能力、精准的分析能力及快速且有弹性的处理能力，从纷繁复杂的海量互联网数据中获取新、老客户的需求及偏好，塑造新的消费习惯，进而制定更符合市场发展趋势的企业战略；同时通过对统计数据及其相关解析结果（如"双十一"的成交额等）的公开发布，为电商平台吸引流量，以增强平台对客户的吸引力，以及商户、投资者对平台的信心，从而让自己有更好更大的发展空间。

第二，推动消费。电商企业可利用大数据分析技术为客户提供定制产品或个性化的服务，并通过其购物历史和浏览痕迹定位新、老客户，有针对性地进行广告推送、折扣放送甚至一对一服务等，通过不同的营销策略，促使其在实际需求与广告效应的双重作用下达成消费。要做到这一点，最关键的就是对市场定位与客户需求的精准把握，而这正是大数据分析对于电商营销的积极意义，电商企业基于对市场及客户相关的大数据的分析，就可不断创新营销策略，在激烈的市场环境中进行动态化定价和差异化竞争，如在春节等传统节日或"双十一"等购物节时，分析客户行为、销售策略、对手价格、区域偏好等大数据信息，给出具有竞争力的价格，同时不断优化客户在电商活动中的体验，培养忠诚客户、吸引多元化的新客户，最终最大限度地提高电商企业的效益。

第三，售后服务。电商平台基于大数据分析可对客户提供可持续的服务，如对物流信息的实时跟踪与精准展示，客户对"下单→付款→收货"的整个供应链过程是可见的，这在很大程度上缓和了客户在远程线上购物的陌生感、距离感，加强了客户与平台的亲近感与信任感，为将客户培养成忠诚客户奠定了基础；同时，电商平台可通过既往购物行为和浏览痕迹对不同客户进行分级管理，如核心用户、会员用户、一般用户及潜在用户等，并对其消费习惯、信用状况、反馈评价等数据进行精准分析，以制定、完善现有的营销策略，创新售后服务，实现更精准、更人性化的营销。

第四，预测分析。电商企业基本都积累了海量的数据信息，且每天都有新的大量的数据产生，通过大数据分析技术，可挖掘出这些数据背后的价值，进而对吸引客户的方式、市场的流行趋势等做出有效预测，并据此干预、完善当前的营销策略，协助编制财务预算，规避可能存在的风险和漏洞，甚至识别、创新未来的销售模式，最终使电商企业在激烈的市场竞争中立于引领潮流的地位和不败之地。

（二）面临问题

第一，数据整合能力相对较弱。一方面，除个别电商巨头外，大多数中小型企业积累的大数据有限，且在收集和处理各类数据时，难以多维度、多渠道、实时有效地收集数据，也并未对其进行有效整合，相互间信息的交互能力不强，这就使得这些企业对数据的应用无法从根本上发挥出大数据的优势；另一方面，不同企业的数据无法进行统一、共享，这使得电商的行业大数据并未实现协调发展，要真正使大数据在电商领域得到有效应用，就必须将各企业分散的数据整合起来，构建多维管理机制，以满足电商企业管理及营销的需求。

第二，用户隐私保护问题亟需解决。一方面，电商企业掌握了大量的用户个人信息，用户网购后不断接到垃圾信息或广告、甚至遭遇电信诈骗或网贷等，不堪其扰的同时对电商平台的安全性产生了极大的担忧；另一方面，信息技术本身也面临着极大的安全风险或漏洞，随着大数据的高价值被越来越多的人认可，有些APP不经用户同意私自收集用户的个人信息，有些不法人员通过黑客技术攻击电商平台，导致用户个人信息泄露或被盗，从而不但影响电商企业的口碑和形象，也为用户的生命财产安全带来极大的风险。

第三，数据真实性存疑问题比较严重。在电商活动中，存在"数据造假"问题，如典型的"刷单"问题，如果数据源真实性存疑或数据获取渠道不正规，那么在此基础上进行的大数据分析也难以为电商的发展带来积极的影响。

三、数据分析在电子商务中的应用策略

第一，完善数据的收集及整合能力。要建立健全大数据管控体系或机制，如建立独立、有效的云管控体系，为第三方租赁企业提供个性化的专属服务，在保证数据得到管理的同时，实现电商活动的有序进行，以确保经济效益的最大化。同时，企业在对数据进行收集、处理时，要对包括用户、商户、市场、交易、检索、售后等各环节的信息进行全面汇总，并对不同类型或层面的信息进行比较，以筛选出更有效、更具价值的信息，并及时与营销策略、决策判定等融合对比，以预测未来，规避风险，将大数据分析的价值落到实处。此外，电商企业要积极完善整个数据产业及资源，整合电商结构及运营模式，利用大数据为中小型企业提供帮助，促成电商行业的整体进步。

第二，推动用户隐私保护。一方面，要提高公民的隐私保护意识，从法律法规、行业规则等方面确保用户隐私的安全性。另一方面，要重视管理与技术的整合，以大数据为核心，规范对数据的收集、交互及使用的方式、权限及范围，统一管理数据的存储及访问，制定科学、安全的大数据发展战略，以强化电商企业对大数据的综合应用能力。

第三，构建高安全性的电商平台。要完善电商的基础设施（包括云计算平台、电商平台等）的建设，为大数据分析在电商中的有效应用提供可靠安全的保障。尤其是云计算平台能为电商带来更好的信息安全服务和云存储系统，更有效地避免网络被攻击、信息遭泄露的风险；而高安全性的电商平台，能基于用户需求选择大数据分析方法或算法，对多元数据进行有效获取和处

理，并实现不同数据模块的无缝衔接；同时优化各个环节的认证监督机制，对数据源及访问请求进行全面、实时地监督和分析处理，进一步保证电商领域大数据的真实性和安全性。

四、结语

综上所述，大数据分析能够通过对数据资源的整合挖掘及一系列动态的技术流程，将海量行业数据转变为精准的洞察力，为稳健的营销策略及业务问题解决方案提供依据，进而为电商企业创造高价值和核心竞争力。这已经成为电商领域进行技术创新及广泛竞争的关键核心，电商企业应积极拥抱大数据时代带来的机遇，同时也应深刻认识到数据安全的重要性，直面挑战，以务实稳妥的原则及态度去努力打造安全可靠的大数据应用环境，进而推动电商行业健康、可持续地发展。

参考文献：

［1］方海玲.刍议大数据技术在电子商务中的应用［J］.计算机产品与流通，2020（11）：62.

［2］李新朋.电子商务中的大数据分析综述［J］.电子商务，2020（11）：45-46.

［3］冯雷.大数据分析对电子商务营销的作用［J］.中国市场，2020（15）：124-125.

［4］仲蓬.大数据技术在电子商务中的应用分析［J］.花炮科技与市场，2020（1）：230.

［5］丁洁.数据分析在电子商务中的应用［J］.电子技术与软件工程，2020（22）：179-180.

我国跨境电子商务的发展现状及对策探析

何江南　云南财经大学商学院

摘要：作为对外贸易的新业态、新模式之一，我国跨境电子商务的贸易规模持续扩大，贸易及运营模式更趋完整和丰富，贸易范围及对象不断拓展，贸易保障措施日趋完善，但在取得如此亮眼的成就的同时，也存在经济与技术发展步调不甚统一、跨境电子商务关税体系尚不完善、配套的生态链不够高效完善、专业技术型人才培养体系缺乏等问题。为此，本文在深入分析我国跨境电子商务发展现状的基础上，尝试给出了推动我国跨境电子商务持续健康发展的对策。

关键词：跨境电子商务；发展现状；对策

所谓跨境电子商务（以下简称"电商"），是指不同国家、地区依托互联网等技术优势，通过各种数字媒体渠道便捷地实现跨境的商务贸易往来，并使贸易活动中涉及的数据流程化、数字化的一种全新的商务模式。较之传统的对外商务而言，跨境电商突破了时空的桎梏，基于互联网技术推动了不同国家、地区间商务贸易往来的制度化、数字化；较之传统的电商而言，跨境电商更具前瞻性、综合性，有更高效的销售策略、更灵活的贸易模式，以及更广阔、更难以估量的增长前景。

近年来，我国跨境电商的发展势头强劲，已成为推动对外贸易的关键力量。这是因为：一是国家相关利好政策的积极引导；二是以互联网为中心的新兴科技的有效普及。在全球经济仍笼罩在新冠肺炎疫情的阴影之中，各国进出口贸易面临巨大的下行压力的时候，进一步利用大数据、人工智能等先进技术优化我国跨境电商的发展，并带动跨境支付、物流等相关生态链的发展，毫无疑问会为我国经济的发展注入新活力、做出新的更大贡献。

一、我国跨境电子商务的发展现状

(一) 我国跨境电子商务发展取得的成就

第一，贸易规模持续增长。我国跨境电商贸易规模位居世界第一，主流电商平台覆盖全球，且受到海外消费者较高程度的欢迎。2016—2019年，我国跨境电商贸易规模持续增长，增速保持在15%以上。即使2020年受新冠肺炎疫情影响，艾媒咨询（iiMedia Research）于2020年8月发布的数据显示，到2020年年底我国跨境电商贸易规模有望达到10万亿元，"海淘"用户群体规模超过1.5亿。另外，自2020年4月我国第五批46个跨境电商综合试验区的批准，我国跨境电商综合试验区已覆盖全国30个省（区、市），为地区企业提供外贸平台、培育地区优质企业和自主品牌、协调区域发展及加强海陆、内外联动贡献了积极的力量。

第二，贸易及运营模式更趋完整。我国跨境电商的贸易模式基本以第三方平台为主，随着第三方平台的增多及消费者需求的多元化，目前针对不同的交易形式、不同类型的产品等，各平台均采取了一些个性化或具有针对性的补充措施，通过"线上+线下"模式的结合，以及人工智能等新兴技术，完成整个交易，从而使得跨境电商贸易模式更加完整全面。同时，我国跨境电商的运行模式，从最初的B2B（企业对企业），发展到B2C（企业对消费者）、B2B2C（企业到交易平台再到消费者）、O2O（线下体验与线上交易）、直播带货等模式的并存，且随着5G、人工智能时代的到来，我国的跨境电商运营模式还将进一步丰富。

第三，贸易范围及对象不断拓宽。我国跨境电商的消费需求主要以消费品为主（进口产品主要包括食品、美容产品等，出口产品主要包括服装、电子产品等），消费群体中年轻女性占大多数，而随着互联网的普及，我国跨境电商可提供的服务类型、目标越来越多，从而使得贸易范围及对象都得以进一步拓展。另外，对外开放的不断扩大以及与之配套的对外贸易利好政策，也在进一步拓宽着我国跨境电商的范围与对象。

第四，贸易保障措施日趋完善。我国跨境电商已覆盖很多省区市，各地政府也相应推出了相应的政策法规（如财政补贴、优惠退税等），建立了跨境电商行业组织，各高校及培训机构也在大力发展跨境电商人才，以支撑我国跨境电商高效、持续、有序、蓬勃地发展。

(二) 我国跨境电子商务发展存在的问题

第一，经济与技术发展步调不甚统一。我国经济体量已居世界第二，科学技术的发展速度也很快，但仍存在经济与技术发展步调不甚统一的情况。在跨境电商领域，我国并不缺乏对应技术，但在对互联网、大数据、人工智能等技术的应用及创新发展方面还有较大发展空间，跟不上跨境电商规模的扩张，导致我国跨境电商不够高效、不够精细化。

第二，跨境电商法律法规尚不完善。首先，由于跨境电商自身的独特性，以及制度方面的不规范、不完善，一方面存在个别企业以个人账户交易、部分相关人员不懂出口退税等业务，或故意钻制度的空子，导致出现"零申报"或偷税漏税的情况；另一方面对一些特殊商品（数字化内容产品）基于互联网进行的数字化传输，因其交易记录仅以数据形式留存，而我国关税体系又缺乏此方面的制度管理，导致难以收取税费。其次，跨境电商涉及跨境交易、支付、转运、海关通关等一系列活动，传统的外贸法规法律都无法保证其有序、健康地发展。最后，跨境电商的一系列交易活动基本都在线上完成，且各个环节纷繁复杂，且不同国家、地区的法律法规等不同，从而导致消费者面临的产品质量问题、售后服务问题、物流慢等问题因电子证书取证难、监管难而使消费者的权益得不到有效保障。

第三，配套的生态链不够高效完善。我国跨境电商要想更好地发展，就必须提供高效完善的配套生态链，如跨境物流、跨境支付、平台生态等。首先，跨境物流以空运为主，这使得物流成本较高（可占总成本的30%~40%），尤其对有保鲜要求的商品（如水果、海鲜等）和有易损坏的商品（如玻璃制品、酒类商品等），必须另加保护措施，加之国际转运周期长，极大地增加了跨境电商企业的成本损耗。其次，跨境支付要足够安全，但常见的网络信息泄露、黑客攻击，使买卖双方都面临严重的交易资金风险；同时，不同国家、地区在电子支付规则方面有其独特性，从而使得跨境电子支付难以准确无误、安全无忧、畅通无阻地协调统一，进而使得跨境电商活动难以高效流通、快速结算。最后，大数据背景下的跨境电商平台生态系统尚未得到有效开发与利用，只有建设好平台生态，确保各个环节数据能够互联互通并汇集展示在平台上，才能极大地提高我国跨境电商的整体运转效率。

第四，专业技术型人才培养体系缺乏。虽然我国近年来已加大对跨境电商专业人才的培养，但对该行业整体而言仍远远不够，且现有的人才参差不齐，大都属于商业领域的人才，而符合跨境电商发展，既懂对外商务又懂技术的专业技术型人才则少之又少，因此亟须构建一套完善的跨境电商专业人才培养体系。

二、我国跨境电子商务持续健康发展的对策

第一，推动技术发展，增强我国跨境电商的核心竞争力。面对激烈的国际竞争，以及当前贸易保护主义抬头的形势，很多国家对高新技术出口实行管制政策，或以知识产权保护之名建起技术壁垒，我国必须依靠现有的优势（如移动互联网及第三方电子支付平台的普及），加快技术创新，逐步缩小与发达国家的技术差距；同时，通过企业合作、贸易协定等方式，最大化技术外溢效益；此外，还应促进技术与创新的协调发展，以及现有技术的精细化发展，最终通过多层面、系统化的技术支撑，将我国跨境电商相关的供应链、产业链及价值链等相衔接，从根本上增强我国跨境电商的核心竞争力。

第二，完善制度法规，确保我国跨境电商的标准化发展。要完善我国跨境电商相关的法律法规，并推动国内政策机制与国际的接轨，积极参与相关国际政策的制定并提供中国方案，以实现对跨境电商的有效管理和监督，以及对生产、仓储、展示、销售、交易、转运、通关等的全程可溯，以保障跨境电商活动各方的合法权益。同时，要推动我国跨境电商的标准化，相关标准化组织要加快标准的制定（修订），以实现共性标准在整个行业的全覆盖；要健全标准体系并强化其落地实施和监督，以引导、支撑、规范行业健康发展；还要着眼跨境电商国际标准的制定，以积极的姿态，主动承担国际标准化组织的职责，抢占、巩固我国在全球电商行业规则制定的话语权。

第三，构建生态系统，实现我国跨境电商的综合化治理。要打通国际物流运输渠道及国际转运中的关卡和阻碍，整合资源，建立我国可自主支配的、贸易流通高效、转运安全快捷的国际物流体系为我国跨境电商发展提供强有力的支撑。要完善跨境电子支付体系，依据相关法律法规，结合我国跨境电商的发展实际，着力解决跨境支付制度的规范性问题，明晰参与跨境电商活动的各主体的权责，打造科学完善、平等安全的跨境电子支付体系及其相关规范性方案。要构建可推广的跨境电商公共服务平台，以科学的服务指标引领我国跨境电商发展的方向；同时以跨境电商平台为核心继续推进业态融合，打造集跨境物流、支付、通关及平台生态于一体的生态系统，实现综合治理，从而为我国跨境电商提供专业服务和保障。

第四，加强人才培养，推动我国跨境电商的高质量发展。培养符合我国跨境电商发展需求的综合性专业技术型人才，首先要在高校开设跨境电商专业，并做到学科融合与专业联动，培养兼具商务知识与网络通信等技术的高素质人才；其次高校要与当地电商企业合作，在培养应用型人才的同时，着力研究和

培养跨境电商的技术创新型人才和高层次标准化人才，以提升我国跨境电商的质量水平、抢占标准话语权；最后要通过社会力量对现有跨境电商从业人员进行实践性培训和资质认证，最终形成高校专业教育和社会培训相结合的、有梯次的教育培训体系，以构建国际领先的跨境电商人才资源库和聚高地，提升我国跨境电商的综合实力。

三、结语

总之，我国必须立足实际，全面、准确地把控国际市场趋势，通过推动技术发展、完善制度法规、构建生态系统及加强人才培养等来解决我国跨境电商发展中面临的难题，并为其提供各种便利条件，唯有如此才能达成预期目标，在当前国际国内社会经济形势下进一步推动我国跨境电商持续健康发展。

参考文献：

[1] 金磊. 我国跨境电子商务平台发展对策研究 [J]. 河北企业，2020 (10)：83-84.

[2] 朱昱霏，赵路. 跨境贸易电子商务发展现状与对策分析 [J]. 现代工业经济和信息化，2020 (8)：14-15.

[3] 刘燕. 我国跨境电子商务进口现状及发展模式研究 [J]. 中国商论，2020 (16)：1-2.

[4] 彭剑波，覃亦欣. 我国跨境电子商务发展的现状、问题及对策 [J]. 法制与经济，2020 (6)：115-117.

[5] 张晓涛，朱培武. 我国电子商务标准化发展现状与对策探索 [J]. 质量探索，2020 (2)：15-21.

[6] 吴锐兴. 试析中国跨境电子商务发展现状及对策 [J]. 中小企业管理与科技（上旬刊），2020 (5)：146-147.

云南省贫困山区农村电商物流"最后一公里"建设研究
——以镇雄县为例

曾宇洋　云南财经大学商学院
朱南丽　云南财经大学商学院

摘要： 随着电商行业的蓬勃发展，电商下行逐渐向农村渗透，这为农村电商物流的建设提供了前所未有的商业基础。而贫困山区因其电商消费意识及消费能力的缺乏和运输成本攀升，使得由乡镇至山村乃至农户的农村电商最后一公里建设难度尤显突出。这也成为提升农村电商上行能力、带动贫困山区农民主动脱贫面临的根本制约。本文通过对云南省昭通市镇雄县深度贫困村的问卷调研，深入剖析了云南省贫困山区农村电商物流最后一公里建设存在的问题，并给出对应的优化建议。本研究对云南省贫困山区农村电商物流末端毛细血管疏通进行了探索性剖析，对贫困山区农村电商物流最后一公里建设具有重要的借鉴指导意义。

关键词： 农村电子商务；电商物流；最后一公里；末端物流

一、引言

我国偏远地区依然存在着基础设施和公共服务建设相对滞后的严峻问题，基础道路建设落后导致的交通不便使得消费品下乡和农产品进城所需物流均无法畅通，成为阻碍偏远地区乡村经济建设的核心问题之一。2021年中央一号文件再次强调全面促进农村消费，加快完善县乡村三级农村物流体系，改造提升寄递物流基础设施，深入推进电子商务进农村和农产品出城，推动城乡生产与消费有效对接。

相较于城市而言，农村末端物流资源总体面临运作水平较低，服务成本更高的困局。同时在不同的农村地区面对不同的风俗习惯，可能存在其他不同问题，从而进一步的增加物流成本[1]。贫困山区产业结构分散导致无法集中生产运输，加大了经由电商平台实现销售的农产品进入上级市场的成本[2]。云南省作为中国西部较为落后的省份，其配套农村电商发展的物流建设更加落后，尤其是由镇至村的最后一公里建设①，成为农村电商发展的"卡脖子"难题。

现有研究中，锁立赛和姚建明在对服务集成商模式农村末端物流资源运作特征进行简要分析以及关键因素挖掘和量化的基础上，建立了服务集成商模式农村末端物流资源整合优化模型[3]。王右文通过分析物流发展路径，提出了考虑企业利润的农村电商物流车辆规划模型，以及基于Pareto最优的多目标车辆路径规划模型，解决物流资源配置中企业利润最大化、政府补贴策略选择、车辆路径最优化等问题[4]。武晓钊针对农村电子商务与物流配送运营服务体系建设提出基于互联网和移动互联网重构地级市域范围内的农村商贸流通新体系的建议[5]。这些已有研究大多面向资源的协调整合，以降低农村电商整体物流成本为目标，少有研究聚焦于农村电商物流中最后一公里向农户的触达，而针对贫困山区，关注农村电商物流最后一公里建设的研究尚属空白。本文以镇雄县为例，分析研究云南省贫困山区农村电商物流最后一公里建设所面临的核心问题，提出针对性建设与优化方案。

二、云南省贫困山区农村电商物流最后一公里现状及分析

（一）云南省农村电商物流现状

云南物流产业当前发展迅速，共有物流企业14 138家，物流从业人员30多万，本地物流、国有物流、外来物流企业分庭抗礼。2020年，云南省物流总收入5 866亿元，现代物流增加值占GDP比重达到8.4%，整体产业地位不断夯实，发展前景日益广阔。截至2020年，云南省有100家物流企业评级达到A级，其中81家物流企业达到3A级以上；目前超过110个各类物流园区正在运营、在建和规划；同时中信、普洛斯、顺丰等国内外物流龙头企业不断在云南省落地；智慧物流发展迅速，供应链建设成效显著[6]。

云南省物流发展处于可大放异彩的战略时期，为云南省农村电商物流提供了重要的行业基础。但其在发展过程中，由于云南省整体经济相对落后，教育水平不高、民族众多、文化各异导致沟通不便等原因使得农村物流呈现基础设施落后，网点虽然逐年增加，但是成本居高不下、在节假日区间物流延期现象严重等问题[7]。

---

① 本文中的"最后一公里"并非实指物流距离确切为一公里，而是指由现有物流站点确切触达农户的最后一段距离。

（二）云南省贫困山区农村电商物流最后一公里现状分析——以镇雄县为例

1. 数据来源

2019 年云南省委从部分省直部门和国有企业及昆明市、玉溪市选派了 50 名年轻干部到昭通市镇雄县贫困发生率最高的 50 个深度贫困村开展驻村帮扶工作。2020 年 2 月，本研究以此批长驻贫困村、具备两年贫困山区脱贫工作经验的年轻干部为调查对象发放网络问卷，进行农村电商最后一公里建设现状调查，回收有效问卷 42 份，有效回收率为 85%。

2. 调研结果分析

（1）部分村庄仍无法收到快件，农村电商物流最后一公里建设尚处空白

截至 2020 年 2 月，云南镇雄县的这一批贫困山村中，有 14 个村子仍然没有快递服务网点，高达调研样本的 33.33%（如图 1 所示）。这意味着村民通过农村电商平台采购的工业用品及其他日用品最近只能寄送到乡镇一级的服务网点。许多贫困山村因地处山区，由村至镇的直线距离虽并不远，但因道路曲折难行，农民想要自己从乡镇级快递服务站点取件，一来一回需要耗费许多时间精力，这从根本上遏制了山区农民通过农村电商平台进行采买的积极性。曲折难行的山路使得农村电商物流的下行仍然存在最后一公里建设空白，其上行服务的建设与达成更加显得遥不可期。

图 1 贫困山村快件可达情况

（2）贫困山区村民收取与寄送快递的成本常更高于城镇

相较于城市，贫困农村地区的居民寄取快递有着更高的成本。从便利程度和服务完备方面评价，大部分村庄的农民需要自己去服务站提取快递，能享受派送员送件上门的山村凤毛麟角（调研数据如图 2 所示）。结合对第（1）点的分析可以知晓，部分村庄居民甚至需要自己去到乡镇上的快递站点收取快

递。而即使是在设立了快递服务站的村庄中，也极少有村庄开通快递员配送服务。虽然农村地区居民对于时间成本敏感程度并不高，但是长期繁琐的取件过程依然会让他们对在电商平台的购物热情大打折扣。

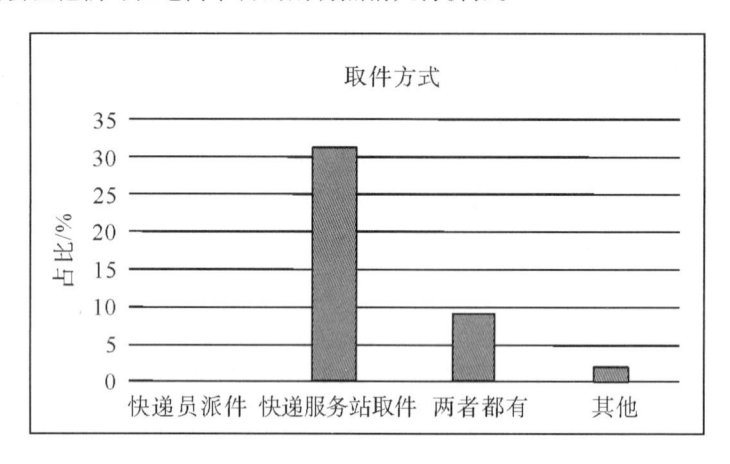

图2　村民取件方式

经济成本方面，本调研结果显示，有一半的村庄收取快递时需要支付额外费用（如表1所示）。这是因为即使是包邮或已在电商平台上支付过邮资的商品，电商平台核算的邮资多只覆盖到乡镇级快递站点，而从乡镇至村甚至到户的这最后一公里物流，往往被认为是电商平台物流的延伸与额外服务，其运营也常常是由乡村级的补充物流另外完成。所以，农村消费者常需为此额外买单。对于本就不富裕的村民群体，他们对于价格更加敏感。因此，收取快递所需支付的额外费用，会大大降低村民在电商平台购物的欲望。

表1　快递收费情况

是否需要额外收费	小计	百分比/%
需要	21	50
不需要	21	50

（3）中国邮政在农村现有第三方快递服务站点中一家独大，然其服务水平与服务质量偏低

调研数据显示，相对于村邮站和其他乡村代收点，农村现有的其他第三方服务站点较少（如图3所示）。村邮站于是成为农村地区居民收取快递的主要枢纽，且收取快递的品牌也主要为中国邮政（如图4所示），这就导致村民对于第三方快递服务了解甚少，收寄快递的主要方式依旧以中国邮政为主。另一

方面，向外界延伸寄件服务的第三方物流中，距离农村最近且覆盖最广的也是中国邮政，这使得在农村电商实践层面，农产品上行多半需要采用中国邮政作为物流通道。

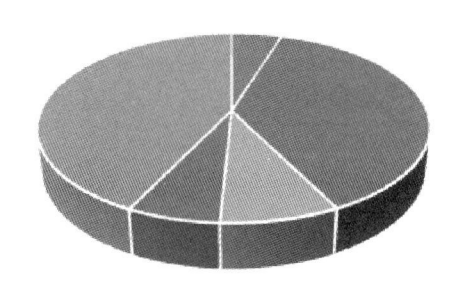

图3 镇雄县农村地区快递服务站点　　图4 镇雄县农村地区可收到的快递品牌

三、云南省贫困山区农村电商物流最后一公里建设中存在的问题

基于问卷调研与数据分析，可以剖析出云南省贫困山区农村电商物流最后一公里的建设中存在着以下主要问题：

（一）仍有较大比例贫困村尚未实现快递通达，最后一公里急待通车

调研分析显示，就镇雄县而言，还有部分地区尚未实现快递通达。尽管在"村村通"工程的帮助下，中国邮政覆盖点正在慢慢向全国各地区推进，但对于偏远地区的贫困村而言，快递服务想要触达，在道路建设还未完善前，尚有一定难度。同时，由于贫困农村地区消费水平相对较低，且村民在电商平台购物的意识极为薄弱，导致商品下行数量极少，上行拓展尤为缓慢。尽管国家出台"村村通"工程帮助农村地区加快物流体系建设，但在农村消费尚未达到一定水准前，仅仅依靠国家补贴，贫困地区物流体系依旧难以生存。

（二）贫困山区中国邮政一家独大，但服务质量与效率偏低

对于部分已经拥有快递服务站点的贫困山区，中国邮政依旧是农村快递物流的主力军。但是对于农村生鲜产品而言，中国邮政的物流效率及品质目前远远达不到生鲜产品对物流快递的支撑需求。在运营层面，中国邮政触达城市消

费者端的服务，在第三方物流竞争者中，其服务意识与服务质量较低。虽然中国邮政覆盖地域较为广泛，但是对于需要亟须发展电商行业的农村地区来说，单一的物流结构以及中国邮政的服务质量依旧远远不够。相较于中国邮政而言，顺丰、圆通等民营资本运作的第三方物流不论在服务质量方面还是时效性方面，都更符合现代居民对于物流体系的要求。而物流上行的服务和时效性，恰恰是农村电商实践中保证农产品高质量的重要条件之一。贫困山区几乎唯一可用的快递物流——中国邮政的服务质量和服务意识的缺乏，无疑降低了生鲜农产品的线上交易服务质量，进而严重影响成交数量，制约着农村电商上行的发展。

（三）快递服务站点极少且分布零散，向农村消费者和农产品产地的触达力薄弱

贫困山区快递服务站极少、分布零散，且仅有少量村庄开通快递员配送服务，这使得贫困山区的快递服务极少真正触达农户。下行已然不易，上行需求中农产品生产地不集中更使得农产品的运输成本大大提高。调研发现，除了道路交通极大不便这个因素外，山村农户间居住区域相隔较远，物流平台难以统一收取农产品，无法形成规模效应，也大大增加了存储和运输成本。同时，收取时间的不统一也导致了生鲜保质期无法实现标准化。贫困山区物流服务的滞后致使买卖双方匹配失衡：对于消费者而言，经由物流损耗的农产品其品质无法保证，会大大降低他们对于农村生鲜产品的信任度。纵然有心购买，然而品质的缺失让潜在的城市消费者大量流失；这又进而导致了高品质的农产品无路销售，上级市场的消费者也无稳定途径可以购买到高品质的农产品，这种循环悖论令贫困山区的农村电商上行陷入僵局。

（四）最后一公里触达难度大，规模效应的缺乏使其物流成本偏高

第三方物流集中在镇、县两级，对于村一级地区，居民收寄快递成本更高。农村地区人员结构相对复杂，文化程度普遍较低，相比较城里完善的配套服务，偏远地区收取快递的过程无疑是复杂的。调研分析显示，大部分贫困山区缺乏配送服务，快递的收寄需要去城镇完成，同时快递点需要额外收取费用。从实际操作上看，时间成本叠加经济成本，这两点不仅让偏远山区居民对于网上购物望而却步，同时物流下行量的不足也让农村电商最后一公里物流运营机构难以生存。下行尚且不易，贫困地区的农村电商上行对于零散农户而言几乎成为不可能完成的任务。

四、云南省贫困山区农村电商物流最后一公里建设优化建议

（一）加强道路基础建设，夯实农村电商物流的通达基础

道路不便是阻碍农村电商物流最后一公里通畅的主要因素。所以，加快农村道路建设进程，加速村村通工程的建设，对于农村电商在偏远农村地区的推广和发展有着至关重要的作用。一方面，云南省面向贫困农村地区需要加快交通设施的建设，构建完善的道路交通体系，构筑起村道和乡道，以县为中心，打造合理的辐射网络；另一方面，在经济有所发展的地区，着手建设高速公路和铁路交通设施，进一步加强支撑农村电商物流体系的运输环节，降低运输成本。

（二）出台激励性政策，丰富贫困山区物流站点的经营主体结构

道路交通完善的同时，政府应出台相应优惠政策，吸引第三方物流公司在农村地区设立服务站点，如菜鸟驿站、京东邦等。在现有第三方物流站点的基础上，加强宣传，设立补贴政策，加大优惠力度，使农村居民能更多地了解并使用第三方物流。对于第三方物流尚未完全通达的农村地区而言，村民对于第三方物流知之甚少，仅仅引进大型物流企业依旧无法解决物流体系生存问题。因此，还需政府加强引导，在各乡村进行实质性宣传，以发传单、登报等形式，迅速建立起农村居民对于第三方物流的认识。并且在出台的相关政策引进三方物流入驻同时，让利于民，以较低的价格吸引当地居民使用第三方物流，获取当地居民对三方物流公司的忠诚度。

（三）合理规划农村电商物流站点，降低运输成本

对于居住较为分散的偏远山区而言，应加快服务站建设进度，在现有农户居住地区，分块规划，每块地区合理规划服务站点，降低农户到服务站点距离，并且在各服务站点之间，设立总服务站点。同时，加快生鲜冷链物流技术装备升级，推行各类农产品冷冻储藏保险、制冷、保温技术标准。在方便居民收取快递的同时，推进收农产品进程标准化工作，降低农产品因收取时间不同而产生的损耗，并形成规模效应，降低成本。

（四）刷新农村居民消费意识，拓展其消费结构，实现农村电商的下行增量；结合地方产业发展，促进农产品经由电商平台的外销活动，实现上行增量

首先，整合现有各种资源，如当地小型零售商门店，设立临时电商服务站点，帮助居民了解电商平台，并且帮助居民在电商平台上购买所需用品，引导村民逐步改变消费习惯。同时，推进网络覆盖面积，在成功引导村民改变消费习惯后，提供其可在网络上独立完成交易的信息环境，实现农村电商物流下行

增量。相对稳定的下行量可保证第三方物流的基本业务量，有助于他们在农村地区落地生根。其次，结合当地特色产业，通过当地政府对村民进行电商相关业务知识的宣传培训，鼓励当地农村居民入驻电商平台，培育生成配套产业的农村电商运营群体。同时配套周边产业，例如小型的包装设计与包装生产产业，使村民有可能在本地便完成电商渠道销售至城镇的农产品所需的存储、流通、包装等一体化运作，加强贫困山区农产品的市场竞争力。

五、总结

建设并完善我国贫困山区农村电商物流的最后一公里，可以深化电商行业的进一步发展与渗透，同时对于实现贫困地区的经济增长有着显著的助力效果。但是当前贫困山区农村电商物流最后一公里建设依然面临不容忽视的困难，如交易量不足缺乏规模效应，交通不便导致其成本居高不下等，这些都限制着其本身的建设与发展。本文通过研究云南省昭通市镇雄县 50 个深度贫困村的调研数据，深入分析云南省农村电商最后一公里建设所面临的问题，提出针对性优化建议。贫困山区农村电商物流最后一公里的成长不可能一蹴而就，从填补空白、连接断路，到完善提升，这个领域的研究和实践还有待继续夯实推进。

参考文献：

[1] 于小燕. 新形势下我国农村电商物流遭遇的瓶颈及破解路径 [J]. 对外经贸实务，2018（6）：85-88.

[2] 杜永红. 乡村振兴战略背景下网络扶贫与电子商务进农村研究 [J]. 求实，2019（3）：97-108，112.

[3] 锁立赛，姚建明，周佳辉. 引入整合风险的服务集成商模式农村末端物流资源整合 [J]. 运筹与管理，2021，30（2）：61-67.

[4] 王右文. 农村电商物流资源的优化配置研究：基于供给侧改革视角 [J]. 农业经济，2021，（2）：133-135.

[5] 武晓钊. 农村电子商务与物流配送运营服务体系建设 [J]. 中国流通经济，2016，30（8）：99-104.

[6] 阮成发. 关于加快启动具有国及竞争力的现代物流龙头企业培育计划的建议 [R]. 昆明：云南省政府发展研究中心，2021.3.

Multi-source Data Analysis Method of Exhibition Site Based on Mobile Internet

Xiaoyin Yin; Lanmei School, Yunnan Minzu University

Jiangnan He, Business School, Yunnan University of Finance and Ecnomics

Ying Gao and Jingxian Li. People's Armed Forces College of Yunnan Minzu University

Abstract: With the continuous improvement of information and communication technology, the popularity of mobile terminals and endless new technologies, the application of mobile Internet is increasingly extensive. This paper mainly studies the multi-source data analysis method based on mobile Internet. Through the connection of multi-source database, the data is associated and the foundation of data fusion is constructed. It is stored in the specified storage database or data medium according to certain rules. On this basis, first of all, preprocess the data, sort out and correct those disordered storage formats, disordered data records and redundant fields to form standard data. Secondly, these data are cleaned to remove data redundancy and noise. Through the combination of multi-source data, new data records are obtained, and these data are sorted and improved. According to the actual situation and problems of the project, the multi-source data is fused to build an effective data set. Data show that the accuracy of the model can reach more than 85%. The results show that mobile Internet technology can provide security and risk information for the participants of the exhibition.

Keywords: Mobile Internet, Exhibition Site, Multi-Source Data Analysis, Passenger Flow Evacuation

1 Introduction

In the analysis of user behavior in mobile Internet environment, due to the fragmentation and diversification of data brought by user time fragmentation and application diversification, the traditional user data analysis model and mining method are no longer fully applicable. Therefore, the user behavior characteristics in the mobile Internet environment need to be obtained by establishing the corresponding user behavior analysis model according to the mobile Internet services and services.

Artificial intervention makes the formation of clusters and the selection of cluster heads no longer have randomness, greatly reducing the amount of computation, saving energy, ensuring the stability of the system structure and convenient management[1]. These signals are all non-electric signals, which need to be transformed into electrical signals through the transmitter[2,3]. The community structure of some networks is homogeneous if the community size and nature of some networks are similar; while the community structure of other networks is heterogeneous if the community size and nature of other networks are verydifferent[4,5]. The urban spatial structure is jointly affected by the spatial distribution of factors such as residents, labor market, land market, landscape pattern, and urban infrastructure[6]. At the same time, the organization of urban spatial structure has a negative effect on urban functions, traffic accessibility, environment, economic development, social equity, innovation and other factors[7,8]. In the mobile Internet environment, in addition to the user's own ability and quality, the behavior itself can also determine the quality of the search results, and the search behavior itself has certain strategies to follow. The multiple functions provided by the search system can also reduce the difficulty of the search. For task-based search behavior, mastering these skills will greatly facilitate the user's search process[9,10].

As an industry that has existed for decades with an annual output value of hundreds of billions, the exhibition industry has not shown obvious industry wide innovation trend like other industries in the era of mobile Internet. On the one hand, this paper provides support for the reasonable planning of urban spatial pattern and the scientific and rational development of land resources, and promotes the further realization of sustainable development of cities. On the one hand, it is convenient for the public to place the site and reduce the cost of commercial advertising.

2 Mobile Internet and Multi-source Data Analysis

2.1 Mobile Internet

In the era of mobile Internet, the rapiddevelopment of the network has brought many conveniences to people and gave birth to many new things. People can access the diversified Internet "data universe" in real time with the help of mobile Internet terminals, which are basically online all the time. The demand for obtaining and processing information at any time and wherever they are has been greatly satisfied. The mobile Internet has greatly improved the efficiency of countries, regions and cities in the process of competition and cooperation, as well as the development speed and technological innovation of the global economy. In the strategy game of information sharing among mobile Internet users, the individual players of the game have two strategies to choose from: information sharing and information non-sharing, and the choice of these two strategies occurs in a bounded rational and abstract space. At the same time, the two sides of the game will influence each other's choice of strategy.

2.2 Multi-source Data Analysis

The migration decision tree is interpretable while improving the accuracy of small sample analysis, but it only uses one sample in the target domain to update the source domain at a time, the calculation rate is low, and the algorithm is only applicable to the source domain is the target The case of domain subsets. The mean smoothing filter uses the value in the filter template to multiply the respective data in the window, and take the average of the sum of these products to replace the original data. Its expression is as follows:

$$g[x, y] = \frac{1}{M}\sum f[x, y] \quad (1)$$

Amongthem, $g[x, y]$ is the filtered data, and $f[x, y]$ is the original data. The first-order complementary filter can be expressed as follows:

$$Angle = (1 - K) * (Angle + GYROdt) + (K) * (X\_ACC) \quad (2)$$

There is instability in online relationships. Relatively speaking, offline mobile social relationships are more stable and closer to the real social relationship model. Social network analysis based on massive mobile social data will be more accurate and objective than it, and mobile social data comes from offline. The intra-class difference measures the compactness within the cluster, that is, the density distribution of the museum's data points. It can be judged that the sum of the squares of the distances from each data point in the class to the cluster center is calculated. The formula is as follows:

$$w(c) = \sum_{i=1}^{k} w(C_i) = \sum_{i=1}^{k} \sum_{x \in c_i}^{k} d(x, C_i)^2 \quad (3)$$

3 Multi-source Data Experiment on the Exhibition Site

3.1 Experimental Setup

The experimental environment of this article is shown in Table 1. The mobile Internet faces a wide range of environments, and the density of mobile sensing nodes distributed in it is high, and the distribution range is wide. Reasonable preprocessing of the data can avoid the misleading of redundant data and missing data to the training model.

Table 1 Experimental environment

Processor	Intel (R) Core (TM) i5-3210U CPU @ 2.50GHz
RAM	8GB
Hard disk	SAMSUNG 256G SSD
Operating system	Microsoft Windows 10
Simulation platform	MATLAB R2014b IntelliJ IDEA (64)

3.2 Data Fusion

Through the connection of multi-source database, the data is associated and the foundation of data fusion is constructed. It is stored in the specified storage database or data medium according to certain rules. Through the above analysis of data structure and storage form, we have a full understanding of the data. On this basis, first of all, preprocess the data, sort out and correct those disordered storage formats, disordered data records and redundant fields to form standard data. Secondly, these data are cleaned to remove data redundancy and noise. Through the combination of multi-source data, new data records are obtained, and these data are sorted and improved.

4 Discussions

4.1 Multi-source Data Analysis Results

The experimental results are shown in Table 2. The high degree of recognition is reflected in the fact that the multi-source aggregation algorithm can describe the missing information in the single-source relationship measurement, mainly to determine whether there is a relationship between actors, and the performance in the relationship graph is to determine whether the nodes are connected by wire segments. The high accuracy is reflected in the fact that the multi-source aggregation algorithm is more accurate in the measurement of the relationship strength value than the single-source relationship measurement algorithm. The performance in the relationship graph is to determine the thickness of the line segment between nodes. From the multi-source aggregation algorithm itself, during the execution of the algorithm, the proportion of the influence of each interaction method on the strength of the relationship is determined, that is, the value of b determined in the algorithm. And because the algorithm is based on machine learning, it has certain dynamics. When the amount of data is small, running on a single machine takes less time than running on the Hadoop platform, mainly because running on the Hadoop platform will have additional time overhead in job scheduling. With the increase of the amount of data, the advantages of the Hadoop platform have gradually emerged, and the mining time is far less than that of a single machine. And with the gradual increase in the amount of data, the time consumed by a single machine to run the algorithm has increased rapidly, while the running time under the Hadoop platform has increased slowly, which fully reflects the advantages of parallel algorithms.

Table 2 Experimental results

Pre-training time	175.9	178.7	177.9	178.0	180.1
Fine-tuning time	1 426	1 472	1 477	1 481	1 479
total time	1 601.9	1 650.7	1 649.3	1 659.0	1 659.1
Normal recognition rate	98.38%	98.48%	98.55%	98.43%	98.54%
Abnormal recognition rate	99.59%	99.52%	99.54%	99.55%	99.58%
Accuracy	98.4%	98.5%	98.49%	98.45%	98.56%

The analysis result of a single booth exhibitor is shown in Figure 1. In the same time period, the comprehensive technical efficiency of samples 3, 5, 11, and 15 is invalid (less than 1), pure technical efficiency is valid (equal to 1), and scale efficiency is invalid (less than 1). The redundant value of each input and output Both are zero, and the scale efficiency is increasing, which is a DEA invalid unit. The booth area and rent invested can be determined by exhibitors, while the number of visitors to visit is not determined by exhibitors. Therefore, less investment in booth area and booth rent can be considered. Through the above evaluation and analysis of the efficiency of independent booth exhibitors and multiple booth groups, we can know the exhibitors whose economies of scale increase, remain unchanged, and decrease.

For exhibitors whose economies of scale are increasing, they can consider increasing the corresponding booth area and rent to increase the amount of attention paid. For exhibitors with constant scale efficiency, the booth area and rent invested by them are reasonable and can achieve effective use of resources. For exhibitors with diminishing returns of scale, the investment in booth area and rent should be appropriately reduced to save resources. The experimental results show that when the number of samples is small, the inference model can obtain less inference basis, so its inference accuracy is low, so its recall rate is correspondingly low, and as the number of samples increases, due to inference the judgment basis learned by the model gradually increases, and the accuracy of its inference also increases. Therefore, the number of samples that the inferred model can infer is gradually increasing, which leads to a gradual increase in its recall rate and eventually stabilizes.

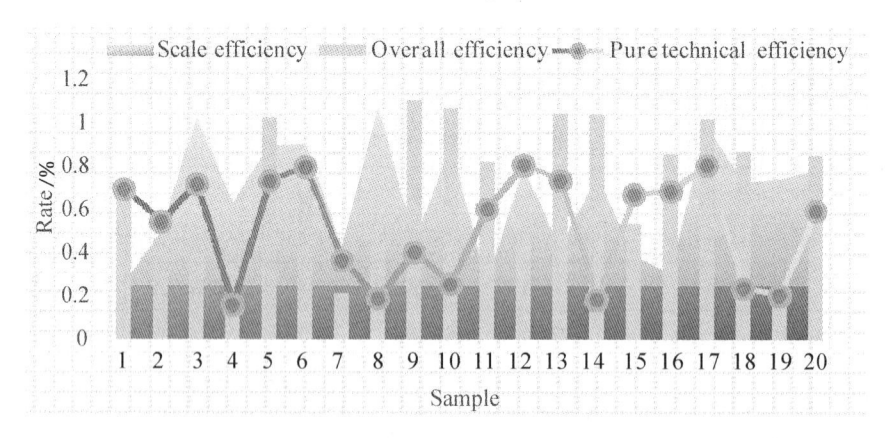

Figure 1 Analysis results of individual booth exhibitors

4.2 Model Evaluation Analysis

The results of model training are shown in Figure 2. As can be seen from the figure, at the end of 100 rounds of training, the accuracy of lstm1 model on nsl-kdd training data set is still only about 79%, and there is serious under fitting. The accuracy of lstm3 on the test data set decreases with the accuracy on the training set, and there is a certain over fitting phenomenon. In this paper, the positive and negative samples of the data set are uneven, and the final positive and negative sample ratio is about 1 200 : 1, of which the number of large class samples is 6.77 million. If all of them are used for training, it will not only take time, but also get poor results. Therefore, this paper uses the method of sampling large samples and combining with rare classes to form a new data set for modeling to verify the cost sensitive decision tree. It can be seen from the figure that the accuracy of the decision tree model after pruning is reduced, but the range is not very large, and the recall rate can be increased by about 5 percentage points. The results show that pruning can improve the generalization ability of decision tree and increase the number of rare samples. After the attribute information is extracted, the data preprocessing operation is needed. At the same time, the problem of sensor information collection rate should be considered. If the acquisition rate is fast, the target trajectory changes little from the current time to the next time. The information of continuous multiple time points can be merged into a time slice or resampled. This method can reduce the resource consumption. Because of the residual mechanism and attention mechanism, LSTM network can effectively reduce the problem of gradient disappearing when the network sequence is too long. At the same time, it can also reduce the risk of over fitting caused by the deep complexity of the model. The accuracy of the model can reach more than 85%.

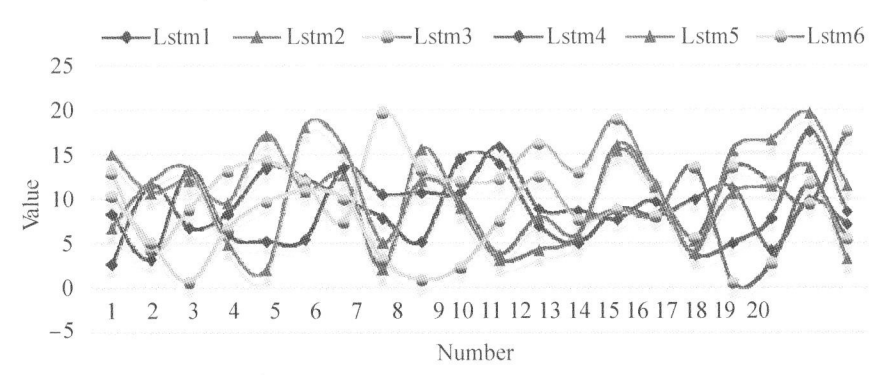

Figure 2 Model training results

5 Conclusions

In this paper, we use multi-source data technology to establish entity model of information resource sharing mechanism, and carry out entity simulation through netlogo simulation platform. The results show that this algorithm is superior to other filtering algorithms in filtering phase noise and maintaining fringe of interference fringes.

With the continuous development of the new generation of Internet information technology, mobile Internet has become the new normal, promoting the digital transformation of many traditional industries, and also driving the transformation and upgrading of China's economy.

Due to the expansion of the current Internet environment, the huge behavior data generated by Internet users can predict the index data in reality, which reflects the great application significance of such data. Internetdata is more extensive and messy, first of all, we need to screen the keywords embodied in the target data.

References

[1] WANGL, ZHONG H, MA W, et al. Multi-source data-driven prediction for the dynamic pickup demand of one-way carsharing systems [J]. Transportmetrica B, 2020, 8 (1): 90-107.

[2] ZHAOW, HAN S, MENG W, et al. BSDP: Big sensor data preprocessing in multi-source fusion positioning system using compressive sensing. IEEE transactions on vehicular technology, 2019, 68 (9): 8866-8880.

[3] ZHANG D, HET, ZHANG F. National-scale traffic model calibration in real time with multi-source incomplete data [J]. Acm transactions on cyber physical systems, 2019, 3 (2): 1-26.

[4] HONGLI M, YINGTING G, GUOQIANG Z, et al. A novel model of estimating sea state bias based on multi-layer neural network and multi-source altimeter data [J]. European journal of remote sensing, 2018, 51 (1): 616-626.

[5] JIANG C, GUAN K, PAN M, et al. BESS-STAIR: a framework to estimatedaily, 30 m, and all-weather crop evapotranspiration using multi-source satellite data for the US Corn Belt [J]. Hydrology and earth system ences, 2020, 24 (3): 1251-1273.

[6] FENG X, CHEN J, WANG K, et al. Phase-adjusted estimation of the COVID-19 outbreak in South Korea under multi-source data and adjustment measures: a modelling study [J]. Mathematical Bioences and Engineering, 2020, 17 (4): 3637-3648.

[7] BAO J, LIUP, UKKUSURI S V. A spatiotemporal deep learning approach for citywide short-term crash risk prediction with multi-source data [J]. Accident analysis & prevention, 2019, 122 (1): 239-254.

[8] SHIT, HU Z, SHI Z, et al. Geo-detection of factors controlling spatial pat-

terns of heavy metals in urban topsoil using multi-source data [J]. ence of the total environment, 2018, 643 (12): 451-459.

[9] CUO B, LI J, ZHENG V W, et al. CityTransfer: Transferring inter- and intra-city knowledge for chain store site recommendation based on multi-source urban data. Proceedings of the ACM on interactive mobile wearable and ubiquitous technologies, 2018, 1 (4): 1-23.

[10] GUO S, CHEN C, WANG J, et al. A simple but quantifiable approach to dynamic price prediction in ride-on-demand services leveraging multi-source urban data [J]. Proceedings of the acm on interactive mobile wearable & ubiquitous technologies, 2018, 2 (3): 1-24.

Supplier Evaluation and Selection System of Embedded E-Commerce Platform Based on Big Data

Jiangnan He, Business school, Yunnan University of Finance and Economics

Ying Qian, Business school, Yunnan University of Finance and Economics

Xiaoyin Yin, Lanmei School, Yunnan Minzu University

Abstract: The selection of E-Commerce platform suppliers plays an important role in supply chain management. In recent years, many scholars have conducted research on the construction of supplier evaluation index system and supplier evaluation methods. For E-Commerce companies, it is easier to obtain a large amount of aggregated data about user behavior with the help of embedded network platforms, which contains valuable information that helps to form effective decision-making. This article aims to study the evaluation and selection system of embedded E-Commerce platform suppliers based on big data. This article first gives a detailed introduction to the evaluation and selection of E-Commerce and suppliers; then puts forward the analytic hierarchy process and entropy method. After determining the e-supplier to be evaluated and selected, the indicators that need to be evaluated and selected are determined to make the evaluation of supply The business time can be more accurate; finally, the AHP analytic method is used to build a supplier evaluation system and a selection system, and the supplier evaluation model is divided into three layers, the upper, middle and lower layers, and the use of data mining and other technologies to enable the high-level and relevant Decision makers can analyze and make decisions on the suppliers facing the enterprise from multiple dimensions. The experimental results of this paper show that after obtaining the entropy AHP weights through the analytic hierarchy process, these 8 suppliers can be ranked and selected. Using the ABC classification method, classification is based on the ranking of suppliers. Among them, Class A suppliers account for 12.5%, which plays a key role in the construction of the evaluation and selection system of E-Commerce suppliers.

Keywords: Big Data, E-Commerce Platform, Supplier Evaluation System, Analytic Hierarchy Process, Entropy Method

1. Introduction

Withthe application and popularization of the Internet and electronic payment, the E-Commerce industry is developing rapidly, and at the same time more and more information is gathered, E-Commerce has entered the era of information explosion. While a large amount of information provides users and enterprises with diversified choices and marketing methods, the problem of information overload inevitably arises: From the perspective of users, users are at a loss when faced with more and more choices. It is impossible to lock in the items you want to buy as soon as possible; from the perspective of the enterprise, the influx of massive information makes it impossible for the enterprise to store and use it in time, and it is difficult to extract effective information to support decision-making, causing the loss of users and capital. At the same time as these difficulties appear, E - Commerce big data platforms and E-Commerce recommendation systems have emerged and gradually developed, becoming the main and effective methods for the current E-Commerce massive data storage and processing and precision marketing.

How to choose to cooperate with high-quality suppliers is very important for enterprises. Deciding which suppliers to cooperate with is also a major decision for enterprises. The sound development of enterprises is closely related to the products supplied by suppliers. Therefore, E-Commerce enterprises a scientific and reasonable selection mechanism must be adopted to reach strategic partnerships with high - quality suppliers. In order to reduce the risk of the enterprise supplying products, it is impossible to cooperate with inferior suppliers who havepoor evaluation and product quality that does not meet the standards. In addition, we must also consider the procurement risks caused by market pressure and social and political factors. We must choose from a scientific and strategic perspective to cooperate with suppliers with good reputation and strength, and jointly develop the overall efficiency of the enterprise with high-quality suppliers to promote long-term stable operation of the enterprise.

Li X analyzes the short-term and long-term effects of the breadth and depth of seller competition on the performance of platform companies, and studies the potential mechanism of customer two-way marketing strategies on the competitive structure between sellers. It adopts a longitudinal research design and collects 250-day data on E-Commerce platforms. Daily market target data, and use the vector autoregressive model to analyze the dynamic evolution effect, which compares the short-term and short-term differences. The long-term effectiveness of different customer relationship management (CRM) strategies, survey results-The breadth of competition among sellers improves the performance of the platform, and the depth of competition among sellers has a positive impact on short-term performance. However, this has a negative impact on the long-term performance of its platform[1]. Supplier evaluation and selection are the central issues of supply chain management (SCM). However, the data on which the corresponding selection is based in real life is usually inaccurate or vague, leading to the introduction of fuzzy methods. Tavana M proposed a hybrid ANFIS-ANN model to help managers perform supplier evaluation. After aggregating data sets through the Analytic Hierarchy Process (AHP), ANFIS determines the most influential standards for supplier performance. Then, the multi-layer perceptron (MLP) is used to predict and rank the performance of suppliers based on the most effective criteria. However, there are errors in the perception process, resulting in inaccurate results[2]. This research by Veisi H is to determine the sustainability strategies and ethics of Iran's agricultural and food systems. To represent the views of 57 agricultural stockholders, including former ecologists, agricultural extension and development experts, farmers, and members of the Iranian Society of Agricultural Ecological Sciences (ISSA), the Analytic Hierarchy Process (AHP) was used. Based on the general principles of utilitarianism, rights and virtue models, two levels were selected from three moral methods to develop a hierarchical network. However, the complexity of this level is too high, causing the network to be a bit biased[3].

The innovation of this article is (1) many companies ignore the long-term nature of supplier evaluation systems, so this article proposes to treat supplier evaluation as a systematic project to improve the problems encountered by E-Commerce companies, mainly for The evaluation system of enterprise selection evaluation and performance appraisal has proposed a complete system. It has important practical significance for optimizing the supply network of the enterprise and optimizing the supplier relationship. (2) Domestic companies are affected by the international environment, so cross-border procurement has become a daily routine for corporate procurement. From this point of view, the establishment of long-term and stable cooperative relations is of great significance to enterprises and suppliers. On this basis, this article carefully understands and analyzes the E-Commerce industry, and finally establishes an evaluation index system that meets the E-Commerce enterprises.

2. Construction Method of E-Commerce Platform Supplier Evaluation System

2.1 Establishment of Evaluation Hierarchy Model for E-Commerce Suppliers

According to the AHP analytic hierarchy process, the evaluation model of suppliers is divided into three levels: upper, middle and lower levels. Based on the multi-level characteristics of the analytic hierarchy process, the highest level of supplier evaluation index is set to level 1, and the last level is leveled up. The factors that affect the evaluation index are set as secondary[4]. The results are shown in Table 1.

Table 1 Supplier evaluation hierarchy

Operational level A1	Financial status B11
	Corporate Reputation B12
Cost A2	Product price B21
	Price stability B22
Quality A3	Product qualification rate B31
	Inspection test B32
Delivery capacity A4	On-time delivery rate B41
	Delivery accuracy rate B42
Technical ability A5	Research Investment B51
	Production capacity B52

2.2 Supplier Evaluation

Supplier evaluation uses quantitative statistics and operations research and other related methods, adopts a specific index system, and combines quantitative and qualitative analysis in accordance with unified evaluation standards and certain procedures to evaluate the benefits and achievements of suppliers in a certain period of time[5].

Supplier evaluation includes two aspects. For potential suppliers, supplier evaluation is a comprehensive qualification evaluation. For existing suppliers, it is an evaluation based on the performance of cooperation records, but both are evaluation of the comprehensive performance of suppliers lays the foundation for the selection and management of suppliers[6-7].

The steps of supplier evaluation are as follows:

(1) Analyze the market environment

Products are products of market demand. If companies want to develop well, they must conduct in-depth market surveys, analyze market environmental requirements, and then select suppliers to establish supply-demand partnerships to lay a good marketing foundation for the company's sound development[8].

(2) Establish supplier selection goals

Through the analysis of the market environment, the company should make a highly strategic layout plan from the perspective of long-term development, choose to cooperate with competent suppliers for coordinated development, the development goals of both parties should be consistent, and the supplier's supply and demand capabilities should conform to the company's supply and demand plan. The two parties reached a cooperative intention to seek common development.

(3) Designthe supplier evaluation index system

The evaluation of suppliers in a specific environment cannot be generalized, and must be evaluated according todifferent process requirements, different enterprise characteristics, and supply and demand evaluation of the market environment[9-10]. Therefore, the supplier evaluation index system for the design and layout of the enterprise must consider many factors, and flexibly grasp the market dynamics to make a comprehensive evaluation.

(4) Establish a supplier expert group evaluation team

In order to balance the supply and demand of enterprises, it is very necessary for enterprises to set up a supplier evaluation group, while being able to effectively control the supply and demand supply chain in a timely and smooth manner[11]. Supplier evaluation cannot rely solely on the procurement department. Enterprises should consider multi-pronged and multiple departments to participate in the evaluation. Through coordination and participation among departments at all levels, the supplier's product quality, production process level, and service level are finally evaluated, supply and demand collaboration capabilities, etc.[12]. Multi-departmental joint evaluation can play an effective role in mutual supervision, and the multi-department joint evaluation management system is approved by enterprise leaders.

(5) Participation of suppliers

Inthe process of supplier evaluation, the management department of the enterprise must first communicate clearly and in detail with the supplier, obtain information on the strength of supply and demand, establish a cooperative relationship with the enterprise through the supplier's consent, and then the supplier participates in the evaluation of the enterprise's performance level to enable the enterprise to evaluate The work was carried out smoothly[13-14].

(6) Evaluatethe supplier

The supplier evaluation team must first establish a set of feasible and effective evaluation methods. One is to inspect the production process of the supplier's production line on the spot, and evaluate the supplier's product quality[15]. Evaluate qualified suppliers as potential partners for cooperation. The second is to evaluate suppliers through market surveys and select high-quality and capable suppliers to establish cooperative relations.

(7) Implement supply chain partnerships

Companies choose suppliers to have dynamic and fixed partnerships. In the processof cooperation, they can dynamically adjust the partnership through product needs changes. Enterprises should adjust the product supply and demand cooperation relationship in time according to their actual needs. The evaluation of the supplied goods should be in-depth and careful, comprehensive and comprehensive, and can obtain supplier supply qualifications through shared information in related industries, and determine the overall supply chain cooperation relationship after review[16]. Supply chain cooperation is the most important evaluation management decision in the process of enterprise development.

2.3 Supplier Evaluation Algorithm

(1) AHP

Tomeasure the quality of a system, many factors must be considered. Some of these factors require subjective judgments, which are difficult to measure with objective standards. This leads to the Analytic Hierarchy Process, which can show people's subjective judgments objectively[17].

The idea of Analytic Hierarchy Process is to thoroughly analyze various factors that affectthe decision-making problem through careful investigation, analyze the relationship between these factors, and then conduct modeling, establish a hierarchical structure model, and integrate human subjective Factors and opinions are quantified and hierarchized through mathematical models[18-19]. Although it is a combination of quantitative and qualitative, qualitative factors are the dominant factor in the judgment and decision-making, and human thinking is the main part. The idea of Analytic Hierarchy Process is summarized as follows: first, the problem to be decided and the intractable strategy are decomposed into several indicators, and the indicators are subordinated. These indicators are grouped into target layer, criterion layer and plan Layer[20]. The upper layer dominates the lower layer, forming a hierarchical model. The analytic hierarchy process is a method that relies on experts. The refined indicators need to be compared by experts, that is, combined judgment. This method determines the relative importance of this indicator and other indicators, that is, determines its weight.

From this we can know the advantages of the analytic hierarchy process: the indicators are stratified by high and low, so that it is easy to see the impact of high-level indicators on low-level indicators, which can also be reflected in the ranking; the overall impact of a change in an indicator For the same reason, if an index is added to a certain level, the impact on the overall structure will be minimal[21].

The specific steps of the analytic hierarchy process are as follows:

1) Build a model. The indicators are grouped, and the experts are layered, and different indicatorsare distributed on each layer.

2) Construct a judgment matrix. The constructed matrix representsthe relationship between indicators at different levels, highlighting the importance of different indicators.

3) Level list sorting and consistency check. This step is the display ofthe weight, which reflects the relative relationship between the upper and lower indicators, and the relative importance ranking.

4) Level total ranking and consistency check[22]. The total rankingof levels represents the relative relationship between a certain level and the highest level, and the appropriate result is selected after passing the consistency test.

(2) Entropy method

Entropy originated from the discipline of thermodynamics, and was first introduced by Shannon in information theory. Now the concept of entropy has been applied in many fields, such as engineering technology and information technology. Information and entropy are related and different. Information can be measured to a certain extent, while entropy is a measure of disorder[23]. Information entropy is defined as the uncertainty measurement of random variables, and entropy in information theory represents a measurement of the degree of uncertainty of the signal. Gaining entropy also means losing information[24]. If the order of a system is higher, the amount of information contained is larger, and the corresponding entropy is smaller. On the contrary, the amount of information is smaller and the entropy is larger.

According to the concept of information theory, the system is in a different state and degree, and the probability of each state is different. If the probability is pi ($i = 1, 2, \cdots, a$), the entropy of the system is defined as follows:

$$EN = -\sum_{i=1}^{a} p_i \ln p_i \quad (1)$$

Entropy is used to evaluate multiple items and multiple indicators, and to calculate the weights of different indicators[25-26]. If there are a items to be evaluated and b indicators to be evaluated, a matrix can be formed according to these data, a row and b column, $C = (c_{ij})_{a \times b}$, for a certain indicator c_{ij}, there is information entropy:

$$EN = -\sum_{i=1}^{a} p_i \ln p_{ij} \quad (2)$$

Among them, the corresponding matrix is:

$$p_{ij} = c_{ij} / \sum_{i=1}^{n} c_{ij} \quad (3)$$

The first step of processing these data is dimensionless processing:

$$C = \begin{bmatrix} c_{11} & c_{12} & \cdots & c_{1b} \\ c_{21} & c_{22} & \cdots & c_{2b} \\ \cdots & \cdots & \cdots & \cdots \\ c_{a1} & c_{a2} & \cdots & c_{ab} \end{bmatrix} \quad (4)$$

Suppose the optimal solution of each column in the matrix is c_j = max cij, i represents the profitability index, the same is true in c_j = min cij, j Represents a cost index[27]. Among them, the profitability index means that the larger the index value is, the better, and the cost index means that the smaller the index value is, the better.

Normalize S, remember:

$$d_{ij} = \frac{d_{ij}}{\sum_j \sum_i d_{ij}} \tag{5}$$

The obtained $d_{ij} \in [0, 1]$, through this processing, will not destroy the proportional relationship between the various data indicators[28]. Define the entropy of the j-th evaluation index as:
Among them,

$$EI_i = -k \sum_{i=1}^{a} t_{ij} \ln t_{ij} (j = 1, 2, \cdots, b) \tag{6}$$

$$t_{ij} = c_{ij} / \sum_{i=1}^{*a} c_{ij} (j = 1, 2, \cdots, b) \tag{7}$$

Among them, the difference coefficient of the j-th evaluation index is defined as:

$$\alpha_j = 1 - EI_j (j = 1, 2, \cdots, b) \tag{8}$$

Define the entropy weight of the j-th evaluation index as:

$$w_j = \alpha_j / \sum_{j=1}^{b} \alpha_j (j = 1, 2, \cdots, b) \tag{9}$$

It can be seen from the above discussion that the entropy weight method can calculate the weight based on the difference of indicators.

For this article, the entropy method is used to evaluate supplier companies in the E-Commerce industry, where a represents the supplier of the E-Commerce company, and b represents the evaluation index. The process is as follows:

Form the original matrix, and thenperform dimensionless processing: The bigger the better the index:

$$x = \frac{z_{ij} - \min(z_i)}{\max(z_i) - \min(z_i)} \tag{10}$$

The smaller the better the index:

$$x = \frac{\min(z_i) - z_{ij}}{\max(z_i) - \min(z_i)} \tag{11}$$

At this time, the X matrix is formed.

$$V = \begin{bmatrix} x_{11} & x_{12} & \cdots & x_{1b} \\ x_{21} & x_{22} & \cdots & x_{2b} \\ \cdots & \cdots & \cdots & \cdots \\ x_{a1} & x_{a2} & \cdots & x_{ab} \end{bmatrix} \tag{12}$$

There are a row and b column, where a represents the enterprise and b represents the evaluation index.

1) Normalization processing

Take the ratio of the column vector xij in the matrix to the sum of all elements in the matrix as the normalized result, the calculation formula is as follows:

Calculate the jth index:

$$y_{ij} = x_{ij} / \sum_{i=1}^{a} X_{ij}, \quad (j = 1, 2, \cdots, b) \tag{13}$$

2) Calculate the entropy value Calculate the jth entropy value:

$$EI(x_j) = -k \sum_{i=1}^{a} y_{ij} \ln y_{ij} (j = 1, 2, \cdots, b) \tag{14}$$

$$EI(x_j) = -(1/\ln a) \sum_{i=1}^{a} y_{ij} \ln y_{ij} \tag{15}$$

It can be seen from the above formula that the greater the difference of the j-th index, the greater the amount of information it contains, and the smaller its entropy value; when the entropy value $EI(x_j)$ is too large, it indicates that the amount of information contained is less. Consider deleting.

3) Calculate entropy weight Calculate the jth index:

$$e_j = \frac{1 - EI(x_j)}{b - \sum_{i=1}^{b} EI(x_j)} (j = 1, 2, \cdots, b) \tag{16}$$

4) Determine the comprehensive evaluation value

$$V_i = \sum_{j=1}^{b} e_j y_{ij} (i = 1, 2, \cdots, a) \tag{17}$$

It can be seen from the above formula that entropy is a measure of uncertainty and a representation of the amount of information contained in the data in the supplier evaluation system. Through entropy, the corresponding weight of each indicator can be measured. By weighting all indicators, the final supplier score can be obtained. This method is relatively objective[29].

After determiningthe electronic supplier to be evaluated, determine the indicators that need to be evaluated, and use the entropy method to evaluate the indicators. From the above, the calculated entropy value is large or small, and it should be deleted according to the actual situation. Significant indicators, so that it can be more accurate when evaluating suppliers.

3. E-Commerce Enterprise Supplier Evaluation Experiment

3.1 Embedded System Foundation

With the advent of the information age, many electronic products have flooded people's lives, and embedded systems have penetrated into all walks of life. The so-called embedded systems are based on computer technology and tailored software and hardware to complete a specific Function. The most significant difference between it and low-end embedded products is the existence of OS (Operating System, operating system). With the OS, the platform can perform multi-tasking and complex processing, and its performance is unmatched by single-chip microcomputers. However, the embedded system is not a PC (Personal Computer, computer). It is a highly targeted special computer. Its main features are: the embedded system uses different boards to transplant Boot Loader for code guidance, and the operating system generally has To port Windows CE, VxWorks, Linux, etc., it needs to re-develop device drivers and cross-compile with the help of the host.

3.2 Construction of Big Data E-Commerce Platform

(1) Platform design goals

The platform design goal of this paper is to build an E-Commerce big data analysis platform based on Hadoop architecture. Its main functions include the collection, processing, and storage of massive data, and the development of personalized recommendation services. The platform collects user historical rating data for storage and mines user preferences based on data. Therefore, E-Commerce big data platforms should address the following requirements:

1) Collecting massive user behavior data, clean and filter the original data, retain valuable data, and provide data storage with high reliability and high scalability.

2) The recommendation engine generates a list of recommended items for each user.

3) Inorder to facilitate the interaction with users, the result data after platform analysis should be read more quickly.

(2) Platform frame design

The platform is designed according to the functions and data processing procedures of the E-Commerce big data platform, which is mainly divided into three modules: data aggregation and preprocessing, recommendation engine, and data storage. Based on the Hadoop framework and its main components, and at the same time using Mahout machine learning tools, the overall framework of the design platform starts from data aggregation and preprocessing, summarizes user historical rating information, and masters user personalized data.

The preprocessed data is stored on the distributed file system HDFS as the data basis for algorithm analysis of the Hadoop framework. The recommendation algorithm in the platform recommendation engine module is implemented based on custom MapReduce tasks and Mahout tools, and the generated result data is stored in HDFS and the distributed database HBase for subsequent calculations and real-time interaction with users to complete the recommendation recommendation function.

3.3 E-Commerce Enterprise Supplier Evaluation System Architecture

This article aims to design a system suitable for theE-Commerce industry. In order to satisfy the decision makers to evaluate the circulating electronic suppliers, understand the operating conditions of each supplier from multiple angles, so as to understand the overall situation of the enterprise, and make appropriate decisions. At the same time, the selection of suppliers is also adjusted appropriately. The architecture of the supplier evaluation system in the E-Commerce industry based on data mining is shown in Figure 2. First, integrate the content from the company's original ERP database (including information on finance, procurement, logistics, etc.) with the newly entered supplier-related data, and use ETL processing to normalize the data to eliminate unreasonable The data is stored in the designed database and summarized. Then use data mining and other technologies to enable the senior executives and relevant decision-makers of the electronic circulation enterprise to analyze and make decisions on the suppliers facing the enterprise from multiple dimensions.

The goal of the supplier selection module is to determine the partners that meet the strategic goals of the enterprise, and to establish an organizational structure for product development and production. When a company receives a customer order, it must first decompose the order. At this stage, consider the manufacturability, production process, manufacturing and assembly process of the product and decompose the purchase order into purchase parts. Direct inquiry can be used for purchase parts. Price or bidding methods to obtain alternative suppliers; and then select them according to certain indicators and methods. Finally, after reaching an agreement on risk sharing and benefit distribution, the contract is signed and implemented.

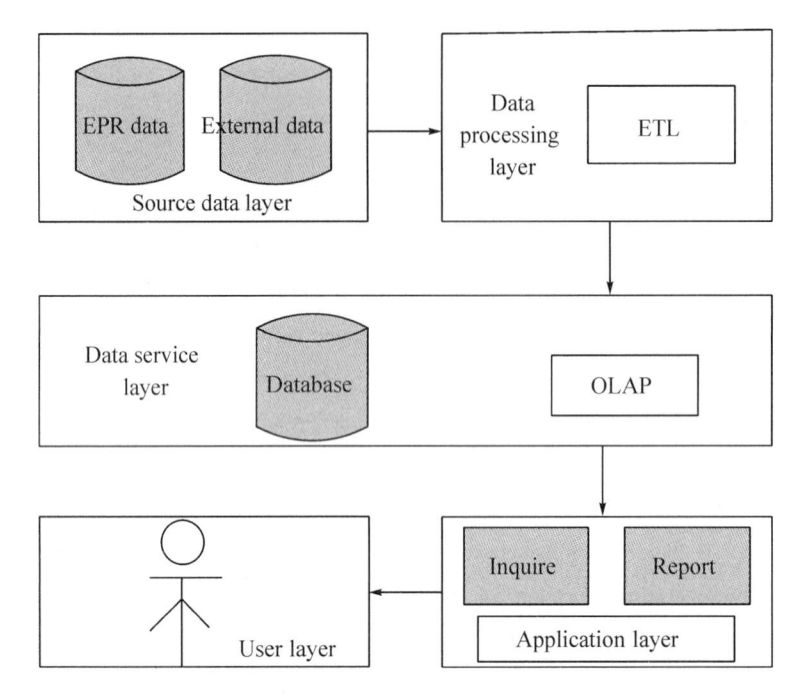

Figure 1　The architecture of the supplier evaluation system

(1) Source data layer

This layer refers to the data source of the system, which contains the original ERP system data of the enterprise and the data in the supplier evaluation system.

(2) Data processing layer

Data from different systems, formats and standards are different. Before entering the supplier evaluation system, these data must be analyzed and processed, including the determination of the data structure of the data source, and the design of corresponding data mappings. The data is converted appropriately.

(3) Data service layer

The data service layer is used to store and manage data from data sources and provide corresponding data services for users who use the system.

(4) Application layer

The application layer can conduct information query, multi-dimensional analysis, data mining, etc., multi-angle, multi-level mining of data supplier information.

(5) User layer

The user layer is the end user of the system and is the decision maker of the E-Commerce enterprise.

4. E-Commerce Platform Supplier Evaluation System Based on Big Data

4.1 Status Quo of E-Commerce Companies Based on Big Data

Asthe name suggests, big data is a collection of large amounts of data, and these data cannot be collected by ordinary people. Especially in recent years, due to the rapid development of mobile devices, its influence on E-Commerce is increasing. Moreover, due to the ease of use and rapidity of mobile terminals, it has promoted the rapid development of E-Commerce and can collect a large amount of data. Therefore, the development of E-Commerce under the background of big data needs further exploration to enhance the competitiveness of E-Commerce in many aspects. At this stage, the development status of E-Commerce in my country's big data environment includes the following aspects:

(1) Large increase in transaction scale

According to data fromthe China Internet Information Center, the transaction scale of my country's online retail market in 2019 increased by 47.8% year-on-year compared with 2018, and will continue to maintain a relatively rapid growth rate in 2020. It can be seen from Table 2 and Figure 2 that from 2012 to 2019, the growth rate of the transaction scale of my country's online retail market was 40.24%, 38.34%, 28.88%, 32.49%, 28.42%, 8.51%, and 14.72%, respectively, maintaining rapid growth.

Table 2 2012-2019 **my country's online retail market transaction scale**

Year	2012	2013	2014	2015	2016	2017	2018	2019
Transaction size	0.49	0.82	1.33	1.87	2.77	3.89	4.23	4.96
Growth rate/%	0	40.24	38.34	28.88	32.49	28.42	8.51	14.72

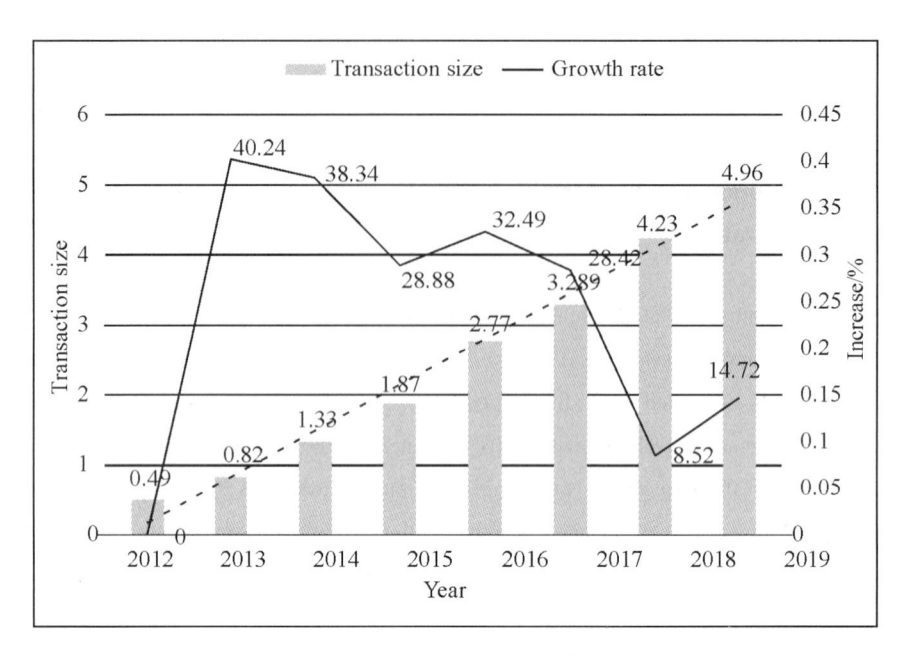

Figure 2 2012-2019 my country's online retail market transaction scale

(2) Improved information retrieval capabilities in the field of E-Commerce

With the continuous increase of E-Commerce websites, business information resources are relatively abundant, showing characteristics of differentiation, heterogeneity and extremes. The development of big data benefits from the emergence and development of cloud computing. The recovery service of cloud computing can select and display massive amounts of information based on consumers' transaction habits and needs. Its nature and technology are also incompatible with traditional information technology.

(3) E-commerce platform services and products become more diversified

With the advent of big data, E-Commerce companies will provide users with better services and personalized products to give consumers greater and better development space. With the development of big data E-Commerce, E-Commerce services are becoming more and more intensive, with a large amount of data and a wide range of coverage. Since 2013, the China Computer Society has successfully held two large-scale academic conferences, focusing on analyzing the opportunities and challenges faced by big data.

4.2 E-Commerce Supplier Evaluation Model Analysis

After confirmingthe structure of the model, it is judged according to the values of each level. I divided the supplier evaluation team into an expert leadership group, a purchasing manager group, and a quality inspection and financial group, and each related department selected one person as the subject of the questionnaire survey. The evaluation team members should refer to the specific content given by the author to make a score judgment of 0~10 points, and finally get the high and low scores of the evaluation index. Finally, the scores are used to determine the judgment matrix, as shown in Table 3 and Figure 3 below.

Table 3　Judgment matrix of primary indicators

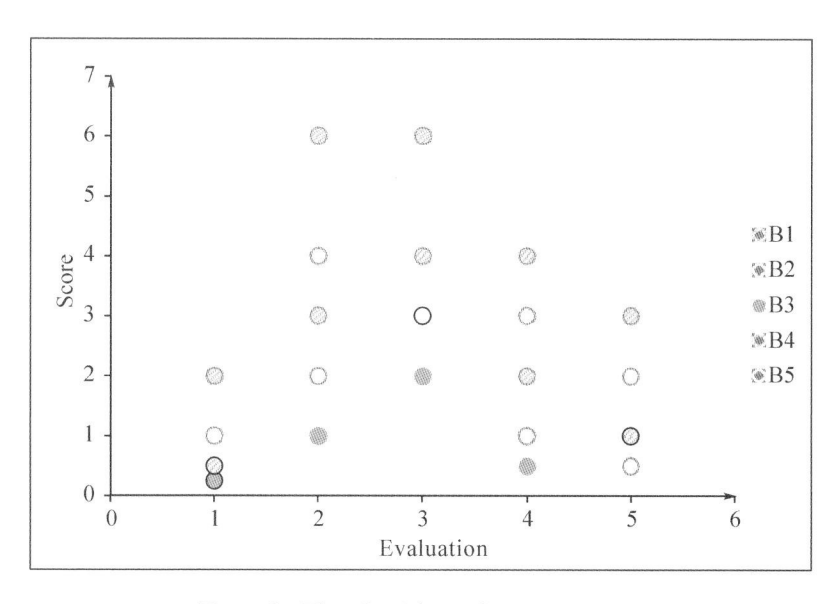

Evaluation System	B1	B2	B3	B4	B5
B1	2	1/4	1/4	1/2	1
B2	6	2	1	3	4
B3	6	3	2	4	3
B4	4	1	1/2	2	3
B5	3	1/2	1	1	2

Figure 3　First-level index judgment matrix

The development of E-Commerce companiesmust keep up with the current economic situation in society. It is necessary to consider procurement costs, but the qualified rate of quality cannot be ignored. The delivery capacity of suppliers and the ability to guarantee continuous supply rigid indicators reflect the supplier enterprises the level of comprehensive operations. Delays in delivery, reduced qualification rates, and insufficient quantity and quality to meet the order requirements will directly restrict the cooperation and development of suppliers and apparel companies. Clothing products are different from other products. It is necessary to ensure that the basic equipment is advanced, the technology keeps up with the needs, the quality and cost management must be in place, and the important indicators must meet the standards, otherwise the evaluation indicators will not be met.

Financial status is the foundation of an enterprise's development, and it is also a rigid need to ensure corporate capital operations. The financial status of E-Commerce suppliers is uneven, and the failure of rigid indicators to meet the requirements will inevitably affect the cooperation with E-Commerce companies. The performance of supplier employees' service awareness is also one of the key factors affecting corporate reputation. The cost-effectiveness of the price of goods and the quality of the goods are fundamental to promote product profitability. High-quality products are naturally more cost-effective. If the quality of the product itself is good, the consumer group will be stable. The product qualification rate directly reflects the supplier's quality inspection of the product. It is very important for the supplier's quality system to deny authentic certification. Products must have inspection and testing guarantee, quality certification system guarantee, and implementation inspection guarantee. The qualification rate of the supplier's inspection product must be consistent, and continuous quality inspection is very important. E - commerce products cannot be delayed in delivery, and inadequate delivery will increase management costs. Suppliers should pay special attention to scientific research investment. Technical strength is the lifeblood of an enterprise. Paying attention to technical capability indicators is more important than the production capacity brought by directly purchasing facilities. Scientific research investment is conducive to the long-term development of enterprises. The results of the judgment matrix of the secondary index are shown in Table 4 and Figure 4.

Table 4 Judgment matrix of secondary indicators

Evaluation System	B11	B12	B21	B22	B31	B32	B41	B42	B51	B52
B11	2	6	1/4	1/2	1	5	1	1/2	3	1
B12	1/4	2	2	3	4	1/4	2	4	2	1
B21	6	3	2	4	3	4	3	5	7	6
B22	4	1	1/2	2	3	5	2	1	2	3
B31	3	1/2	1	1	2	3	4	1/2	4	2
B32	2	4	5	1/2	2	1	3	4	2	1
B41	4	2	1/4	1/3	3	3	2	1	1	2
B42	5	3	3	4	3	3	1/2	1/4	2	6
B51	5	6	1	1/3	3	2	1/2	3	2	1
B52	2	1/2	1	1	1/4	6	1	2	3	3

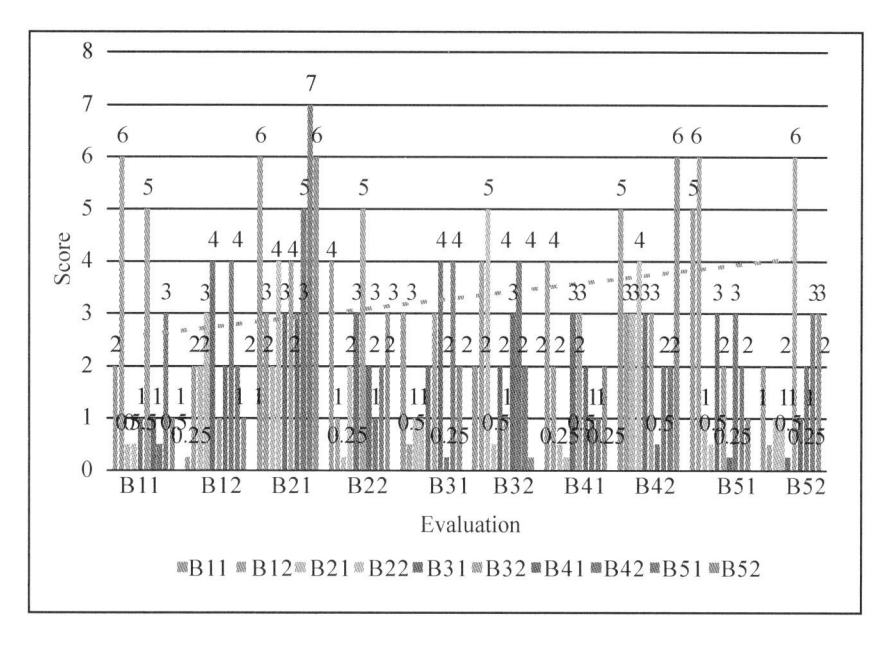

Figure 4 Judgment matrix of secondary indicators

4.3 Evaluation Methods for Suppliers of E-Commerce Companies

This article takes some suppliers of an E-Commerce company as an example to illustrate the advantages of the entropy AHP method and make corresponding recommendations for the company's business decisions.

According to statistics, the E-Commerce company facesmore than 4 000 suppliers, but according to the Pareto rule, the suppliers that have contributed a lot to the company are still concentrated in about 20% of the companies. On the whole, the profit rate distribution of each enterprise is shown in Figure 5. As can be seen from the figure, the number of major contributing companies is about 600. Therefore, when analyzing the company's suppliers, first classify the suppliers to find out which of the four types of resource scarce type, profit contribution type, scale contribution type, and capital occupation type the supplier is. In the case analysis of this article, take the profit contribution type as an example.

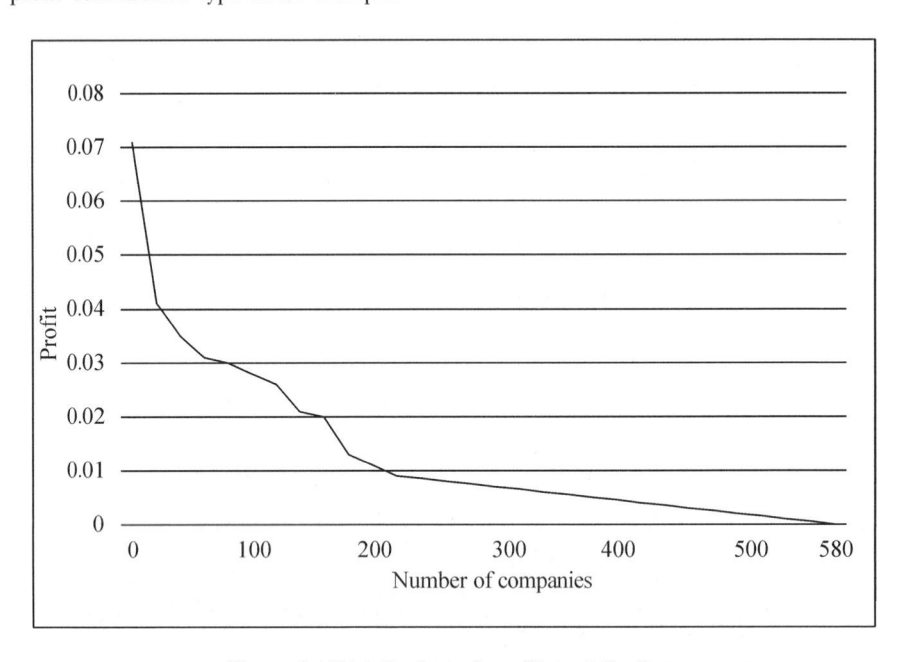

Figure 5 Distribution of profit contribution

The main feature of profit-contributing enterprises is that the E-Commerce enterprise can obtain higher profits from these suppliers. The key indicator of this type of enterprise is the total income.

When analyzing the entropyAHP method in this paper, eight suppliers were found for analysis. After obtaining the basic data of the 8 suppliers, the normalization process must be carried out first, and the fields with special significance must also be processed. For example, the smaller the "average out of stock days" days, the greater the significance of the supplier to the E-Commerce company. Therefore, the smaller the value, the better. After obtaining the average out of stock days, take the reciprocal for processing. The final processed data table is shown in Table 5 and Figure 6.

Table 5 Supplier index data table

Company Name	Sales Amount	Income amount	Rebate income ratio	Procurement revenue ratio	Sales to inventory ratio	Average days out of stock
Company A	0.96	0.99	0.83	0.76	0.78	0.73
Company B	0.66	0.44	0.35	0.25	0.36	0.64
Company C	0.53	0.47	0.55	0.36	0.62	0.55
Company D	0.61	0.31	0.55	0.23	0.44	0.30
Company E	0.88	0.93	0.88	0.79	0.68	0.71
Company F	0.72	0.38	0.56	0.23	0.55	0.17
Company G	0.48	0.03	0.45	0.33	0.24	0.66
Company H	0.55	0.33	0.77	0.44	0.33	0.66

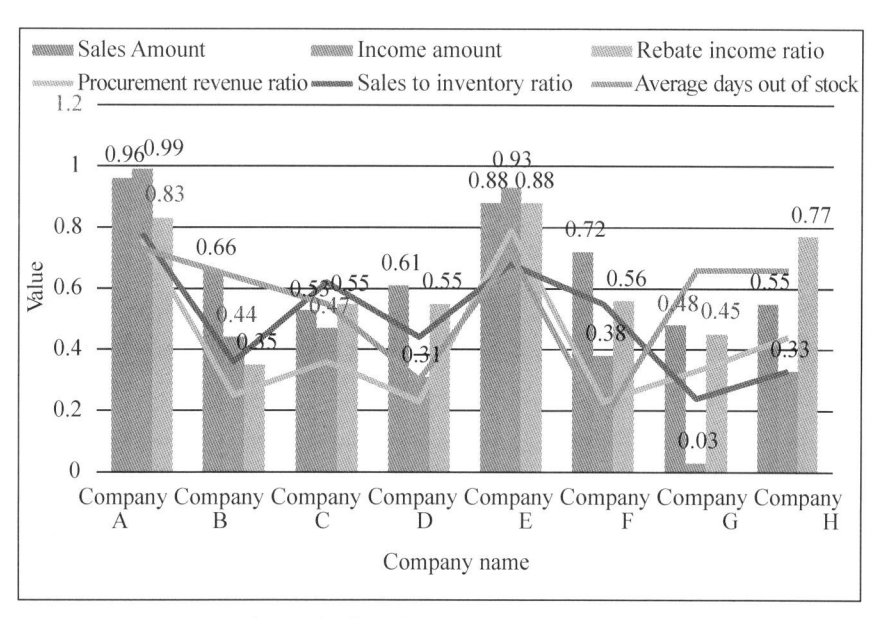

Figure 6 Supplier indicator data graph

First, use the analytic hierarchy process to score the proportion of the 6 evaluation indicators through experts, and get these 6 indicators corresponding to the weight wj. Calculated by the entropy weight method, the weights wj' of the 6 indicators are obtained, and the entropy AHP method formula $u = \dfrac{wjwj'}{\sum_{i=1}^{n} wjwj'}$ is used to calculate the entropy AHP weight u of these 6 indicators. The index weights obtained by these three methods are shown in Table 6 and Figure 7.

Table 6 Index weights of each evaluation method

Indicator name	Analytic Hierarchy Process weight	Proprietary law weight	AHP weight
Sales Amount	0.25	0.27	0.332
Total income	0.28	0.26	0.382
Rebate income ratio	0.15	0.13	0.091
Procurement accounts for revenue ratio	0.09	0.11	0.051
Sales to inventory ratio	0.13	0.14	0.085
Average days out of stock	0.09	0.10	0.042

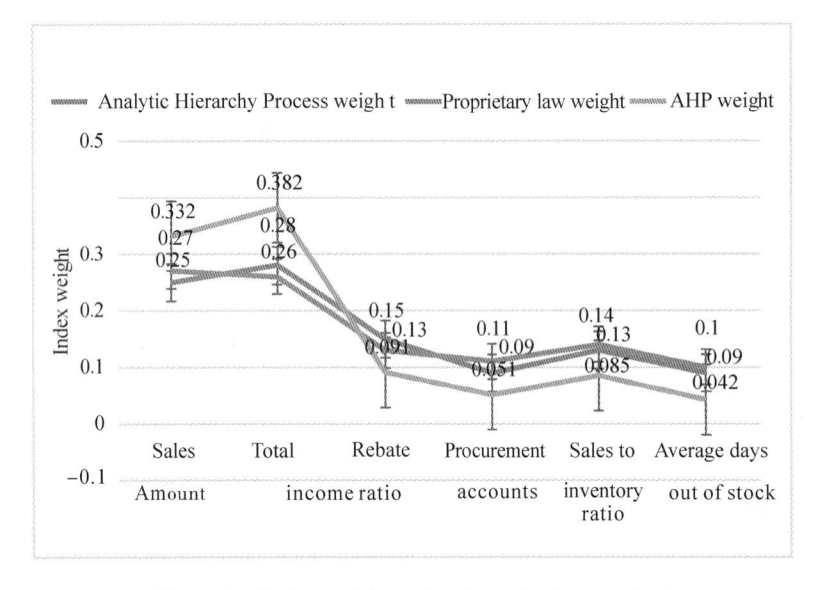

Figure 7 Index weights of each evaluation method

After obtaining the weight of the entropyAHP, the 8 suppliers can be ranked. Use the ABC classification method to classify according to supplier rankings. There are 1 type A suppliers, 2 type B suppliers, and 5 type C suppliers.

5. Conclusions

With the development of big data technology, the application of big data in the Internet field has become more and more extensive. With the development of big data-related technologies, E-Commerce, which is an important content of Internet services, has higher and higher requirements for big data analysis and applications. Big data analysis and applications have provided great help to the operation and decision-making of E-Commerce. . Based on the research of the big data and the supply and demand analysis system, this paper proposes to obtain the supply and demand analysis information of the E-Commerce platform from the perspective of user behavior, so as to provide the supply and demand analysis model and obtain the supply and demand relationship.

Based on the existing supplier evaluation research, this article conducts research on the particularity of the E-Commerce industry, summarizes the indicators and methods suitable for the E-Commerce enterprise, establishes a supplier evaluation system, uses ETL technology, data mining and other technologies and The SSH framework designs the supplier evaluation system of the E - Commerce company, so that the company's senior management can analyze it from different angles.

In reality, data sources are diverse and complex. Only by making full use of data can we further minevaluable information. The evaluation and selection of suppliers is a subject of very theoretical and practical value. Although the research in this article has certain value in the construction of the index system and the method of supplier selection, due to time constraints and limited levels, the depth of the index and the accuracy of the data need to be further improved.

Acknowledgments

This work was supported by the National Natural Science Foundation of China (No. 71663056)

References

[1] Li X, Ren X, Zheng X . Management of competition among sellers and its performance implications for business-to-business electronic platforms: dynamic analysisby VAR model [J]. Nankai business review international, 2016, 6 (2): 199-222.

[2] Tavana M, Fallahpour A, Di Caprio D, et al. A hybrid intelligent fuzzy predictive model with simulation for supplier evaluation and selection [J]. Expert systems with applications an international journal, 2016, 61 (nov.): 129-144.

[3] VeisiH, Liaghati H, Alipour A. Developing an ethics-based approach to indicators of sustainable agriculture using analytic hierarchy process (AHP) [J]. Ecological indicators, 2016, 60 (jan.): 644-654.

[4] Mohan D A. Big Data Analytics: Recent achievements and new challenges [J]. International journal of computer applications technology and research, 2016, 5 (7): 460-464.

[5] Janssen M, Haiko V D V, Wahyudi A. Factors influencing big data decision-making quality [J]. Journal of business research, 2017, 70 (JAN.): 338-345.

[6] Rathore M M U, Paul A, Ahmad A, et al. Real-time big data analytical architecture for remote sensing application [J]. IEEE journal of selected topics in applied earth observations and remote sensing, 2017, 8 (10): 4610-4621.

[7] Wang Y, Kung L A, Byrd T A. Big data analytics: understanding its capabilities and potential benefits for healthcare organizations [J]. Technological forecasting & social change, 2018, 126 (JAN.): 3-13.

[8] Zhang Y, Qiu M, Tsai C W, et al. Health-CPS: healthcare cyber-physical system assisted by cloud and big data [J]. IEEE systems journal, 2017, 11 (1): 88-95.

[9] Cai H, Xu B, Jiang L, et al. IoT-based big data storage systems in cloud computing: perspectives and challenges [J]. IEEE internet of things journal, 2017, 4 (1): 75-87.

[10] Xu W, Zhou H, Cheng N, et al. Internet of vehicles in big data era [J]. IEEE/CAA journal of automatica sinica, 2018, 5 (1): 19-35.

[11] Zaharia M, Xin R S, Wendell P, et al. Apache spark: a unified engine for big data processing [J]. Communications of the acm, 2016, 59 (11): 56-65.

[12] Obermeyer Z, Emanuel E J. Predictingthe future-big data, machine learning, and clinical medicine [J]. N Engl J Med, 2016, 375 (13): 1216-1219.

[13] Specht, D. The data revolution. Big data, open data, data infrastructures and their consequences [J]. Media culture & society, 2016, 37 (7): 1110-1111.

[14] KeD, Chen A, Su C. Online trust-building mechanisms for existing

brands: the moderating role of the e-business platform certification system [J]. Electronic commerce research, 2016, 16 (2): 189-216.

[15] Fu H P, Yeh H, Ma R L. A study of the CSFs of an e-duster platform adoption for microenterprises [J]. Information technology & management, 2018, 19 (4): 231-243.

[16] Shahvand E, Sebt M H, Banki M T. Developing fuzzy expert system for supplier and subcontractor evaluation in construction industry [J]. Scientia iranica, 2016, 23 (3): 842-855.

[17] Demir L, Akpinar M E, Araz C, et al. A green supplier evaluation system based on a new multi-criteria sorting method: VIKORSORT [J]. Expert systems with application, 2018, 114 (DEC.): 479-487.

[18] Zhou, Ge. Research on supplier performance evaluation system based on data mining with triangular fuzzy information. [J]. Journal of intelligent and fuzzy systems, 2016, 31 (3): 1-8.

[19] Qu Q, Fang L, Hou Y. An empirical study based on supply chain supplier evaluation system [J]. Journal of service science & management, 2016, 09 (5): 409-415.

[20] Schaetzle S, Jacob F. Stereotypical supplier evaluation criteria as inferred from country-of-origin information [J]. Industrial marketing management, 2017, 78 (APR.): 250-262.

[21] Abdel-Basset M, Mohamed M, Zhou Y, et al. Multi-criteria group decision making based on neutrosophic analytic hierarchy process [J]. Journal of intelligent & fuzzy systems, 2017, 33 (6): 4055-4066.

[22] Calabrese A, Costa R, Levialdi N, et al. A fuzzy analytic hierarchy process method to support materiality assessment in sustainability reporting [J]. Journal of Cleaner production, 2016, 121 (May10): 248-264.

[23] Myronidis D, Papageorgiou C, Theophanous S. Landslide susceptibility mapping based on landslide history and analytic hierarchy process (AHP) [J]. Natural Hazards, 2016, 81 (1): 245-263.

[24] Soewono M. The relative importance of food server attentiveness and wait time: The case of a full-service restaurant (Replication in Jakarta) [J]. Polar biology, 2018, 20 (20): 259-272.

[25] Sumesh S, Krishna A. Hybrid analytic hierarchy process-based quantita-

tive satisfaction propagation in goal-oriented requirements engineering through sensitivity analysis [J]. Multiagent and grid systems, 2020, 16 (4): 433-462.

[26] AlQubaisi A, Badri M, Mohaidat J, et al. An analytic hierarchy process for school quality and inspection [J]. International journal of educational management, 2016, 30 (3): 437-459.

[27] Krej? í, Jana, Pavla? Ka O, Tala? ová, Jana. A fuzzy extension of analytic hierarchy process based on the constrained fuzzy arithmetic [J]. Fuzzy optimization & decision Making, 2017, 16 (1): 1-22.

[28] Elmahmoudi F, Abra O E K, Raihani A, et al. Elaboration of a wind energy potential map in Morocco using GIS and analytic hierarchy process [J]. Engineering, technology and applied science research, 2020, 10 (4): 6068-6075.

[29] Bravo-Bello J C, Tomás Martínez-Trinidad, Romero-Sanchez E, et al. The analytic hierarchy process for selection of suitable trees for Mexico City [J]. iForest-biogeosciences and forestry, 2020, 13 (6): 541-547.

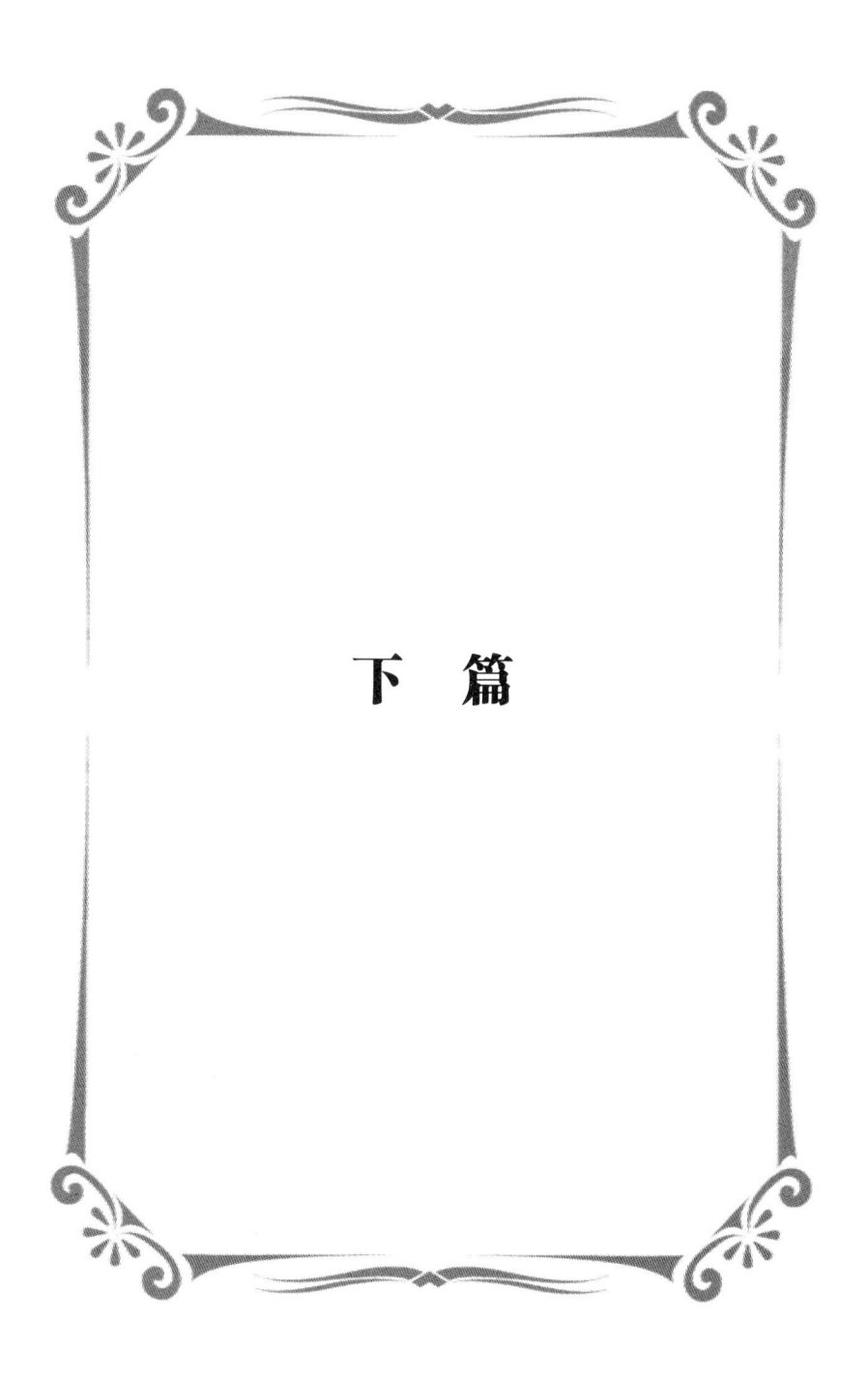

下 篇

文化因素如何影响
供应链中的信息共享水平
——基于我国农业领域中"关系"的实证研究

刘胜春　云南财经大学商学院
阮萍　云南财经大学会计学院

摘要：信息共享是供应链管理的一个重要基础和前提，而供应链整合策略的实施也会极大地促进参与者间信息与知识的交流和共享，但现有研究大多基于技术视角。本文通过对现有文献的梳理和演绎，提出供应链中的文化因素——成员间"关系"会通过信任的中介，影响供应链中的信息共享水平；同时，信息能力差异在信任对信息共享的影响路径中也具有显著调节效应的理论模型和相关假设。笔者以中国西南、西北地区农户及相关企业作为供应链参与者进行的问卷调查结果为样本，运用结构方程模型（SEM）的实证研究结果表明：通过信任的中介作用，"关系"因子显著地正向影响供应链中的信息共享水平；同时，信息技术的能力差异则会对该路径产生显著的调节作用。

关键词：文化因素；关系；信息共享；信息能力差异

一、引言

近年来，供应链管理准则在特定情景下的应用开始受到越来越多的学者关注。特别是在不同文化背景下，渠道参与者常常会表现出截然不同的经济行为差异[1]。与西方的"契约社会"不同，中国更加注重非正式的、基于个体的人际关系和由此派生出来的社会关系网络（social network）[2]。这在较为闭塞、传统的乡村地区更加突出，具体表现在依靠"关系"连接展开商务活动的情况更加普遍和典型，对正式契约的尊重与遵守意识也更淡薄。这一情况直接或间接地导致了近年来在我国迅速普及和推广的"订单农业"以及"农超对接"等新型农业合作模式中高达80%的违约率[3]。

可见，将特定环境下的文化因素与供应链管理的内在机制联系起来，并通过实证方法探索、验证其与供应链中的信息交流与知识共享之间的相互关系，不但可以进一步完善供应链管理理论,而且还可以帮助厘清西方经典管理理论在我国多民族文化背景下的实际应用问题,以及为特定文化背景情景下提高和促进信息交流与知识共享的水平提供一定的理论依据。

二、理论框架与研究假设

"关系"(interpersonal ties)① 是一种中国社会中非常典型并普遍存在的文化现象。随着中国改革开放水平的进一步提高,国内外学者们注意到它在商务谈判、稀有资源分配、信息和特权获取,以及突破制度障碍和市场限制方面,为不确定性提供保障及建议等领域中发挥的重要作用[4]。一方面,从中国的传统文化来看,儒学无疑是"关系"文化的理论基础,它依据君臣(地位差序)、父子(人情差序)、伦理(认同差序)三大关系为核心,最终形成覆盖整个社会的网络,旨在通过建立一套强大有序的社会层级结构来规范、协调人际间的各种关系,最终实现社会有序、和谐、统一的理想目标[6]。而这一严密的社会层级结构是依据人们相互交往中的"关系"构成的,也可以称作"关系网"。②

另一方面,在管理学领域,供应链中信息的集成和知识的共享大都被看作供应链整合及实现供应链管理系统目标的重要因素:供应链绩效不但可以直接通过提高信息集成和知识共享的程度实现明显改善[8],而且不同的信息共享水平也会直接影响到供应链参与者的个体收益水平[9]。也有学者注意到,在信息集成共享过程中除了技术因素外,还有一个重要的前提就是成员间的相互信任[10]。

如果说"关系"是中国情景下一个不可忽略的重要文化因素,它会对人际信任以及个体行为决策产生非常重要的影响,而信息共享又是供应链管理中一个不可或缺的前提条件和核心要素。同时大量现有文献实证研究的结果表明了"关系"与供应链绩效间存在着显著的相关关系[2]。那么是否可以继续认为,"关系"是通过信任及信息共享,间接地影响供应链管理效能的呢?纵观现有文献,对于"关系"在供应链管理中的作用研究尚属于起步阶段,更鲜有针对"关系"与信息共享两者之间影响效应的研究。据此,本文将从"关

---

① 这里的"关系"是指一种特殊的人际联系。这种联系使人与人之间产生相互的义务,互惠及信任,并最终形成不同的社会分层[5]。

② 这里的"关系网"是指以个体为核心,依次按照家庭、亲戚、朋友、同学、同事、同乡等形成按人际间的亲疏远近和不同的可信任度,分布在一个个大小不等的同心圆上,并由个体的相对位置决定其与他人不同的权利和义务关系,称为"差序格局"[7]。

系"因子对信任影响,信任与信息共享的关系,以及参与方的信息技术能力差异在这个路径中的效用三个方面进行深入探索。

(一)"关系"与信任

人际信任是人类文明程度的一个重要标志,但对于它的来源,迄今仍没有统一的看法。早期的法国社会学家杜尔凯姆认为人际信任来自家庭和血缘关系;现代人类学家及社会学家则都认同主要源自文化,大都是通过信仰及价值观来形成对他人看法差异的。社会交换理论进一步认为,信任的建立其实是经过一系列人际、组织内和组织间的互动和合作才逐渐形成的[11]。也有管理学者认为,供应链成员间的信任也是源自参与者相互间基于互动的情感认同[12]。根据上述理论观点可以认为,供应链参与者间的相互信任最初始于参与者(或其代表)个体的初始信任,这种初始信任更多源自文化因素:在中国则主要表现为基于家庭、血缘、地域等自然联系而形成的"关系"。同时,相似的文化背景所带来的共同价值观和信仰也会使人产生认同感,并获得初始信任。初始信任建立起新的"关系"后再经过不断交流和针对具体目标进行互动、协作就会促进信任的进一步发展。信任的这种扩散路径会使双方获得感知信用和福利性:相信即使在信息不对称情况下,对方的行为也至少不会给自己造成损害,甚至获得收益。

从"关系"的概念来看,其包含了基础、原则和收益三个维度的内涵[13],这与信任有很高的相似性。"关系"因子本身可以根据费孝通先生的"差序格局"理论来进行描述,即人际间的"关系"是由三个差序变量共同构成的:人与人之间天生或环境因素造成自然的亲疏远近——"人情差序";由信仰、教化和社会氛围等后天社会文化环境所造成——"认同差序";以及由于人与人之间客观存在社会地位不同而造成的阶层差异——"地位差序"[2][7]。在中国的社会活动中,除非你获准进入特定的"关系"圈子,否则是很难获得"外人"的信任[14]。而信任本身也是一个从双边到多边(从个人到"圈子")、多层次扩散(从个体到组织,从组织到组织间)的过程[15]。同时,大量研究也证实,"关系"作为一种社会资本可以帮助组织促进交流,建立组织间信任[16]。特别在由较大不确定及规则不健全的商业环境中,"关系"可以帮助企业建立起一种有效的资源依赖关系[17]。可以说,中国社会中人际信任的基础就是"关系"。

综上所述,本研究认为"关系"与"信任"有着非常密切的联系:要么是同一概念,要么互为因果。因此,本文假设,在中国情况下"关系"是"信任"的前因变量:越亲密"关系"的人际间会带来更多的"信任"——

即三个差序因子均会对信任产生显著的负向影响：随着人情差序减小，信任度就越强；越小的认同差序会带来较高的信任度；信任度也会随着地位差序差距的减少而增强。即有如下假设：

H_{1a}：人情差序对信任具有显著的负向关系。

H_{1b}：认同差序对信任具有显著的负向关系。

H_{1c}：地位差序对信任具有显著的负向关系。

（二）信任与信息共享水平

参与者害怕泄露自己的经营成本等商业秘密，是导致供应链中的信息共享水平降低的重要因素[18]，亦即是由于缺乏必要的相互信任。同时，文献中的信任（trust）和值得信任（trustworthiness）都被研究者看作影响组织间关系的最重要的因素。特别在合作初期，源自自然形成或社会文化背景的初始信任对信息共享水平的影响是直接且显著的。国内的许多研究也在不同行业验证了该结论的有效性[19~20]。另外有研究显示，在组织中较强的关系导向有助于成员间知识，特别是缄默知识（tacit knowledge）的分享，这种分享也可以看作重要的人际信任表现[21]。据此，本文假设：信任显著正向影响信息共享水平，即有：

H_2：信任对信息共享水平有显著的正向关系。

（三）"关系"与信息共享水平

如上所述，如果"关系"对信任具有显著的正向效应的假设（H1）成立的话，那么就可以假设，信任是"关系"对供应链信息共享产生影响的中介变量。即：

H_3："关系"因子对信息共享的影响通过信任的中介效应实现。

（四）信息能力差异的调节效应

依据Zand的动态信任模型[22]，信任的形成是一个由初始信任（期望）驱动，再通过信息交流与知识共享进行互动的过程：初始信任决定了信息的初始共享水平，而较高（低）的信息共享水平则会提升（降低）原有的信任程度[23]。Butler（1999）进一步指出，这种初始信任是可控的，初始谈判的有效性即取决于期望共享信息量的大小。同时，当合作双方存在信息技术能力的差异时，落后的一方就会希望得到更多的共享信息量，领先一方也会希望能借助自己的技术（能力）优势，获得更多的共享信息和知识，从而进一步扩大信息优势，以促进双方的协作和整合[24]。

虽然也有研究认为，成员间信息技术能力差异会对信息共享产生直接且显著的影响[25]。例如叶飞和徐学军在中国制造业的实证研究表明了供应链伙伴间如果存在信息化水平差异，该差异的大小就会对信息共享水平产生显著影响[26]。但本研究认为，由于这些研究样本都取自应用了跨企业的供应链信息集成系统的场景，且系统由信息能力强势的一方建设及运营。当无集成化信息系统应用，如在大多数农业领域中，参与者大都缺乏对信息系统的基本认识，更鲜有跨企业信息系统的应用。这时，信息能力的差异会直接影响信息共享水平。本研究认为，在不同"关系"的驱使下，参与者是抱着不同程度的合作期望参与到供应链中的。这时，供应链中的成员信息能力差异并不会直接影响信息共享水平，而真正产生影响的是由"关系"决定的初始信任期望，而信息技术能力差异起到的是对"关系"信任影响路径中的调节作用，即：

H_{4a}：信息技术能力差异会对人情差序与信任的相互关系中起到调节作用。

H_{4b}：信息技术能力差异会对认同差序与信任的相互关系中起到调节作用。

H_{4c}：信息技术能力差异会对地位差序与信任的相互关系中起到调节作用。

由此，本文提出概念模型如图 1 所示。

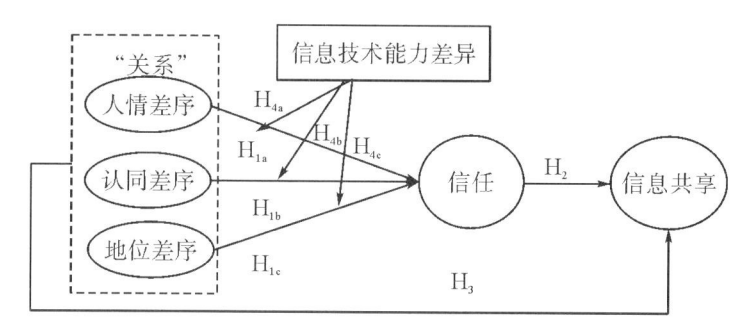

图 1 "关系"、信任及信息技术能力差异与信息共享影响路径假设

三、研究方法

（一）样本选择与数据采集

农产品供应链的参与者众多，且具有"两头大中间小"的哑铃型结构、极度分散，就更易造成供应链上信息沟通不充分，集成化欠缺等状况。本研究选取西部地区的农业供应链参与者作为样本，并进一步将研究对象限定在上游生产环节中的农户及直接与这些农户相衔接的企业作为对象。我们分别于 2011 年寒假（1~2 月）和 2012 年暑假（7~8 月）向云南、重庆、四川、广西、甘肃、宁夏 6 个省 28 个县（自治区、直辖市）的农户发出第一期问卷 1 500 份，相关企业 120 份（企业问卷对象均为一线业务员，调查内容主要为个体的主观感知，借以消除企业和农户间的不对等性）[4]。又于 2016 年暑假（7

~8月）和2017年寒假（1~2月）进行了第二期800份问卷的发放，同时增加了云南新希望雪兰乳业、云南晨农企业集团等四家云南本地农业龙头企业的一线采购、销售人员53人进行的半结构化访谈样本，最终将访谈数据标准化后进行了合并处理。两期回收农户问卷956份和企业数据454份，实际样本回收率为58.26%。所有样本数据在回收、合并后根据前期研究结果进行了进一步筛选，剔除答卷内容缺项，以及存在前后相互矛盾的样本后，为了消除前期研究中农户样本与企业样本数量不对称问题，又随机选取了277份农户和276份企业的样本，共553份问卷作为本研究样本。

为了避免受访者由于受教育程度、个人见识、经历等客观因素对问卷的理解及其真实意思表达的影响，本研究采样调查均选择了家在农村并以农业经营为主的云南财经大学学生196人作为调查员，在调查前进行了较为详细的采样调查说明和社会调查技能的培训。调查过程主要由调查员针对自己的家庭成员及关系较为密切的亲戚、朋友进行。考虑到回收样本需具备足够的差异性，每名学生负责的调查样本数被限定在10份以内，但适当放宽了种养殖大户、经营大户、村干部或在相关农企担任重要职务的个别具备特殊条件家庭同学的采样数量限制，但最多不能超过20份。

（二）变量测量

本研究调查问卷所有问项大都来自现有文献，均根据本研究样本特点采用了头脑风暴、专家咨询和对象访谈等方法对具体问项内容进行了修正。均为五级Likert量表，其中"关系"由三个观测变量人情差序、认同差序、地位差序构成，其他观测变量分别为信任、信息共享水平和信息技术水平差异。数据分析中根据问卷中的个人信息部分，将教育程度、家庭人均收入、从事具体行业指标作为控制变量。采样结果经过相关计算和标准化处理后得到相应变量值。

1."关系"

根据文献以及对相关专家和实践管理者的咨询访问结果，直接将差序格局的三个维度作为观测变量，借鉴了孙世民等（2009）研究中所使用的问卷设计思路[27]：人情差序根据合作建立过程中所选择的途径（随机寻找、政府介绍、第三方介绍、朋友及亲戚）、个体主观感受（对现有关系的认知和实际关系的感知）以及维持关系的意愿强度三个方面共四个题项。认同差序测量工具采用了Ambler T等.（1999）[28]的问卷，包括对合作方人品（正直与否），商业素养（是否值得信赖）、行事方式（是否得体）及能力（盈利水平）四个方面的感知，问项内容充分考虑了样本的文化相容性、价值观和习俗等因素。地位差序采用问卷中农户与相关企业的客观变量（经营规模大小、经营主体属性等指标）经计算量化得出。

2. 信任

信任度量采用 Ambler T 等（1999）[28] 的信任量表，包括值得信任（trustworthy）、自身的合作收益（profits）、合作前景（prospect）以及合作维持意愿（willingness）四个维度的主观感受问项。

3. 信息交流与共享

参考 Fynes B 等（2005）[29] 的问卷，对具体问项进行了重新设计。内容包括：信息交换频率、产品信息共享程度，市场（生产）信息、成本信息、质量信息等的交流频率、共享程度五个维度作为观测变量来对信息共享水平进行测量。大量研究中，学者们都普遍认同一般意义上的信息共享主要包括生产经营信息的交互与共享两个方面[30~32]。

4. 信息技术能力差异

本研究引入信息技术能力差异变量的最主要原因是，试图探寻在一个普遍信息能力较低的领域，这种差异究竟会给信息共享带来什么样的影响。这里，本研究实际上需要检验两个假设：一个是隐含的，即在缺乏跨企业信息系统及较低信息技术利用水平条件下，成员间信息技术能力差异并不会对信息共享产生显著影响；另一个是 H_4，这种差异虽然不会对信息共享产生直接的影响，但仍会对成员间信任的产生具有调节作用。因此，本文参考现有测量工具[33]，经过咨询专家设计了五个用于测量信息技术能力的问项，其中两个问项分别针对农户所掌握的日常生活中最为常见的信息工具——手机与电脑的相关功能情况进行了询问；另外两个问项分别针对生产流通领域最为常用的信息技术如销售、跟踪、监控等管理系统的企业情况进行了询问，该四个问项采用多选形式；另有一个对于自身信息技术能力投资意愿的问项。

最后再根据企业与农户回答的不同设计了一个算法以得出值为 1~5 的能力差异（其中 1 为无差异，5 为最大差异）。

5. 控制变量

本研究样本中的经营品种涉及蔬菜、水果等易腐农产品，水稻、小麦等粮食作物，茶叶、咖啡、烟叶等需要经过初加工的农副产品，甘蔗、橡胶等作为工业原材料的农副产品和牲畜饲养五大类；另外，经营方式涉及自产自销、按合同种植和销售、作为企业基地生产三种不同的经营方式；再有，由于生产经营规模、劳动力人均收入、受教育程度的不同也可能会引起被访者对合作感受的不同，最终影响研究结果，本研究通过观察变量相关性分析结果判断其对其它变量造成的影响，最终将产品类型、劳动力人均收入、经营决策者教育程度和主要销售方式四个变量作为数据回归中的控制变量。

四、数据分析和模型验证

（一）信效度分析

本文首先采用了 Cronbach's α 法对测量工具的信度进行检验。结果显示，人情差序 α=0.674；认同差序 α=0.691；地位差序 α=0.713；信任 α=0.742；信息共享 α=0.734；所有变量的 α 值均大于 0.6，该测量工具信度属于可接受范围[34]。

针对调查所使用的量表效度，本研究运用了 SPSS24 软件对样本数据进行了探索性因子分析，并通过模型拟合状况来获取量表的区别效度。其中"关系"因子根据对样本数据的分析结果，所有因子负荷均在 0.5 以上，KMO 值大于 0.5；CFA 模型输出的拟合指标达到模型标准，说明量表工具具备足够的建构效度收敛指标。

（2）变量间相关性分析

从表 1 可以看出，信息技术能力差异与其他变量的相关性均不显著完全外生，这个结果间接证实了在缺乏一体化信息系统的农业经营领域，信息技术能力差异与信息共享水平无关的隐含假设。构成"关系"因子的三个潜变量中，人情差序与认同差序与信任和信息共享水平变量之间均显著相关，地位差序与信息共享水平的关系不显著；同时，信任与信息共享变量间也有较强的显著相关性。表明变量相关性分析结果支持本文前述各假设。另外，观察控制变量，销售方式与"关系"因子的三个潜变量都显著相关，人均收入则与人情差序及认同差序的关系是显著的，说明将样本属性变量作为控制变量是有必要的。

表 1 测量变量均值、标准差和相关系数

变量	1. Kop	2. Incom	3. Edu	4. Kos	5. CIT	6. GK	7. IDE	8. GS	9. Trust	10. Com
2	0.062									
3	-0.095	0.068								
4	0.103	0.089	0.204**							
5	-0.141**	-0.053	-0.070	-0.54						
6	0.010	0.186**	0.076	0.155**	-0.113*	(0.674)				
7	0.034	0.132**	0.152**	0.117**	-0.038	0.256**	(0.691)			
8	0.141**	0.072	0.084	0.477**	0.065	0.173**	0.206**	(0.713)		
9	0.052	0.165**	0.203**	0.210**	-0.082	0.346**	0.560**	0.305**	(0.742)	
10	0.080	0.140**	0.166**	0.128**	-0.089	0.262**	0.348**	0.087	0.409**	(0.734)
均值	2.18	3.49	2.81	1.65	3.62	2.275	3.034	2.144	3.043	3.211
标准差	1.093	1.064	0.807	0.760	1.267	0.925 6	0.579 0	0.735 4	0.580 4	0.788 4

注：N=365；** $p \leqslant 0.01$；* $p \leqslant 0.05$ (two-tailed)。括号内的数值是各个变量测量时的信度值。

(三) 假设验证

本研究通过构建结构方程模型 (SEM) 对各变量间影响路径及相互关系进行了分析。过程为: ①运用模型探索进行路径优化选择: 在理论假设模型的基础上, 通过 AMOS24 软件的模型探索功能对可能路径的优化结果进行比对, 选择最优模型, 并在最优模型的基础上分析效应关系[35~36]。②采用多群组分析来验证变量间的调节关系: 将假设及变量相关性分析中与其它变量关系均不显著的信息技术能力差异变量作为分组变量, 并设定嵌套模型 (nested model), 再通过比较嵌套模型的组间差异来判断其效应[37]。

我们主要选取了文献中采用较多的几个指标对原始假设模型拟合度进行了评测[35]: $X^2/DF = 2.132$ (<3.0); GFI = 0.922 (>0.9); AGFI = 0.896 (≈0.9); RMSEA = 0.056 (<0.08); NFI = 0.853 (≈0.9); IFI = 0.916 (>0.9); CFI = 0.915 (>0.9), 表明模型可接受。但观察路径系数的回归结果发现, 地位差序到信息共享路径中误差方差为负值, 有违犯估计存在, 且该模型"关系"因子到信息共享的直接路径中, 仅人情差序的路径系数在 5% 以内, 另外两个则都不显著。由此, 我们又针对"关系"到信息共享的 3 条直接路径和通过信任中介的 1 条路径进行了验证性模型探索, 共生成 16 个参考模型 ($2^4 = 16$), 将 BCC0 最小作为判断标准时, 根据 Raftery (1995) 的建议, 本研究剔除了"关系"因子直接效应路径的模型 12 指标均优于其它模型。进行模型回归发现, 误差方差全部为正, 标准系数在 0.180 ~ 0.652 之间, 路径系数全都呈现显著, 说明"关系"因子对"信息共享"的影响都是通过中介效应实现的。同时, H_{1a}, H_{1b}, H_{1c}, H_2, H_3 也都得到了样本数据分析结果的证实 (见表 2)。

表 2 模型路径系数与检验结果

模型	路径	回归权重估计值	S.E.	C.R.	P	标准化系数	对应假设
M1 (假设模型)	信任←人情差序	-0.087	0.030	2.927	0.003	0.161	
	信任←认同差序	-0.600	0.074	8.062	***	0.638	
	信任←地位差序	-0.177	0.041	4.627	***	0.246	
	信息共享←信任	0.540	0.204	2.644	0.008	0.362	
	信息共享←人情差序	-0.109	0.051	2.138	0.033	0.135	
	信息共享←认同差序	-0.264	0.171	1.550	0.121	0.189	
	信息共享←地位差序	-0.035	0.074	-0.479	0.632	-0.033	

表2(续)

模型	路径	回归权重估计值	S. E.	C. R.	P	标准化系数	对应假设
M2 (优选模型)	信任←人情差序	-0.097	0.029	3.293	***	0.180	H_{1a}
	信任←认同差序	-0.651	0.075	8.230	***	0.652	H_{1b}
	信任←地位差序	-0.166	0.040	4.151	***	0.233	H_{1c}
	信息共享←信任	0.858	0.112	7.683	***	0.571	H_2, H_3

注：N=365；***p<0.001。

接下来，我们将样本根据量表的差异结果，平均分为高、中、低三组，并对"关系"因子的各潜变量到"信任"的路径设定了多群组分析（路径模型及参数设定见图2）：在逐步限定"关系"因子到信任路径中不同组别间的测量模型权重、结构模型权重条件下，令结构模型协方差、结构模型残差、测量模型残差相等，再加上无限制模型共生成六个嵌套模型。

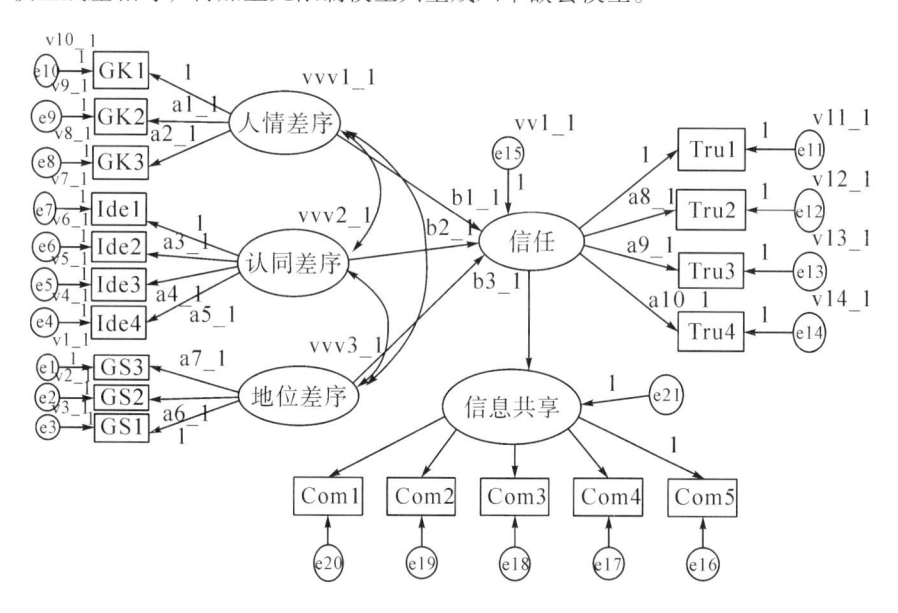

图2 路径模型及相关参数设定

多群组回归的结果显示，嵌套模型 $X^2/DF = 1.551 \sim 1.945$；GFI = 0.831~0.890，AGFI = 0.810~0.837；RMSEA = 0.039~0.051（<0.05）；CFI = 0.817~0.919（≈0.9），拟合良好。从整体上看（见表3），不同假设条件下约束模型中除结构残差模型外，p值均小于0.001，显示不同组别在测量系数、路径系数、协方差和测量残差上都有显著的组间差异。

表 3 嵌套模型比较

模型	DF	CMIN	P	NFI	IFI	RFI	TLI	条件
模型 1（限定测量系数）	20	48.499	0.000	0.028	0.032	0.012	0.014	假设无限制模型为真
模型 2（限定路径系数）	6	27.024	0.000	0.016	0.018	0.011	0.014	假设模型 1 为真
模型 3（限定协方差）	12	57.676	0.000	0.033	0.039	0.024	0.028	假设模型 2 为真
模型 4（限定结构残差）	28	80.502	0.000	0.047	0.055	0.016	0.019	假设模型 3 为真
模型 5（限定测量残差）	28	80.502	0.000	0.047	0.055	0.016	0.019	假设模型 4 为真

通过变量组间配对差异临界参数比可知，人情差序变量不同组别样本的测量权重 a2 均有 0.001 水平的差异性；地位差序变量 a6 在低差异水平组与高差异水平组具有 0.05 水平的显著差异性；信任测量权重 a8、a9 分别也存在 0.05 和 0.01 水平显著的差异。结构权重方面，人情差序变量路径系数 b1 的低中、低高组间比较分别在 0.001 和 0.05 水平具有显著差异性。人情差序的结构协方差在低中组间存在 0.01 水平的显著差异。地位差序的测量残差 v2 则在低高组间存在 0.05 水平的组间差异性；信任变量的测量残差 v8，v10 则在低中，低高组间都存在 0.01 水平的组间差异性。可以认为信息能力水平差异在"关系"因子对信任的影响路径中的调节效应显著，其中对人情差序的调节效应最为明显，对地位差序也有一定的调节效应。H_{4a}，H_{4c} 的调节效应得到证实，但 H_{4b} 是不显著的。图 3 中实线表示已被本研究证实的路径关系，虚线表示可能存在但未能得到本研究样本数据支持的路径关系。

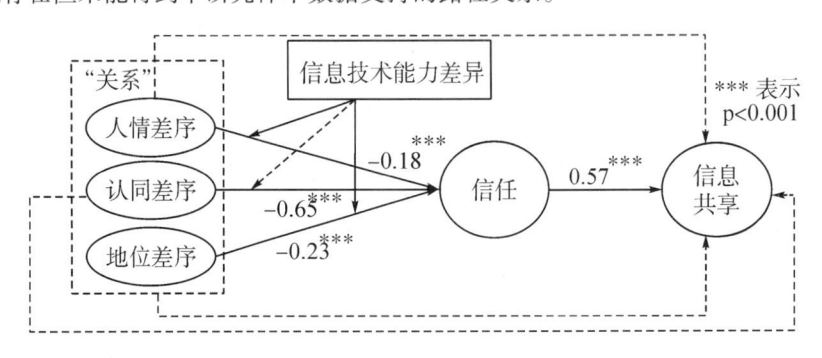

图 3 实证研究结果

五、结论

中国是一个典型的"关系"社会,"关系"会对供应链的运作产生非常重要,甚至起决定性的影响。其具体表现形式为,成员间的信任很大程度上是通过"关系"建立起来的。然而,研究结果表明,虽然"关系"的三个构成维度对信任的影响都是显著的,但认同差序变量的影响最为强烈。这说明即使在"关系"文化较为明显的中国农村地区,个体的认同差序对信任、信息共享乃至绩效的影响已经超越由血缘、家庭背景等自然禀赋所带来的人情差序和地位差序所带来的影响。同时这也表明基于个体价值观的认同差序已经成为构成"关系"最重要的因子。这说明仅仅依靠传统的血缘、地缘关系,或者是地位"权威"已经不足以在供应链中建立起互信的合作关系,这种关系只能建立在共同认同感的基础上。

虽然大量的研究文献都指出信息共享程度会受到信息技术能力差异的影响,但本文的研究结果显示,如果供应链中现代信息技术的整体应用处于一个相对较低的水平,那么这种能力差异与信息共享程度就不会存在显著的相关性。不过,信息能力差异会对信任的产生具有一定的调节效应,这种调节效应主要表现在"关系"因子中具有自然属性的人情差序和地位差序对信任的影响上。这意味着,核心企业在通过固有人际"关系"建立信任的初始阶段,如果能采用更为先进的信息技术手段(与合作方相比)是可以帮助合作对象提高对核心企业信任水平的。但这种调节作用对由认同差序产生的影响并不明显,亦即当合作双方已经建立起足够的认同差序时,技术能力差异就不会对这种关系产生影响。

信任直接影响信息共享的水平,而"关系"的三个维度都是通过信任的中介效应对信息共享水平产生影响。因此,可以说源自自然禀赋(血缘、亲缘)或文化背景(地缘等)的"关系"并不会直接影响信息共享水平。只有在建立起信任(这种信任更大程度上源自认同差序)的前提下,才能有效地提高供应链中的信息共享水平。

本文的研究结果表明,在一个深受中国传统文化影响的环境中,合作参与者间信任的建立往往是以私人"关系"网为基础的。但是随着社会的发展和进步,这种由差序格局构成的"关系"文化正发生着潜移默化的改变:相对于人情差序和地位差序,认同差序已经成为最重要的构成因素。这就意味着:要在供应链中建立起有效的信息共享模式,最重要的就是建立起相互信任的合作关系。而这种信任建立的基础则应是合作方对于"公平""正义"等价值观,以及合作目标、方式、流程等专业知识的共同认知。

参考文献:

[1] Kale S H, Mcintyre R P. Distribution channel relationships in diverse cultures [J]. International Marketing Review, 1991, 8 (3): 31-45.

[2] 刘胜春,王永伟,李婷."关系"对供应链合作绩效的影响:来自农业领域的证据 [J]. 软科学, 2015, 29 (2): 86-89.

[3] 刘凤芹. 不完全合约与履约障碍:以订单农业为例 [J]. 经济研究, 2003, (4): 22-30.

[4] Geng R, Mansouri S A, Aktas E, et al. The role of guanxi in green supply chain management in Asia's emerging economies: A conceptual framework [J]. Industrial marketing management, 2017, 63 (5): 1-17.

[5] Yang, Mayfairmei-Hui. Gifts, favors, and banquets: the art of social relationships in China [M]. Ithaca: Cornell University Press, 1994: 559-565.

[6] Luo Y. Guanxi: principles, philosophies, and implications [J]. Human systems management, 1997, 16: 43-52.

[7] 费孝通. 乡土中国 [M]. 南京:江苏文艺出版社, 2007.

[8] Khan M, Hussain M, Saber H M. Information sharing in a sustainable supply chain [J]. International journal of production economics, 2016, 181: 208-214.

[9] Garrido-Pelaz R, Pastrana S. Shall we collaborate?: A model to analyse the benefits of information sharing [C]. 2016.

[10] özer Ö, Zheng Y. Establishing trust and trustworthiness for supply chain information sharing [M]. NYC: Springer International Publishing, 2017.

[11] 弗朗西斯. 福山. 信任 [M]. 海口:海南出版社, 2001.

[12] Carr C L. Reciprocity: the golden rule of IS-user service relationship quality and cooperation [J]. Communications of the ACM, 2006, 49 (6): 77-83.

[13] 杨洪涛,石春生,姜莹."关系"文化对创业供应链合作关系稳定性影响的实证研究 [J]. 管理评论, 2011, 23 (4): 115-121.

[14] Barbalet J. The structure of guanxi: resolving problems of network assurance [J]. Theory & society, 2014, 43 (1): 51-69.

[15] Laeequddin M, Sahay B S, Sahay V, et al. Trust building in supply chain partners relationship-an integrated conceptual model [J]. Journal of management development, 2012, 31 (6): 550-564.

［16］ Park S H, Luo Y. Guanxi and organizational dynamics: organizational networking in Chinese firms［J］. Strategic management journal. 2001, 22（5）: 455-477.

［17］ Chu Z, Wang Q, Lai F, et al. Managing interdependence: using guanxi to cope with supply chain dependency［J］. Journal of business research. 2019, 103（10）: 620-631.

［18］ Li L, Zhang H. Confidentiality and information sharing in supply chain coordination［J］. Management science. 2008, 54（8）: 1467-1481.

［19］廖成林, 仇明全, 龙勇. 企业合作关系, 敏捷供应链和企业绩效间关系实证研究［J］. 系统工程理论与实践, 2008, 28（6）: 115-128.

［20］曾文杰, 马士华. 制造行业供应链合作关系对协同及运作绩效影响的实证研究［J］. 管理学报, 2010, 7（8）: 1221-1227.

［21］ Huang Q, Davison R M, Gu J. The impact of trust, guanxi orientation and face on the intention of Chinese employees and managers to engage in peer-to-peer tacit and explicit knowledge sharing［J］. Information systems journal, 2011, 21（6）: 557-577.

［22］ Zand D E. Trust and managerial problem solving［J］. Administrative science quarterly, 1972, 17（2）: 229-239.

［23］ Xiao J, Wu Y, Xie K, et al. Controlling the abuse of guanxi: A multi-case study from the perspective of supply chain information systems: PACIFIC ASIA CONFERENCE ON INFORMATION SYSTEMS (PACIS)［Z］. 2014.

［24］ Sheu C, Yen H J R, Chae B. Determinants of supplier-retailer collaboration: evidence from an international study［J］. International journal of operations & production management, 2006, 26（1）: 24-49.

［25］ Forster P W, Regan A C. Electronic integration in the air cargo industry: an information processing model of on-time performance［J］. Transportation journal, 2001, 40（4）: 46-61.

［26］叶飞, 徐学军. 供应链伙伴关系间信任与关系承诺对信息共享与运营绩效的影响［J］. 系统工程理论与实践, 2009,（8）: 36-49.

［27］孙世民, 陈会英, 李娟. 优质猪肉供应链合作伙伴竞合关系分析: 基于15省（市）的761份问卷调查数据和深度访谈资料［J］. 中国农村观察, 2009,（6）: 2-13.

［28］ Ambler T, Styles C, Xiucun W. The effect of channel relationships and guanxi on the performance of inter-province export ventures in the people's republic of China [J]. International journal of research in marketing, 1999, 16 (1): 75-87.

[29] Fynes B, Voss C, De Burca S. The iimpact of supply chain relationship quality on quality performance [J]. International journal of production economics, 2005, 96 (3): 339-354.

[30] Huang G Q, Lau J S K, Mak K L. The impacts of sharing production information on supply chain dynamics: a review of the literature [J]. International journal of production research, 2003, 41 (7): 1483-1517.

[31] Pagell M. Understanding the factors that enable and inhibit the integration of operations, purchasing and logistics [J]. Journal of operations management, 2004, 22 (5): 459-487.

[32] Power D. Supply chain management integration and implementation: a literature review [J]. Supply chain management: an international journal, 2005, 10 (4): 252-263.

[33] Green M C, Brock T C. Organizational membership versus informal interaction: contributions to skills and perceptions that build social capital [J]. Political psychology, 2005, 26 (1): 1-25.

[34] Bagozzi R P, Fornell C, Larcker D F. Canonical correlation analysis as a special case of a structural relations model [J]. Multivariate behavioral research, 1981, 16 (4): 437-454.

[35] 温忠麟, 侯杰泰, 张雷. 调节效应与中介效应的比较和应用 [J]. 心理学报, 2005, 37 (2): 268-274.

[36] 荣泰生. AMOS 与研究方法 [M]. 重庆: 重庆大学出版社, 2010.

[37] 赵必华, 顾海根. 我国近年来心理学研究中 SEM 方法文献分析 [J]. 心理科学, 2010, (2): 403-405.

社会偏好及测度研究

王蓬　曹佳　云南财经大学城市与环境学院
王惠　曾雨昕　云南财经大学会计学院

摘要：目前社会偏好理论建立的绝大部分理论都是以理性假设为基础，通过与心理学和社会学的相关理论研究进行结合分析，用来弥补传统的理性经济人假设的不足，并在分析社会偏好的过程中用博弈论作为基本的分析工具，以开创性的方法来解释实验经济学发现的各种与理性经济人假设相悖的现象。本文就是在社会偏好发展的基础上，对其产生的背景、现有的理论及测度方法进行系统的梳理。

关键词：实验经济学；公平偏好；互利偏好；公平偏好

一、引言

社会情感因素是人性的一部分，失去社会情感不利于社会的进步与发展。但是在传统经济学占主导地位的时代，这种考虑人性存在的经济学却一直没有得到重视，以至于很多社会行为都没有办法用理性经济学等理论来解释。鉴于这种情况，要解释社会生活中违背理性经济人假设的各种社会情感因素，就必须要构建一种新的经济学理论来探索。

实验经济学家们经过大量的博弈实验，如信任博弈、公共品博弈以及最后通牒等试验，得到的大量实验结果都表明传统的理性经济人假设存在很多缺陷，社会上很多事情是不能以理性经济人假设作为基础来研究的。鉴于这种与理性经济人假设相悖的情况存在，越来越多的经济学家，甚至是心理学家开始对这种现象进行分析研究，这就逐渐形成了今天的社会偏好理论。Kohler 在2003年认为社会偏好的概念最开始是由 Veblen 在1934年提出来的，经过不断的研究发展，Duesenberry、Pollak 等人又对社会偏好的概念进行了进一步的补充拓展。而完整的社会偏好概念是由著名的行为经济学家 Camerer 在1997年提出来的。而社会偏好理论日趋完善的标志是 Schmidt 和 Fehr（1999）、Ockenfels 和 Bolton（2000）把实验经济学和社会偏好结合起来分析，从而在理论的高度上对社会偏好进行定位。

随着实验经济学家对社会偏好的研究越来越深入,而国内的相关知识还比较匮乏,本文根据已有的文献资料,对社会偏好的模型及测度问题进行一个系统的梳理。

二、社会偏好的理论

与传统经济学的研究基础不同的是,社会偏好理论所运用到的经济学模型更加完善。在实验经济学以及行为经济学快速发展的背景下,社会偏好的相关理论已经逐渐形成了影响力。

(一)利他偏好理论

利他偏好有多种表现形式,社会福利偏好就是其中比较典型的一种。"利他"在经济学中指的是自己的利益与他人的利益呈正相关的关系。而社会福利偏好指的是不论是自身的利益还是社会总福利,他们都会关心,尤其是社会底层的弱势群体的利益。虽然 Andreoni 和 Miller 在 2002 年没有把"利他"偏好的想法归纳成正式的理论模型,但是他们用实验证明了这一社会福利偏好的存在,就是他们对社会偏好理论发展的最大贡献。他们还在模型中应用了独裁者实验,其本来的目的是要证明人们是利他行为是不理性的,但是当他们提出了验证理性行为的"一般化的显示偏好原理"后,他们又发现人的行为基本上是符合理性原则的。

随着社会偏好理论发展,经济学家也是在不断地寻找着能够简单有效的解释与理性经济人假设相悖的现象的理论模型。为了找到这种理论模型,Charness 和 Rabin 在 2002 年将互利和社会福利两种模型综合在一起进行了分析,紧接着,2003 年,Kohler 将两种纯粹的社会偏好模型综合在一起进行了分析,2006 年,Falk 和 Fischbacher 又将互利和差异厌恶两种模型结合在一起进行分析。我们相信,在人类社会不断的努力下,社会福利偏好理论会越来越丰富。

(二)互利偏好理论

在互利的概念中,自利是存在于其中的,只是自利是追求一个人的利益最大化,而互利是追求整个团体或者社会的利益最大化。互利是一个平衡的状态,不能平衡各方的利益,互利永远也达不成。互利偏好理论最初是由 Rabin 在 1993 年提出来的,他将"公平性"定义为"不论别人对你友善还是不友善,你都是对别人友善的",而且规定如果你在损失自己利益情况下去损害别人的利益,这就是对别人不善;如果你以牺牲自己的利益去增加别人的利益,这就是对别人友善。

当然，一个新发展的理论，自然有他的优缺点，互利偏好自然也不例外，在 1999 年 Fehr 和 Schmidt 就指出 Rabin 的理论模型具有扎实的心理学基础，但缺点同样明显，就是指考虑了两个人的博弈，而现实社会中两个人的博弈缺乏说服力，因为现实生活中太多非两个人的博弈了。随着互利偏好理论的发展，2004 年，Dufwenberg 和 Kirchsteiger 进一步拓展了 Rabin 的理论，以此弥补该理论之前的不足。

（三）公平偏好理论

公平理论是假设参与人只关注结果是否公平，而不会关注对方对他有善意，或者没有善意。当他处于优势地位的时候，他会用自己的收益去帮助处于劣势地位的人，而当他处于劣势地位的时候，他会做出损害别人利益的行为。

公平偏好是在博弈试验中最醒目的一个理论，许多实验经济学家以该理论为基础，引申研究了新理论。动机偏好与结果偏好是公平偏好的两个方面，Rabin 在 1993 年提出的动机公平理论是最早关于公平偏好理论的观点。最初，Loewenstein 在 1989 年、Bolton 在 1991 年都做过公平偏好理论方面的研究。最具有代表性的公平偏好理论则是 Fehr 和 Schmidt 在 1991 年提出来的，在 F&S 模型中，参与的人除了关注自己获得的利益外，还会着重关注他得到的收益与别人之间的差距。2000 年，Bolton 和 Ockenfels 提出了 ERC（Equity, Reciprocity 和 Competition）模型，他们认为，不仅绝对收益会改变个人的行为，相对利益也会对个人行为产生影响。除了相似点之外，他们不同之处在于模型的背景不一样，F&S 模型的背景是完全信息，而 ERC 模型的背景是不完全信息。这两个理论的建立也说明了公平偏好理论逐渐成熟，公平偏好理论的发展也正朝着一条稳定的轨迹慢慢展开。

三、社会偏好的测度

在传统经济学中，一般都是以理性经济人作为假设，既个人的行为总是想让自己的利益达到最大化，这种自利假设不会考虑别人的利益，所以不存在偏好的测度问题。但是在社会偏好理论中，考虑了人性等各种社会情感因素，认为人的行为是多元化的，会考虑别人和社会的效益。因此，理论上社会偏好的大小与多少就存在一个测度和比较问题。

（一）利他偏好的测度

利他在经济学中一般被认为是出于对他人福利的关心而愿意损失自身的福利。从利他偏好、互利偏好和差异厌恶偏好这三种比较来看，利他偏好属于无条件的社会偏好。

利他偏好所遇到的困难之一是它很难测度。利他偏好因为属于无条件的社会偏好，因此其行为不会产生交换，自然在这个行为过程中也就很难通过去量化利他行为的成本来测度利他偏好。在实验经济学不断发展的背景下，不能测度利他行为的这个问题就逐渐被解决。在博弈实验中，个人的行为因为受到实验规则的限制而在很大程度上简单化，在独裁者试验中得到的数据就可以表现个人的偏好，在这种情况下，利他行为的量化研究就有了可行的基础，为以后的测度利他偏好打开了思路。而现在，利他行为的量化额一般使用的是独裁者试验中提出者给予响应者的分配额，从而测度出利他偏好。

在众多的博弈试验中，Andreoni 和 Miller 在 2002 年进行的实验表明，98%以上实验者的选择是符合一般性显示偏好公里的要求的。他们便认为利他偏好不论是对个人还是对整个社会都是理性的，利他行为可以通过经济学的相关模型进行研究和量化，从而测度利他偏好。Fowler 在 2006 年也运用了独裁者实验来对利他行为进行量化，其采用的具体方法是请参与者填写调查问卷，并对此进行了检验。大量实验统计结果表明，在得分和捐款意愿等方面，实验的结论与这些因素呈正向变动关系，从而也证明测度利他偏好用独裁者实验可以反映参与实验的人对他人福利的关心程度。

(二) 互利偏好的测度

互利偏好是信任本质的一种体现，因此对互利偏好的测度与对信任水平的测度密不可分。对信任水平的测度可以用社会问卷调查法和信任博弈实验两种方法来进行测度。

采用社会调查问卷的方法测度信任水平或互惠偏好可以直观地了解到人们对彼此的信任程度。根据邬春芹对调查问卷的分类，采用结构型问卷调查提前按照测度要求设置提问方式和类型等内容，据此得到直观的数据分析信任水平或互惠偏好。例如，GSS 社会调查问卷是常用的方法，在设计 GSS 问卷调查的内容时，选择信任、公平和助人三个变量构建综合标准化的信任指数，并将其称为 GSS 信任指数。将得到的数据进行量化分析，便可对信任水平或互惠偏好进行科学、真实的测度，例如 Capra 在 2008 年也采用 GSS 信任问卷对信任行为进行了测度，Glaeser 等人在 2000 年也采用 GSS 问卷方法对信任水平进行了测度，并且新增了信任态度等变量。

信任博弈实验，是一种经典的测度信任水平和可信任水平的实验方法。Berg 等人在 1995 年信任博弈实验中通过投资人交予代理人的投资额以及代理人返还投资人的比例额来反映可信任度。Camerer 2003 年的研究也表明，在有激励机制的可控情况下进行实验，信任博弈的双方均匿名且没有考虑各方的相关性、社会背景条件等因素，由此得出的数据便是一个单纯的信任水平。

我们可以看到，不论是运用社会调查问卷方法还是使用信任博弈实验，都是通过对信任水平进行测度，进而测度互利偏好的，所以我们认为信任水平就是互利偏好的一个量化介质。

（三）公平偏好的测度

人们对公平分配的需求是公平模型的主要内容，该理论的前提假设是人们希望收益公平，愿意去减少人与人之间的收益差距，关于其测度方法的研究也有很多不同的方法。

在众多的测度公平偏好的方法中，Ernst Fehr 和 Klaus M. Schmidt 的模型最具有代表性，他们在模型中提出，想要测度出公平偏好，就需要先测出优势厌恶系数和劣势厌恶系数。Mariana Blanco 等人在 Fehr 和 Schmidt 的成果基础上，对公平偏好进行了更深入的研究，他们的突破和创新表现在测度使用的方法上，不仅如此，他们还用改进后的方法对 Ernst Fehr 和 Klaus M. Schmidt 的公平偏好模型中的参数进行了测试检验。基于 Blanco 等人的研究，Astrid Dannenberg 等人提出了一个测度不平等偏好的方法，他们认为测度劣势厌恶系数的方法是不合理的，不应该用最后通牒博弈实验来进行测度。他们认为策略互动可能会影响其测度的准确性，鉴于此，他们把策略互动删除以此来修正 Blanco 等人测度劣势厌恶系数的方法。

除了上述测度公平偏好的方法之外，Amiel 在 1999 年进行了漏桶实验，该实验所用的方法是通过实验的数据来对公平偏好的态度进行测量。从已有的文献资料来看，因为测度方法的不同，所以测度公平偏好的量化介质也不同，Karn & Siafra 在 2000 年时使用个人感知公平的强度作为量化介质；Bolton & Ockenfels 在 2005 年则运用相对回报率来量化公平。除了这些影响公平偏好的主要因素之外，还有一些其他的因素也可以影响公平偏好的测度，比如互利因素等。有些实验经济学家也把公平偏好与竞争意愿结合在一起进行研究，李朝阳（2015）在《不平等厌恶与竞争意愿匹配效应的实验研究》一文中就将竞争意愿作为变量进行比较研究。测得公平偏好的准确性，关键是要看所选的测度变量，测度变量质量的好坏就决定了测度水平的高低。

四、结语

虽然经济学家们对社会偏好问题进行了几十年的研究，但是到目前为止，依然没有找到一种行之有效的方法来测度社会偏好，造成这种窘况的原因可能是社会情感因素本身的多元性与复杂性，当然也有可能是人的思想的局限性，笔者相信随着社会的不断进步，以及人类认知的不断提升，社会偏好的测度问题能得到很好的解决，这都需要我们共同的努力。

参考文献：

[1] 何国卿，龙登高，刘齐平. 利他主义、社会偏好与经济分析 [J]. 经济学动态，2016（7）：98-108.

[2] 陈叶峰，叶航，汪丁丁. 超越经济人的社会理论偏好：一个基于实验经济学是综述 [J]. 南开经济研究，2011（5）：63-100.

[3] 李朝阳. 不平等厌恶与竞争意愿匹配效应的实验研究 [J]. 中央财经大学学报，2015（9）：97-105.

[4] 叶航，汪丁丁，罗卫东. 作为内生偏好的利他行为及其经济学意义 [J]. 经济研究，2005（8）：84-94.

[5] 克里斯汀·蒙特，丹尼尔·塞拉. 博弈论与经济学（中译本）[M]. 张绮，译. 北京：经济管理出版社，2005：314-326.

[6] Blanco M, Engelmann D, Normann H T. A within-subject analysis of other-regarding preferences [J]. Games and economic behavior, 2010, 72 (2): 321-338.

[7] Bolton G E, Ockenfels A. ERC: A theory of equity, reciprocity, and competition [J]. American economic review, 2000, 90 (1): 93-166.

[8] Fehr E, Schmidt K M. Theories of fairness and reciprocity: evidence and economic applications [R]. CESifo Working Paper, 2000.

PPP 项目收益权价值评估的影响因素探析

曹佳　云南财经大学城市与环境学院
阮萍　云南财经大学会计学院

摘要：本文基于财政部 PPP 项目库案例和国家发改委 PPP 项目典型案例，以项目特殊合约安排为研究要点，从资产评估视角出发，归纳项目特殊合约安排中的 13 个收益权价值评估的主要影响因素，对其如何影响收益权价值进行详尽分析，并配以案例帮助说明。这 13 个影响因素是合同年限、项目类型、回报机制、服务价格、附加权益的划定、特许经营权的摊销、税金的承担、融资成本的承担、价格调整机制、绩效考核机制、项目用地的解决、约定的合理利润率和年度折现率、资产移交的约定等。

关键词：PPP；收益权价值；评估影响因素；特殊合约安排

一、引言

PPP 模式，即政府和社会资本合作模式，从 2014 年开始，因其具有利益共享、风险共担的特点，在我国基础设施和公共服务领域规范内被广泛推广，在缓解地方政府债务压力、优化市场资源配置、促进公共产品和服务提质增效等方面发挥了积极作用。无论从投资规模、行业领域还是城市地域来看，PPP 模式在我国基础设施和公共服务领域的应用均有了阶段性的突破。财政部政府和社会资本合作综合信息平台数据显示，截至 2018 年 12 月 31 日，目前全国 PPP 项目财政部入库项目 8 649 个，入库项目金额总计 151 258.81 亿元，项目遍布全国各省，涉及 19 个行业领域。

随着 PPP 模式的不断发展及交易结构日趋完善，项目各阶段都可能发生多种事项，如投资决策、项目监测与支付、风险再分配、项目调价、质押融资、资产转让等[1]。无论是定价需要还是依据国有资产相关法规，这些情况均可能需要对 PPP 项目进行资产评估。PPP 生命周期各阶段涉及的评估目的和评估对象有所不同，各类评估需求可参见中国资产评估协会于 2016 年发布的

《PPP 项目资产评估及相关咨询业务操作指引》。

目前关于 PPP 项目价值评估的研究多集中于评估方法方面，只有少部分学者对 PPP 项目价值的影响因素进行了单一的、针对性的分析，如根据预期收益率来确定项目特许价格、保底量、特许经营期限等，而对评估影响因素进行系统分析的研究尚处于空白。这一部分对于价值评估来说又极其重要，因此本文将对这一空白领域进行探究。PPP 项目的评估对象种类繁多，其中 PPP 项目收益权价值评估应用较广，收益权价值评估可能出现在项目采购决策、响应决策、项目监测与支付、风险再分配、项目调价、质押、转让等情形下，评估目的可能是为项目决策、融资、转让等提供依据。故本文选取项目收益权作为 PPP 项目价值评估的研究对象，探讨其影响因素。

在选择研究范围时，本文将以项目特殊合约安排为研究要点，分析 PPP 项目收益权价值评估的影响因素。PPP 项目与传统项目的最大区别是 PPP 项目不仅要考虑项目的筹建状况，还要考虑运营管理、双方的利益分配和风险分担等情况，因此对 PPP 项目价值进行评估时，除考虑各类评估方法中的基本参数以外，还应考虑政府方和社会资本方约定的特殊合约安排。

在以往与项目特殊合约安排有关的研究中，邹晓勇[2]分析了调价机制、绩效考核因素对项目收益的影响，认为调价机制可将市场价格维持在合理范围以保障社会资本有合理经营利润，避免项目公司暴利或亏损，且建设期、运营期和移交期的绩效考核都会对项目收益产生影响。陈林法[3]归纳了 PPP 项目中影响政府补偿决策的 15 个因素，包括项目总投资额、项目运营期限、预期营业收入、折现率、运营成本、融资成本及难度等。刘建明[4]和代国斌等[5]均认为，PPP 项目合同的核心条款应包括项目合作范围及合作期限、项目用地条款、项目融资条款、项目设施运营与维护条款、项目付费机制等内容。左玉香[6]认为，在社会资本谈判 PPP 合同的过程中，除了合作期限和范围、项目的融资、项目的用地、项目的建设运营及维护外，调价机制、绩效考核基数、运营内容等也是比较重要的条款。

从以上分析可以看出，现有针对 PPP 项目价值影响因素的研究，要么不够全面，要么不够详尽，而且没有从资产评估角度出发的系统研究分析。本文的亮点在于：从资产评估角度出发，以项目特殊合约安排为研究要点，归纳项目特殊合约安排中 13 个收益权价值评估主要影响因素，对其如何影响收益权价值进行详尽分析，并配以案例帮助说明，为评估人员进行 PPP 项目收益权价值评估提供参考。

二、PPP 项目收益权价值评估的目的

PPP 项目收益权是指社会资本方或项目公司基于其在项目中的投入并履行项目合同提供公共产品或者公共服务而享有项目未来净现金流的权利。项目权利人是指通过适当的采购方式依法选中的社会资本，需要为项目设立专门项目公司的，项目权利人则指项目公司的所有者[1]。

随着 PPP 项目的不断发展，不同阶段的项目可能会因采购决策、响应决策、项目监测与支付、风险再分配、项目调价、质押、转让等需求而对收益权价值进行评估。同时，随着中国人民银行《应收账款质押登记办法》（中国人民银行令〔2017〕第 3 号）的修订，财政部、中国人民银行、证监会《关于规范开展政府和社会资本合作项目资产证券化有关事宜的通知》（财金〔2017〕55 号）的颁布，PPP 项目融资难的法律问题得到了解决，PPP 项目的质押和转让势必也将广泛开展，这将为评估行业带来新的业务机遇和挑战。

项目的评估目的和对象因评估需求而各不相同，PPP 项目收益权价值的评估目的主要是为决策、质押、转让等提供依据。

（一）决策目的

在项目识别和准备阶段，对项目进行投资决策时可在假设存在权利人和项目合同的条件下，设定模拟 PPP 项目的收益权，进而计算模拟 PPP 项目收益权的价值，为项目识别和准备阶段的决策提供依据；在项目运营期，项目监测与支付、风险再分配、项目调价等情形下也可能需要对 PPP 项目收益权进行评估，为调整决策做参考[1]。

（二）质押目的

新修订的《应收账款质押登记办法》规定：能源、交通运输、水利、环境保护、市政工程等基础设施和公用事业项目收益权可质押。同时，权益的登记期限改为 0.5~30 年，正好可与 PPP 项目合作期限匹配。这不仅表示 PPP 项目应收账款质押得到了政策法规的支持，而且也有了更强的可操作性。修订后的法规可以有效地解决未来 PPP 项目收益权质押的难题，也将促使很多 PPP 项目采用质押的方式来进行融资，以质押为目的的 PPP 项目评估将有广阔的应用前景。

（三）转让目的

1. 资产证券化

《关于规范开展政府和社会资本合作项目资产证券化有关事宜的通知》中明确规定，PPP 项目中可以资产证券化的有三类基础资产：①项目公司的收益

权、债权；②项目公司股东的股权；③项目公司其他相关主体的收益权、债权。

PPP项目资产证券化可以为社会资本方提供新的退出渠道，有效降低原始权益人的债务杠杆，而且还可以盘活PPP项目的存量资产，加快社会投资者资金回收的速度，吸引更多的社会资本方参与到PPP项目中来。资产证券化项目经常需要对收益权价值进行评估，随着PPP项目资产证券化的发展，评估人员应做好相关业务准备。

2. 资产转让

国务院国有资产监督管理委员会发布的《企业国有资产评估管理暂行办法》规定：企业资产转让、置换应当对相关资产进行评估。虽然PPP项目合作期间项目及其附属设施的使用权和收益权属于项目公司，但项目及其附属设施等各项资产的所有权均由当地政府拥有，属于国有资产。因此，无论PPP项目是进行股权转让还是资产转让，均须按照法规要求进行法定评估。

三、PPP项目收益权价值评估的影响因素

PPP项目与传统项目的最大区别是，PPP项目不仅要考虑项目的筹建状况，还要考虑运营管理、双方的利益分配和风险分担等情况。由此可知，在对PPP项目收益权价值进行评估时，除了考虑各类评估方法中的基本参数，还应考虑政府方和社会资本方约定的特殊合约安排。因此，选择研究范围时，本文将以项目特殊合约安排为研究要点，分析PPP项目收益权价值评估的影响因素。

本文所说的特殊合约安排，是指在PPP项目合同或者协议中针对项目实际情况双方约定的、不同于其他项目合同的条款，包括合同年限、回报机制、经营范围等内容。每个PPP项目需要专门约定的条款内容林林总总，通常将合同协议中因项目实际情况不同而特别约定的条款内容统称为特殊合约安排。

从以上阐释可以看出，项目不同，特殊合约安排不同，对项目收益情况影响也会不同。在评估PPP项目收益权价值时，首先要识别双方约定的特殊合约安排，然后再确定相关的评估参数。目前对PPP项目价值评估影响因素进行系统分析的研究尚处于空白，本文基于财政部PPP项目库案例和国家发改委PPP项目典型案例[7]，以项目特殊合约安排为研究要点，归纳了项目特殊合约安排中13个收益权价值评估的主要影响因素，对其如何影响收益权价值进行了详尽的分析，并配以案例帮助说明。

（一）合同年限

PPP项目建设完成之后的运营期通常为10~30年，在投资额一定的情况

下，PPP项目合同年限越长，社会资本方从项目中获得的收益也就越多，因此PPP项目的收益权价值会受到合作期限的显著影响。

（二）项目类型

PPP项目涉及19个领域，不同类型的项目其盈利和支出模式也各不相同，这就导致了项目收入结构和成本结构也有所不同。因此，在对PPP项目收益权价值进行评估时首先要确定项目所属领域，识别其收入结构和成本结构，再确定相应的评估参数以对其进行评估分析。

举例来说，在运营期，交通运输项目的成本一般为日常养护费和大修理费用，但是收入类别却因公路类型不同而大有区别，高速公路的收入主要为车辆通行费，而二级公路因免去了车辆通行费而缺失了这部分收入；污水处理项目的成本主要是药剂、燃料动力费等物料消耗和运营服务费等，其收入则来自政府付费或者使用者付费。其他有关项目类型的案例如表1所示。

表1 项目类型——项目特殊合约安排的相关案例

序号	项目名称	相关特殊合约安排概要
1	江苏扬州湾头玉器特色小镇项目	收入来源为旅游门票收入、设施租赁收入；运营成本为各景区的人工、水电等运营维护费
2	云南高原体育训练基地丽江基地游泳馆项目	收入来源主要为游泳、训练、游泳用品销售等收费；运营成本包括运营期发生的职工薪酬、水电费、材料费、修理维护费等
3	山东省济宁市汶上县莲花湖湿地公园及泉河河道治理项目	收入来源包括湿地公园门票、娱乐设施、商铺出租等；运营成本包括职工薪酬、商业开发广告费、维护费、河道治理费等
4	山东济宁汶上县中都颐养苑医养结合项目	医疗收入包括门诊（含医药）、住院和药品销售等，养老院收入包括养老服务、康复中心等；运营成本包括养老院和医院的人工、水电、药品及储备维护管理费等

（三）回报机制

PPP项目的回报机制是政府方与社会资本方关于项目的收益分配方式，包括三类：使用者付费、政府付费及可行性缺口补助。不同的回报机制对项目的利益分配和风险承担的影响不同，社会资本方的收益也就不同。

使用者付费机制下，项目公司的营业收入仅来自项目使用者的付费，不会有政府方的补贴，收入高低受使用情况影响，收益风险由项目公司自己承担。政府付费是指政府方以协商的服务价格对项目公司的可用性和运营绩效付费，对于项目公司来说，每期收益较为稳定，所承担的收益风险较低。可行性缺口补助是使用者付费和政府付费的结合，当项目的使用情况没有达到约定标准时，政府方会对缺口部分给予补贴，这种机制下也是由政府方承担收益风险，且社会资本方每期获得的收益较稳定。另外，因PPP项目是为公众服务，不以高盈利为目的，一般政府方会对项目收益划定一个上限，项目如果出现超额收益即项目当期收益超过了政府方规定的上限时，则要将此部分以一定比例支付给政府方，甚至全部给政府方。不同项目中约定超额收益分成的方式也不同，有的是抵减政府补贴，有的是从超额收入中分成，还有的是从项目公司净利润中分成。

由此可看出，在进行收益权价值评估时应识别PPP项目的回报机制，以确定项目的收益来源和结构。有关回报机制的案例如表2所示。

表2 回报机制——项目特殊合约安排的相关案例

序号	项目名称	相关特殊合约安排概要
1	福建省泉州市工业废物综合处置中心项目	使用者付费，由危险废物产生者直接付费购买服务而政府不承诺保底收集量和处理量
2	大理洱海环湖截污项目	政府付费，政府方基于项目工程建设的可用性和污水处理厂的污水处理量支付费用
3	浙江省杭州地铁1号线项目	可行性缺口补助，票务收入差额补偿保价不保量，客流量风险由项目公司承担
4	北京市兴延高速公路项目	可行性缺口补助，设定保底车流量为预测车流量的75%，实际车流量超过预测车流量时超过部分政府方参与分成

（四）服务价格

PPP项目除了要求社会资本方参与投资、设计、建设等相关事项，还赋予社会资本方项目特许经营权等权利，要求社会资本方参与一定期间的项目运营服务。在运营服务过程中，双方会着重考虑特许经营期间项目服务价格的确定。

一般双方会提前在协议中约定服务价格，其目的是在保证项目提供给政府使用者或者民众使用者的公共产品和服务能满足使用需求的同时，还能获取合理利润。关于服务价格的确定，有的是直接约定收费标准，有的是采用成本费用加成方式。收费标准的确定形式较多，可能与社会资本方投标时的报价相关，也可能按照当地行业标准执行。成本费用加成方式是以运营成本为基数来计算服务价格，为防止运营成本过低影响项目的运营效果和民众满意度，以及运营成本过高导致政府付费或补贴过高，政府方会划定一个成本标准，对一定范围内的运营成本进行付费或给予补贴。在评估时，要注意识别服务价格的确定方式，以此判断项目收入情况。有关服务价格确定的案例如表3所示。

表3 服务价格——项目特殊合约安排的相关案例

序号	项目名称	相关特殊合约安排概要
1	云南省玉溪市江川区污水处理厂（厂网一体化）项目	污水处理价格执行玉溪市发展和改革委员会发布的《关于调整江川区城供水价格的批复》和《关于调整江川区供水价格的通知》
2	福建省厦门市翔安新机场片区地下综合管廊项目	入廊费和日常维护费分别按照厦门《综合管廊使用费试行标准》和《综合管廊维护费施行标准》执行
3	海南省三亚市生活垃圾焚烧发电厂工程	垃圾处理服务费基准价格为75.5元/吨，基准价格的经营成本为30.73元/吨，垃圾处理服务费基准价格的经营成本最高不得超过垃圾处理服务费的50%，超过时按50%计取
4	山西省晋中市祁县文化艺术中心及其配套设施建设项目	实际运营成本高于基准值的，超出部分由项目公司承担；低于基准值的，节约部分由政府方和项目公司按4∶6比例分成（直接抵减政府补贴形式）

（五）附加权益的划定

在项目运营中能给社会资本方带来收益的，除了项目本身的特许经营权，可能还有项目其他的附加权益，比如相关配套服务设施经营权、广告经营权、项目沿线区域外土地或资源综合利用开发的优先权等。这些权益带给社会资本方除项目运营收入之外的收益，会影响项目的收益来源和结构。

如果社会资本方的收益来源不再单一，而是多维度的收入结构，则需要在评估过程中准确识别社会资本方在项目运营中拥有的权益，确定收益来源和结构，进而进行合理评估。

需要注意的是，在有的项目中，政府方为避免社会资本方从项目中取得过高的收益，会将附加权益产生的收益作为使用者付费的一部分来抵减政府补贴。大部分涉及的项目都是如此，将项目其他运营收入视为项目收入的一部分；有的项目则会为了吸引社会资本方参与合作而准予其免费享有该部分收益，比如准予对项目沿线区域进行商业开发，所获收益归社会资本方所有。有关附加权益划定的案例如表4所示。

表4 附加权益的划定——项目特殊合约安排的相关案例

序号	项目名称	相关特殊合约安排概要
1	广东省深圳大运中心项目	政府将大运中心周边1平方公里的土地资源划拨给项目公司进行商业开发以建立联动商业模式
2	重庆涪陵至丰都高速公路项目	项目公司享有车辆通行费收取权、项目沿线规定区域内的服务设施经营权、广告经营权
3	大连湾海底隧道及光明路延伸工程	项目公司的附加权益包括项目配套服务设施经营权、沿线广告经营权、项目空间的收益权等，其相关经营成本不纳入政府付费范畴，收益由政府和社会资本方以8∶2的比例分成
4	浙江省丽水市地下空间开发项目	项目公司只拥有六个公共停车场的经营权，但地下配套仓储和商业部分所有权归属项目公司并可自行安排处置

（六）特许经营权的摊销

资产权属的确定是PPP项目会计核算的基础之一，建设投资支出的确认形式，如金融资产、固定资产、无形资产等，会对企业的折旧摊销产生影响，进而影响企业的税负和收益。但由于目前还没有出台PPP相关的会计准则解释或完整的法规文件，只有《企业会计准则解释第2号》（财会〔2008〕11号）和国家发展和改革委员会、财政部、住房和城乡建设部、交通运输部、水利部、中国人民银行联合发布的《基础设施和公用事业特许经营管理办法》等文件对PPP项目的资产权属做了规定，而且相关文件之间的规定并不一致，缺乏统一的法规指导，因此PPP项目各阶段会计核算处理所面临的问题很多[8]。目前主要由政府方和社会资本双方在合同协议中对资产权属进行约定，以便后期进行会计核算处理。

在实际操作中，比较常见的情况是社会资本方把投资取得的特许经营权作为无形资产进行确认，极少数情况下会将项目投资作为长期应收款等金融资产进行确认，而几乎不会将项目投资作为固定资产入账。限于篇幅，本文仅讨论将特许经营权作为无形资产进行确认这一常见情况。在这种情况下，以项目建设投资额作为项目公司特许经营权的取得原值，按运营期年限对项目公司取得的特许经营权进行摊销。特许经营权的摊销会影响项目公司的所得税税额，在计算收益权价值时这也是需要考虑的因素。另外，要注意摊销原值中项目建设投资金额的计量，有的是按项目总投资额计算，有的则剔除了政府出资部分，仅将社会资本方的资本金投资与贷款本金及其建设期利息金额之和作为项目建设投资额。由于现在没有明确的会计准则规定，故计量方式主要由双方约定。有关特许经营权摊销的案例如表5所示。

表5 特许经营权的摊销——项目特殊合约安排的相关案例

序号	项目名称	相关特殊合约安排概要
1	浙江省丽水市图书馆新馆建设PPP项目	将项目总投资作为无形资产入账，采用平均年限法进行摊销
2	云南空港国际科技创新园（一期）项目	摊销范围仅考虑社会资本方投入部分（即社会资本方资本金和债务融资部分所形成的资产）
3	云南省曲靖东南过境公路东过境段建设项目	项目建设投资计入摊销，摊销时只考虑社会资本的项目资本金和融资金额（含建设期利息），在特许经营期内平均摊销
4	贵州省遵义市务川县城乡生活垃圾收运系统工程	在会计核算中将工程建设款确认为长期应收款，在合作期内平均收回

（七）税金的承担

虽然PPP项目与传统建设项目的模式有所不同，但PPP项目公司作为经营主体来说其运营也同样需要缴纳相应的税费，如增值税、企业所得税以及城市维护建设税和教育费附加等。

目前还没有出台PPP相关的税收政策法规，而PPP项目各阶段面临的涉税问题较为复杂，各项目的执行标准也不统一。在这样的背景下，本文在对收入及相关税费进行处理时主要参考了行业学者的研究。

对于政府付费类和使用者付费类项目，项目公司取得的营运收入是作为主营业务收入核算，按现行增值税相关规定缴纳增值税以及企业所得税等税费。对于可行性缺口补助类项目，项目公司取得的营运收入中除了使用者付费部分以外，还有政府补助部分。政府补助的部分在会计核算中一般计入营业外收入而不计入主营业务收入，因此不缴纳增值税，但是目前还没有相关文件明确规定其属于不征税收入，因此要缴纳企业所得税[8]。

各类税金的缴纳数额不小，税金由政府方承担还是由进行项目运营的社会资本方承担，是社会资本方响应招标文件和政府方选择社会资本方时的重大考量点，也是政府方和社会资本方为了己方利益而重点博弈之处。由于没有相关法规，各项目的税金负担情况主要根据政府方和社会资本双方的约定。大部分项目的税金是由政府方承担并以可行性缺口补贴的形式将税金支付给社会资本方，也有少部分项目会将税金由负责项目运营的社会资本方承担，这无疑增加了社会资本方的资金压力。有关税金承担的案例如表6所示。

表6 税金的承担——项目特殊合约安排的相关案例

序号	项目名称	相关特殊合约安排概要
1	江苏省淮安盱眙县港口、产业园及道路建设项目	政府对项目公司依法缴纳的除企业所得税以外的税费进行补贴
2	江苏省镇江市海绵城市项目	政府对流转税及附加进行单独补贴,并根据实际税率变化调整税负的补贴金额
3	浙江省丽水市图书馆新馆建设项目	项目公司收取的停车费等经营收入缴纳相应增值税和税金及附加,财政补贴收入不缴纳增值税但需缴纳企业所得税
4	广西来宾B电厂	项目公司免交3%的地方所得税(1996年),从开始获得利润的年度起,第一年和第二年免征所得税,第三年至第五年减半征收所得税,第六年起则按全额缴纳所得税

(八) 融资成本的承担

PPP项目建设投资巨大,动辄上亿元甚至百亿元。一般情况是由政府方和社会资本方在项目初始时投资部分资金作为项目资本金用于项目建设,项目建设资金的缺口部分由项目公司或者社会资本方负责向金融机构贷款筹集,而政府方一般不会负责项目的融资事项。

即便如此,项目融资的利息偿还责任也要单独明确,由政府方承担与由项目公司或者社会资本方承担区别很大。如果由政府方承担,那么融资利息一般会通过补贴形式返还给社会资本方,这种方式对社会资本方收益的影响就较小,当然,三种不同收益分配机制下对收益的影响程度也不同;如果由社会资本方承担,那么每期高额的融资利息还款会严重影响项目的现金流。另外,因为目前的融资贷款利率普遍较高,为了吸引社会资本方投资,有的政府方会采取折中的办法,在一定贷款利率范围内承担融资成本,范围内的由政府方对该部分进行补贴,超出范围的融资成本则由社会资本方自行承担。有关融资成本承担的案例如表7所示。

表7 融资成本的承担——项目特殊合约安排的相关案例

序号	项目名称	相关特殊合约安排概要
1	江西省赣州寻乌县太湖水库工程	政府承诺的融资成本为银行同期贷款基准利率,如有其他情况则由社会资本兜底

表7(续)

序号	项目名称	相关特殊合约安排概要
2	安徽省池州污水处理厂网一体化项目	政府承诺的融资利率为6.55%，若实际融资利率低于测算利率6.55%，则少付的银行本息用来抵扣当年的政府缺口补贴
3	江苏省镇江市海绵城市项目	融资利率不超过社会资本方报价上浮10%，超出部分由社会资本方承担，若低于报价则以实际利率确定；若社会资本方报价中的银行中长期贷款基准利率发生变化，则可相应调整融资利率进而调整补贴
4	湖南省长沙市金井"茶乡小镇"城镇建设及旅游开发一期项目	合作期内银行基准利率上下浮动不超过1个百分点的部分由项目公司承担，超过1个百分点的部分由政府方和项目公司共同承担

(九) 价格调整机制

价格调整机制在PPP项目中的应用相当广泛，这是一种为了应对未来可能发生的风险而设定的调整机制。项目双方不仅可以约定在一定情况下对服务价格进行调整，也可以调整运营成本标准、政府补贴金额等。

在漫长的特许经营期内，日常运营所需的物料消耗、人工工资，以及市场供求关系和通货膨胀等情况可能会发生变化，使得服务价格或运营成本标准的设置不再合理。为应对变化，政府方和社会资本方双方会在协议中约定价格调整机制，以将项目公司的营业收入控制在合理范围内，避免项目公司出现暴利或亏损等情况。同时，双方也可能会通过设置调整特许经营期或政府补助金额等条款来应对未来的变化。有关价格调整机制的案例如表8所示。

表8 价格调整机制——项目特殊合约安排的相关案例

序号	项目名称	相关特殊合约安排概要
1	北京市兴延高速公路项目	每三年根据上一调整周期三年内当地CPI变化和城镇居民人均工资性收入变化情况调整票价
2	山东省新泰市生活垃圾焚烧发电厂项目	垃圾处理补贴单价自运营期第三个运营年开始每三年评估一次
3	新疆维吾尔自治区乌鲁木齐市轨道交通2号线一期工程	车公里服务价格按调价公式在运营后的每三年调整一次
4	安徽省滁州市第三污水处理厂及配套官网一期项目	自运营起每满两年可在约定公式中对电力、药剂、人工、污泥运输及处置成本等其他各项因子进行污水处理服务费调价

PPP项目收益权价值评估的影响因素探析 | 177

（十）绩效考核机制

为防范因项目公司生产管理不规范而产生的运营风险，实现公共利益最大化，也为遵照相关法规规定将政府付费、可行性缺口补助与绩效评价挂钩，PPP项目一般会制定绩效考核机制，明确奖惩措施，从而影响每年对社会资本方的收益分配。绩效考核结果不仅会影响当期政府方对社会资本方支付的服务费或者补贴金额，而且也将作为后期调价的重要依据，因此是双方在签订合同时至关重要的约定，也是进行收益权价值评估时考虑的要点。

PPP项目的绩效考核分为建设期绩效考核、运营期绩效考核和移交期绩效考核，考核的内容和奖惩制度由双方约定。考核结果一般受社会资本方建设和运营能力的影响，擅于建设或者运营的社会资本方在绩效考核中的表现较好。因此，在预测社会资本方未来收益时可根据社会资本方的建设和运营实力，对经营期的绩效考核进行预估。有关绩效考核机制的案例如表9所示。

表9 绩效考核机制——项目特殊合约安排的相关案例

序号	项目名称	相关特殊合约安排概要
1	安徽省铜陵市城市排水一体化项目	绩效考核分数与政府付费挂钩，每低于及格线（85分）1分就从当期服务费中扣减5万元
2	湖南省长沙市金井"茶乡小镇"城镇建设及旅游开发一期项目	绩效考核结果与政府补助挂钩，取当年补助的5%作为绩效考核处罚的上限值，取当年补助的2%作为绩效考核奖励的上限值
3	新疆生产建设兵团石河子市地下综合管廊项目	绩效考核总分100分，及格分为90分，得分低于90分时按每低1分处以10万元的违约金
4	新疆维吾尔自治区巩留县阿克加孜克水库工程	针对绩效考核评价等级设置了缩短或者增加特许经营期的奖惩机制

（十一）项目用地的解决

PPP模式涉及的是基础设施建设和公共产品服务，其占地规模一般较大，所以项目用地是项目筹备中要重点考虑的部分。国有土地使用权的取得方式一般有划拨、出让、出租、作价入股等。在PPP项目中，项目用地使用权由政府划拨是最常见的，这种情况下政府方为吸引社会资本参与合作或其他原因而无偿提供土地以进行项目建设，对于社会资本方而言就免去了高额的土地成本；将土地出让给社会资本方或者项目公司的情况也较为常见，这种情况下社会资本方或项目公司需要花费一定的成本以取得土地使用权，对其不太有利；将土地使用权出租给项目公司的方式也时有发生，其目的是把项目用地使用权让渡给项目公司使用而采用低成本、低税负的方式;政府方把土地使用权作价入股到项目公司,是政府方为减少其对项目资本金现金的投入而可能采用的方式。

在项目公司取得土地使用权这个环节中,不仅要关注土地使用权的取得方式,还要关注相关支出,如土地出让金、征地拆迁费、相关税费等费用是否纳入建设总成本,判断该部分支出是计入项目总成本还是由某方独自承担。对项目进行评估时,这些判定结果均会对社会资本方的成本和收益产生影响。有关项目用地解决的案例如表10所示。

表10　项目用地的解决——项目特殊合约安排的相关案例

序号	项目名称	相关特殊合约安排概要
1	北京奥运会国家体育场"鸟巢"	政府以低价出让项目土地给项目公司(1 040元/平方米,周边为1万元/平方米)
2	江苏省新沂市污水处理厂改扩建PPP项目	政府将项目用地无偿划拨给项目公司,且项目公司无须承担土地划拨相关费用
3	广西壮族自治区南宁市竹排江上游植物园段(那考河)流域治理项目	政府负责征地拆迁和补偿,并将项目用地以零费用租赁的方式提供给项目公司使用
4	新疆维吾尔自治区伊犁州巩留县阿克加孜克水库工程	政府组织水库下游1.5万亩土地流转协议签订工作,土地租赁款则由社会资本承担并分年支付

(十二)约定的合理利润率和年度折现率

对于政府付费或者可行性缺口补助模式的项目,财政部发布的《关于印发〈政府和社会资本合作项目财政承受能力论证指引〉的通知》(财金〔2015〕21号)中公布了运营补贴支出计算公式:

$$当年运营补贴支出数额 = \frac{项目全部建设成本 \times (1 + 合理利润率) \times (1 + 年度折现率)^n}{政府运营补贴周期(年)} + 年度运营成本 \times (1 + 合理利润率) - 当年使用者付费数额$$

其中,如果是政府付费项目,则当年使用者付费数额为零。由此可以看出,约定的合理利润率和年度折现率会对运营补贴支出产生影响。

在确定合理利润率和年度折现率时,其数值的高低是政府方在选择社会资本方时考虑的一个因素。合理利润率和年度折现率越高,政府方给社会资本方的补贴金额就越高,而政府是不愿意的;反之,则社会资本方不会同意。因此,该过程是双方博弈的过程。而由此计算出的政府补助金额对于社会资本方来说是可以确定的未来预期现金流量，因为补贴的公式和相关参数都是提前设定的，这为项目现金流量的预测计算提供了数据支撑。

值得说明的是，以上约定的合理利润率和年度折现率是从政府方的角度出发计算出的其给社会资本方的补偿，与收益法评估中从社会资本方角度评估项目收益权价值所用到的折现率的选取的考虑并不相同。有关约定的合理利润率和年度折现率的案例如表 11 所示。

表 11　约定的合理利润率和年度折现率——项目特殊合约安排的相关案例

序号	项目名称	相关特殊合约安排概要
1	河南省商丘市睢阳区区域路网改造项目	补贴公式中约定：合理利润率 6.3%，折现率 5.25%
2	江苏省淮安市智慧城市项目	合理利润率为社会资本报价的合理利润率，上限是人行公布的最新 5 年以上长期贷款基准利率上浮 20%；折现率为当年淮安市地方政府债券收益率
3	广东省汕头市中以（汕头）科技创新合作区市政道路及配套工程等基础设施建设项目	合理利润率 6.3%，折现率 5.3%。每年对折现率进行调整一次，在运营年首运营日中国人民银行五年以上贷款基准利加上 0.4%
4	山西省晋中市祁县文化艺术中心及其配套设施建设项目	补贴公式中约定：合理利润率 6.0%，折现率 4.9%

（十三）资产移交的约定

不同项目可能会对项目到期时的资产移交做出不同的约定，大部分会约定将全部资产无偿移交给政府方，少部分也可能约定由政府方支付一定金额给社会资本方以完成移交，或者社会资本方保留部分设施的所有权。相关约定会影响项目期满当年的项目净现金流量情况，这也是进行收益权价值评估时需要考虑的影响因素。有关资产移交约定的案例如表 12 所示。

表 12　资产移交的约定——项目特殊合约安排的相关案例

序号	项目名称	相关特殊合约安排概要
1	云南省保山市隆阳区 2016 年小型水源工程	到期所有与项目及其资产有关的项目公司的权利和利益均移交给政府方

表12(续)

序号	项目名称	相关特殊合约安排概要
2	浙江省丽水市图书馆新馆建设项目	项目建设运营等过程产生的全部项目设施、无形资产（含知识产权等）在到期移交时无偿移交给政府方
3	山东省济宁市汶上县莲花湖湿地公园及泉河河道治理项目	无偿移交使用项目设施所占有土地的权利和项目公司对项目设施的所有权益
4	云南省楚雄彝族州姚安县智慧城乡环卫一体化项目	项目及其附属设施等各项有形及无形资产的所有权由项目公司移转政府方所有，项目公司以出让方式购买的土地使用权及地上附属房屋所有权均归项目公司所有

四、结语

无论是决策分析，还是质押、转让，在进行PPP项目收益权价值评估时，都要着重关注项目特殊合约安排的评估影响因素，包括合同年限、项目类型、回报机制、服务价格、附加权益的划定、特许经营权的摊销、税金的承担、融资成本的承担、价格调整机制、绩效考核机制、项目用地的解决、约定的合理利润率和年度折现率、资产移交的约定等这13个因素。可以看出，PPP项目特殊合约安排是PPP项目收益权价值评估不容忽视的重要影响因素，是除了考虑传统评估方法中所需的基本参数之外还需要针对PPP项目本身实际情况考虑的重点，将影响评估人员对项目收益情况的判断，值得深入研究分析。

参考文献：

[1] 中国资产评估协会.PPP项目资产评估及相关咨询业务操作指引.中评协［2016］38号，2016-10-13.

[2] 邹晓勇.PPP项目投资收益率解析［M］.北京：经济日报出版社，2018.

[3] 陈林法.基于ISM的PPP项目政府补偿决策影响因素分析［J］.工程经济.2019，（2）：67-70.

[4] 刘建明.PPP项目合同及其核心条款研究［J］.工程经济.2019，（1）：31-34.

[5] 代国斌，郝荣文，顾艳芳.谈PPP项目合同常见问题［J］.工程建设

与设计. 2018, (S1): 77-79.

[6] 左玉香. 论社会资本谈判 PPP 项目合同的几个注意点 [J]. 山西建筑. 2018, (33): 233-235.

[7] 韩志峰. 中国政府和社会资本合作（PPP）项目典型案例 [M]. 北京: 中国计划出版社, 2018.

[8] 王庆. PPP 财税处理实操指南 [M]. 北京: 中国市场出版社, 2017.

Innovation Path of Internet Enterprise Business Model Based on E-Commerce

Jiangnan He　Business school, Yunnan University of Finance and Economics

Xiaoyin Yin　School of Vocational & Technical Education, Yunnan Minzu University

Abstract: In recent years, with the rapid development of China's Internet information industry, in this environment, the E-Commerce economy has also obtained a lot of room for development. The active development of E-Commerce has promoted the rapid development of my country's national economy to a large extent. Since 2015, China's E-Commerce economy has begun a new development path. "With the holding of large shopping festivals such as "Double Eleven" and "Double Twelfth", people began to realize the convenience of E-Commerce. With the rapid increase in the transaction volume of electronic platforms such as Tmall, it has brought people to their daily lives. The great convenience has laid the foundation for the economic development of E-Commerce. This article studies the innovation of E-Commerce through the business model of Internet companies. Through the business model of Internet companies, what are the plans for some electronic trading platforms? According to Alibaba's announcement, according to the data, sales of Tmall's "Double Eleven" this year were 498.2 billion yuan, a record high once again. In contrast, according to official data released by JD. com, from 0: 00 on November 1 to 2020. As of 23: 59 on November 11, JD's 11.11 global love season's cumulative order volume exceeded 271.5 billion yuan, setting a new record again. At 0: 00, Suning. com released a full battle report from November 1 to 11. At 23: 59, double 11 online orders increased by 75%. It can be seen that the business models of various Internet companies use specific time to launch sales activities, which is the innovative path of E-Commerce.

Key words: E-commerce, Internet companies, Business models, Innovation paths.

1. Introduction

Internet enterprise E-Commerce website realizes consumer online shopping, online transaction between buyer and seller, online electronic payment and other related service activities as a new business operation platform[1]. Break the time and space constraints of traditional business operation models (malls, stores), provide new innovative ideas, and enrich the range of consumers' choices and sellers' sales channels. The relationship between the Internet and E-Commerce sites is complementary, mutual promotion and development[2]. Supply-side structural transformation and consumption upgrades have become the continuous development of E-Commerce websites (platforms).

With the development of the Internet, Chinese E-Commerce companies pay more attention to security, but the security of E-Commerce will still be affected and loopholes will continue to appear, which will have a certain impact on the security of users' online shopping information. The user's personal information protection and settlement process and other information will also be threatened, which is also the main problem that needs to be solved urgently[3]. "Double Eleven" is no longer limited to Taobao and Tmall, it is for the carnival of the entire industry, and also for the big event of all products. As representatives of current E-Commerce platforms, Tmall, JD. com, and Suning. com also provided their own answers.[4] Although this is already the innovation path of these companies' business models, a new type of innovation path has recently emerged, namely "Real-time communication through commodities"[5]. In the process of Taobao online shopping, consumers are easily affected by the attitude of actual leaders[6]. It can be seen from the platform that more energy needs to be invested in processing and analyzing the content released by official network leaders[7]. The products they recommend affected the trust of Taobao consumers in official leaders. The Taobao live broadcast platform should seize the opportunity to make the most of the charm of online forum leaders to influence the purchasing power of consumers, increase sales, and increase reputation and popularity.

From 2017 to 2018, E-Commerce live broadcast platforms developed rapidly[8]. In 2018, the monthly growth rate of Taobao live broadcast reached 350%. Within one year, GMV exceeded the 100 billion mark, and the store conversion rate exceeded 65%. During the "Double 12" period, Taobao live broadcast helped to sell more than 10 million yuan of agricultural products in poor counties. 2019 is the E-Commerce live broadcast period. The live broadcast the night before the double 11 free sale in 2019, Weibo The number of viewers in the Autonomous Live Broadcasting Room has exceeded 30 million, and the sales of Taobao Live on Double 11 are almost 200. The 100 million LIVE broadcast room is the standard composition of Tmall's "Double Eleven" 11 Awards under a narrow definition, E-commerce live broadcast is to achieve the live broadcast of the E-Commerce platform, that is, the purpose of brand exposure and product sales. In order to promote the promotion of the brand and activities, it can be named as the internal live broadcast function of the E-Commerce platform. Taobao Tmall, Jingdong, Wei Pinhui, Pinduoduo, and other E-Commerce live broadcast platforms[10].

2. Method

2.1 Integration algorithm of E-Commerce information

Suppose D represents an E-Commerce information data set, which is composed of n E-Commerce information samples, each E-Commerce information sample contains a d-dimensionalfeature vector ($f_1, f_2, \cdots, f_d$) E-Commerce vector The probability density function of P (f_i) is expressed as P (f_ i). The information entropy calculation formula is as follows:

Assume that an E-Commerce information data set is composed of n E-Commerce information samples quickly. Assume that each E-Commerce information sample contains a d-dimensional feature vector ($f_1, f_2, \cdots, f_d$) information feature vector f_i (i<d) is represented by P (f_i), and the information algorithm is as follows.

$$H(f_i) = -\sum f_i P(f_i) \log f_i \quad (1)$$

According to the above calculation, if the value of the vector f_i can be known, the uncertainty of its value can be measured by conditional entropy. The expression is:

$$H(f_i \mid f_j) = -\sum f_i P(f_i) \sum f_j P(f_i \mid f_i) \log f_i \quad (2)$$

According to the formula, P ($f_i; f_j$) represents the conditional probability of the E-Commerce vector f_i when the E-Commerce vector f_ i is known. Under normal circumstances, its value is not greater than the initial uncertainty information entropy. When the vector f_i and the vector f_j are independent of each other, there is The following relationships:

$$H(f_i) = H(f_i | f_j) \qquad (3)$$

According to the above analysis vector f_j and vector f_i, the calculation formula is as follows:

$$I(f_i; f_j) = I(f_j; f_i) = H(f_i) - H(f_i | f_j) = \sum f_i f_j \sum f_j P(f_i | f_j) \log \frac{P(f_i; f_j)}{p(f_i)(f_i)} \qquad (4)$$

In the formula, P ($f_i; f_j$) represents the E-Commerce information feature vector f_j and the feature vector f_i combined with the probability density function. The larger the value of the above formula (4), the two feature vectors contain the same amount of E-Commerce information. The higher the relationship between the two, the more independent or completely independent of the two feature vectors, the mutual information is 0. That is, the two feature vectors contain the same amount of E-Commerce information.

Based on the above analysis and calculation, the correlation degree Rel (f_i) of vector f_i can be obtained, and the calculation formula is:

$$Rel(f_i) = \frac{1}{d} \sum_{j=1}^{d} I(f_i; f_j) = \frac{1}{d} H(f_i) + \sum_{j=1, j \neq i}^{d} I(f_i; f_j) \qquad (5)$$

Where $\sum_{j=1, j\neq i}^{d} I(f_i; f_j)$ represents the greater the value of the E-Commerce information feature vector f_i and other feature vectors in the data set D_ , the greater the amount of public information, However, other E-Commerce information features can provide less "new" information. If you choose the more relevant E-Commerce information in D, you can preserve the integrity of the information to the greatest extent.

2.2 Open platform live broadcast

Due to the continuous development of information technology and the gradual popularization of intelligent machines, webcast has entered the field of vision of the masses. In 2016, the live broadcast industry in China was designated as the first year of the live broadcast industry. There are many live webcasting platforms, and the number of live broadcasts has also skyrocketed. Because of this, E-Commerce platforms are also seeking innovation and development. Taobao, Tmall, JD, and Pinduoduo have also developed their own live broadcast functions, closely integrating live broadcast with their own E-Commerce business, and developed into an E-Commerce live broadcast platform.

2.3 Strengthen various festival activities

With the increasing intensity of online platform purchases, some people don't even go shopping in physical stores, because some physical stores never offer discounts. However, E-Commerce platforms such as Taobao, JD. com, and Suning will have some particularly important activities during "Double Eleven" and "Double 12", such as "cross-store full reduction", which means that the total amount of all stores will be subtracted if they are full. How much makes consumers feel very cheap, so they will not go to physical stores. All kinds of festival activities must be increased to attract consumers. This should also be an innovative path under the business model of Internet companies.

3. Experiment

3.1 Subject

This experiment randomly conducted a questionnaire survey on a specific university campus. A total of 500 questionnaire surveys were sent and 450 valid questionnaires were collected, including 220 males and 230 femalesaged 0-20. The scores of the 21-35 year olds are 300 and 150 respondents are 140 freshmen, 140 second-year students, 100 juniors, 50 seniors, 10 first-year graduate students, and 6 second-year graduate students. There are 4 third-year graduate students specializing in chemical engineering, foreign languages, gardening, industry and information technology, management, pharmacy, communication, biology, environmental engineering, animal science, civil engineering, German, tourism management, financial management, finance and marketing. Marketing, human resources, physics, tea science, law, food science, logistics management, finance, medicine, materials science, industrial design, control, electrical, medical, mechanical engineering, science, social science, humanities, medicine, agriculture Various fields.

3.2 Experimental method

The literature analysis method summarizes the domestic and foreign social E-Commerce related literature, summarizes the E-Commerce, consumer interaction, and the trust issues in E-Commerce, and establishes the research direction of this article on this basis. Drawing lessons from the research on the interaction between consumers and consumers, this paper puts forward the characteristic dimensions of consumers in the social E-Commerce environment, and refers to the application mechanism of consumer trust in E-Commerce websites, which is used as the research basis of this article.

Empirical research method This research obtains research data through questionnaires, and then conducts empirical analysis on the sample data obtained. First of all, on the basis of previous studies and discussions, referring to the more mature scales of existing scholars, the questionnaire was designed using the universal Likert 5-point scale scoring method. When designing the questionnaire, first give out some initial questionnaires in a small area for testing, and then modify and improve the questionnaire based on the feedback results of the questionnaire objects to ensure the rigor and scientific nature of the questionnaire. The final questionnaire is distributed simultaneously through the online idea questionnaire and the offline field paper questionnaire. Design electronic questionnaires online through the questionnaire star, and distribute them widely through social platforms to form a large-scale survey.

For the questionnaire data collected by the statistical analysis method, using SPSS1 9.0 and AMOOS1 7.0 data analysis software, first perform an illustrative statistical analysis on the sample data, and then analyze the reliability and feasibility of the questionnaire. Construct a structural equation model and analyze its path to verify the relationship between variables in the theoretical model.

4. Results

4.1 Distribution of monthly disposable income of respondents

As can be seen in Figure 1, among them, 50 people have a monthly disposable income of 1 000 yuan or less, 200 people have a monthly disposable income of 1 000-2 000 yuan, and 150 people have a monthly disposable income of 2 000-3 000 yuan., 50 people with monthly disposable income of 3 000 yuan or more. From the above basic statistics, it can be seen that this questionnaire survey basically covers the demographic characteristics of all grades, majors, different hometowns and provinces, different genders, and different economic levels among the college students. The questionnaire survey is representative and typical.

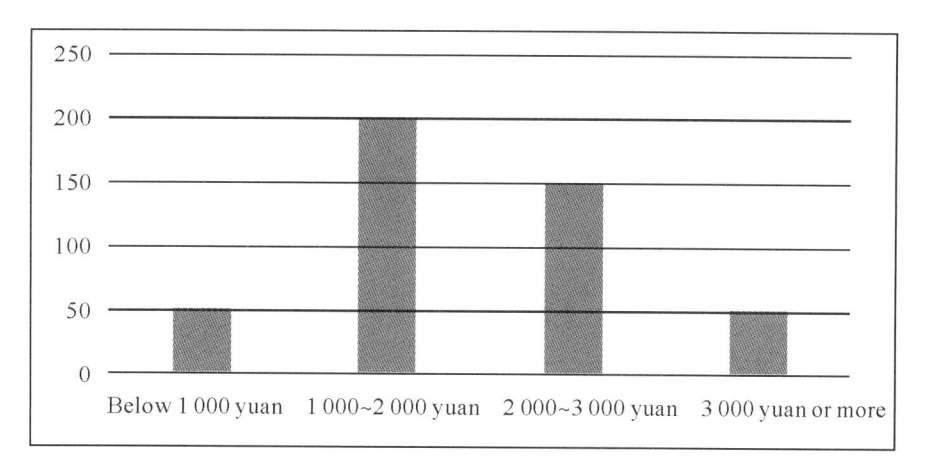

Figure 1 Distribution of monthly disposable income of respondents

4.2 Online shopping review rate survey

As shown in Figure 2, in the survey on the online shopping situation of the respondents, 37.6% of respondents answered "frequently shop online", 54.6% of respondents "sometimes shop online", and 7.8% answered "hardly shop online". It can also be seen that modern people are more accepting of online shopping. Most people will contact online shopping more or less.

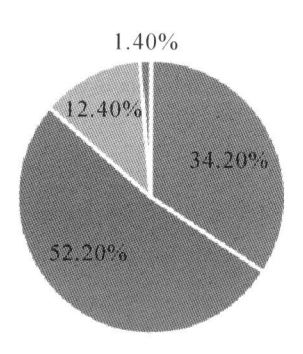

Figure 2 Survey chart of online shopping frequency

4.3 Reasons for participating in "Double Eleven"

As shown in Table 1, in the survey on the main factors of participating in the

"Double Eleven" event shopping, 41.7% of the respondents said: "Because merchants have discounts and promotions, shopping costs are efficient." Among the respondents, 41.7 %Said: "Just buy it. The marketing message of the franchise store reminds the expenditure. 9.8% of the respondents said: "Everyone around is buying". 6.7% of the people answered "I also participated in the fun", "The atmosphere created by the merchant makes people shopping." As long as there are discounts, promotions, cost-efficient shopping and purchased items in the franchise store. Franchise store marketing information is two important factors that remind consumption.

Table 1 Reasons for participating in "Double Eleven"

The reason	Proportion
Merchant discounts and promotions	43.7%
Marketing information of franchise stores	39.7%
People around are buying	10.8%
The atmosphere created by the merchant makes people shop	5.7%

5. Conclusion

With the deepening of the Internet economy and the improvement of workers' living standards, online shopping has become a trend in the new era. "Double Eleven" shopping activities use the Tmall Taobao platform to provide appropriate time for online shopping. Based on this, double-breasted sales hit the highest value this year, showing an explosive growth momentum. Thailand Central Department Store Group The president said that the "Singles Day Event" shopping celebration starting from November 7th, including offline store shopping and online shopping, attracted many customers. Robinson's online shopping users increased by 4 times, and SUPERRSPORTS online users increased by 2 times.

Merchants make the most of the Tmall Taobao platform, issue coupons, face price wars, and induce traffic through brand wars. On November 11, 2014, Alibaba Group's "Double Eleven" transaction volume was 57.1 billion yuan. On November 11, 2015, the daily trading volume of Double Eleven on Tmall platform was 9.1 billion 21.7 billion yuan. At 24:00 in November 2016, the "Singles' Day" day trading volume of Tmall platform exceeded 120.7 billion. In 2017, the total sales of Tmall platform "Double Eleven" and Taobao platform were 168.2 billion yuan. In 2018, the "Singles Day Event" on Tmall's platform had a daily transaction volume of 213.5 billion. From 0:00 on November 1st to 23:59 on November 11th, JD. com's 11.11 global love season's cumulative orders exceeded 271.5 billion yuan, the highest growth rate in recent years. This year, 271.5 billion yuan has increased by more than 32% from last year's double 11 double 11 total orders of 204.4 billion yuan. The business model innovation path of online enterprise E-Commerce platforms will continue to increase "online shopping" and "live streaming."

Acknowledgments

This work was Supported by the National Natural Science Foundation of China (No. 71663056)

References

[1] Dhar M S M, Manimegalai R . A policy-oriented secured service for the E-Commerce applications in cloud [J]. Personal and ubiquitous computing, 2018, 22 (5): 911-919.

[2] Wang C D, Deng Z H, Lai J H, et al. Serendipitous recommendation in E-Commerce using innovator-based collaborative filtering [J]. Cybernetics, IEEE transactions on, 2018, 49 (7): 2678-2692.

[3] Hallikainen H, Laukkanen T . National culture and consumer trust in E-Commerce [J]. International journal of information management, 2018, 38 (1): 97-106.

[4] Li L, Chi T, Hao T, et al. Customer demand analysis of the electronic commerce supply chain using Big Data [J]. Annals of operations research, 2018, 268 (1-2): 113-128.

[5] Joel Mero (Järvinen). The effects of two-way communication and chat service usage on consumer attitudes in the E-Commerce retailing sector [J]. Electronic markets, 2018, 28 (2): 1-13.

[6] Jing N, Jiang T, Du J, et al. Personalized recommendation based on customer preference mining and sentiment assessment from a Chinese E-Commerce website [J]. Electronic commerce research, 2018, 18 (1): 1-21.

[7] Jia L, Winseck D. The political economy of Chinese internet companies: financialization, concentration, and capitalization [J]. International communication Gazette, 2018, 80 (1): 30-59.

[8] Rajakallio K, Ristim Ki M, Andelin M, et al. Business model renewal in context of integrated solutions delivery: a network perspective [J]. International journal of strategic property management, 2018, 21 (1): 72-86.

[9] Arabska E, Terziev V. Organic production business model and the concept of corporate social responsibility [J]. Social ence electronic publishing, 2018, 5 (2): 23-30.

[10] Faghih N, Dastourian B, Sajadi S M, et al. A framework for business model with strategic innovation in ICT firms: The importance of information [J]. Bottom Line, 2018, 31 (7): 100.

Development Mode of Internet Economy Based on Artificial Intelligence Technology

Jiangnan He, Business school, Yunnan University of Finance and Economics,
Xiaoyin Yin, School of Vocational & Technical Education, Yunnan Minzu University

Abstract: Based on the background of artificial intelligence technology, there are different situations in the mutual development of the Internet economy and artificial intelligence technology, which has a relatively large impact on the healthy development of my country's Internet economy. Whether it is Internet economy or artificial intelligence technology, their ultimate development goal is to achieve the rapid development of our country's economy. This article will conduct an in-depth analysis of the role of artificial intelligence technology in the development of the Internet economy and study its huge commercial value in the development of the Internet economy. This article first analyzes the relevant concepts and characteristics of artificial intelligence technology in the development of the Internet economy, briefly describes the analysis of the development of my country's network market economy, and compares the development of artificial intelligence technology in the market Internet economy with the traditional substantive economic development model. Subsequently, it demonstrated the necessity and feasibility of implementing artificial intelligence technology for the development of the Internet economy, and conducted investigations and studies on the way that 10 Internet companies in the east coast of China used artificial intelligence technology to improve economic development. Finally, it puts forward a targeted strategy for accelerating the improvement of Internet companies in the network economy market and future development goals. The experimental research results show that the application of the Internet and artificial intelligence technology has brought us great convenience, and at the same time promoted the growth of our country's economy, and created huge economic benefits for our country.

Keywords: Artificial intelligence technology, Internet economy, Economic development, Classification algorithm

1. Introduction

The Internet economy is a new economic phenomenon driven by the era of artificial intelligence[1]. Its current business types mainly include Internet finance, e-commerce, instant messaging, online games, search engines, etc. The network is the prerequisite for the development of the Internet economy[2]. Whether it is production, distribution, consumption, or estimation, decision-making, transaction, etc., it is inseparable from the support of the network. From many perspectives, the Internet economy has five characteristics: low cost, high efficiency, extensive, rapid development, and high risk. In the context of the progress of the network economy, artificial intelligence technology has gradually appeared in front of people[3]. The so-called artificial intelligence technology refers to the collection, integration, processing and management of these data without the use of mainstream software tools and fixed time, so that the classified data can help companies make correct decisions.

The field of Internet economy based on artificial intelligence basically belongs to the field of pure data. Both network user information and transaction information exist in the form of data[4]. The complex data processing capabilities and precise machine learning capabilities of artificial intelligence can accurately calculate, analyze and learn from the massive data in the Internet economy. From the perspective of network users, if appropriate evaluation rules and decision-making systems are established in advance, artificial intelligence technology can be used as an online intelligent financial advisor[5]. According to the rapid calculation and analysis capabilities of artificial intelligence technology, an appropriate economic plan can be provided for the results and the user's personal investment history, and the risk can be calculated for the user's reference. From the perspective of artificial intelligence platforms, neural networks can accurately judge economic conditions and market trends based on massive and complex big data, and perform early warning analysis of systemic Internet economy or Internet risks[6].

Artificial intelligence technology can reduce transaction costs. In the Internet economy era, artificial intelligence technology is the most widely used technology in online trading platforms[7]. Both buyers and sellers can meet their own needs through artificial intelligence technology, and can use the intelligent analysis functions provided by the platform through the Internet trading platform to find the goods they want to buy without leaving home, thereby greatly reducing the cost of purchase. On the Internet trading platform, sellers can also locate and mine customer artificial intelligence technology in the following ways[8]. On the Internet trading platform, the seller's operating costs are much lower than those of physical stores. Both buyers and sellers can complete the transaction more conveniently and quickly than before[9]. Artificial intelligence technology can improve transaction efficiency. In today's Internet age, time and space limit more and more transactions between people[10].

2. Algorithm establishment and analysis

2.1 The application of artificial intelligence algorithms in the intelligent Internet economic development model

Logistic regression model is one of the classic methods to solve artificial intelligence, which can be analyzed from multiple angles. In the logistic regression model, the conditional probability distribution P (y | x) indicates that the value range of the random variable x is a real number, then the binomial logistic regression model is:

$$P(Y=1\mid x) = \frac{\exp(W \cdot x)}{1+\exp(W \cdot x)}$$

$$P(Y=1\mid x) = \frac{1}{1+\exp(W \cdot x)} \tag{1}$$

The parameters of the model are estimated below. Suppose there are N samples, and each sample f is composed of independent variable xi and corresponding dependent variable Yi. When Yi = 1, it means a positive sample, and when Yi = 0, it means a negative sample. Assume that y. are independent and obey Bernoulli distribution, namely:

$$P(Y=1\mid x) = \pi(x)$$
$$P(Y=0\mid x) = 1-\pi(x) \tag{2}$$

Then the likelihood function is:

$$\prod_{i=1}^{N} [\pi(x_i)]^{y_i} [1-\pi(x_i)]^{1-y_i} \tag{3}$$

Substituting the above formula into the likelihood function, the likelihood function formulacan be obtained as:

$$L(W) = \sum_{i=1}^{N} [y_i \log \pi(x_i) + (1-y_i) \log(1-\pi(x_i))]$$

$$\sum_{i=1}^{N} \left[\frac{y_i \log \pi(x_i)}{1} - \pi(x_i)) + \log(1-\pi(x_i)) \right]$$

$$\sum_{i=1}^{N} [y_i(W \cdot x_i) - \log(1 + exp(W \cdot x_i))] \qquad (4)$$

Using the maximum likelihood estimation method to find the extreme value of the above formula, the estimated value of W can be solved. Therefore, this problem becomes an optimization problem with L (W)) as the objective function, which is usually solved by the gradient descent method and the quasi-Newton method.

2.2 Design of classification performance evaluation algorithm module

For the performance evaluation test of the text classification system, the internationally used evaluation indicators include recall rate, precision and F1 evaluation value. Among them, the overall performance of the system is calculated using the values of micro-average and macro-average. The macro-average is to evaluate each class and then average. The weight of each class in the macro-average is the same. The micro-average value is calculated by taking all documents together, and each document has the same weight. The formula is as follows:

Recall rate:

$$R = \frac{a}{a+c} \qquad (5)$$

Precision rate:

$$P = \frac{a}{a+b} \qquad (6)$$

Micro average recall rate:

$$microp = \frac{\sum_{i=1}^{n} a_i}{\sum_{i=1}^{n} a_i + \sum_{i=1}^{n} a_i} \qquad (7)$$

F1 evaluation value:

$$F_1 = \frac{2R \times P}{R+P} \qquad (8)$$

Macro average F1:

$$microp = \frac{1}{m} \sum_{i=1}^{m-1} F_1 \qquad (9)$$

Micro-average F1:

$$\mathrm{micro}_{F_1} = \frac{2 microp \times micror}{microp + micror} \quad (10)$$

2.3 Integrated classification algorithm

The training data set is obtained by sampling with replacement of the weights, and the new classifier is obtained using the obtained training data set as follows:

$$h_{m+1} = create\_new\_learner(D_k^{m+1}) \quad (11)$$

Calculate the weighted error rate of the sample set of the new weak classifier on Dk:

$$\varepsilon_{m+1}^k = \sum_{i=1}^{D_k} w_i^m [h_{m+1}(x_i) \neq y_i] \quad (12)$$

Finally, the prediction result of the weak classifier is integrated as the integrated prediction result by weighted voting. The calculation formula is as follows:

$$E(x) = \underset{y \in Y}{\mathrm{argmax}} \sum_{t=1}^{sise(E)} (\ln \frac{1}{\beta_t})[h_t(x) = y] \quad (13)$$

3. Intelligent economic classification model and experimental research design

3.1 The establishment of a statistical classification model for the intelligent economy

Intelligent economic statistical classification models are mainly divided into two categories: statistical classification models and deep classification models. Statistical classification models are more common in GEC research before the recovery of deep learning. The models involved include average perceptron, naive Bayes classifier, Language model based on N-gram, etc. The perceptron is a linear classification model. Its working principle is that for a certain input feature vector, it is divided into two categories (+1 or −1) by a linear discriminant function. Specifically, the linear discriminant function has the following mathematics Form of expression:

$$f(x) = sign(\sum_{i}^{n} w_i * x_i + b) \quad (14)$$

Where sign is a symbolic function:

$$\mathrm{sign}(x) = \begin{cases} +1 & x > 0 \\ -1 & x \leq 0 \end{cases}$$

$$L(w, b) = -\sum_{x_i \in M} y_i(w_i * x_i + b)$$

$$L = \frac{1}{T} \sum_{t=1}^{T} \sum_{-c \leq j \leq c, j \neq 0} \log p(w_{t+j} \mid w_t)$$

$$p(wo \mid wI) = \prod_{j=1}^{L(w)-1} \sigma([[n(w, j+1)]] = ch(n(w, j))) * v_n^T(w, j) v_{wi}$$

(15)

Construct a data loss function model based on the squared difference as follows:

$$L = \sum_{i,j=1}^{v} f(x_{ij})(w^T w_j + b_i + b_j - \log(x_{ij})^2)$$

$$f(x) = \begin{cases} (x/x_{max})^a & x < x_{max} \\ 1 & otherwise \end{cases}$$

(16)

The text automatic classification model studied in this paper is based on RBF neural network, and is constructed using the neural network toolbox and database toolbox under the Matlab platform. At the level of principle and function, the task of intelligent and automatic classification of the text information of the digital library proposed by the Hebei University of Economics and Trade Library has been completed. The core problem of RBFNN design is to determine the number of hidden nodes and the corresponding center vector, so as to design a neural network to make the output target error as small as possible.

3.2 Experimental research design

This article uses a questionnaire survey method. Combine the development of the Internet economy and the current research situation to carry out purposeful and planned data collection; through questionnaire surveys and on-site interviews, havea comprehensive and systematic understanding of the Internet economic construction model and related issues under artificial intelligence technology. The data collected in the survey are analyzed, compared and summarized. At the same time, for the specific research purposes of the Internet economic development strategy under artificial intelligence technology, we can directly observe the individuals, companies, and industry organizations participating in the research through the senses, so as to obtain the first-hand information needed and use case analysis for them law. Since the specific targets of Internet - based enterprises are relatively clear, it is convenient to conduct individual surveys, group surveys, and problem surveys.

Through the "E-Commerce economy", a major economy in the development of the Internet economy, this thesis mainly relies on the "point-to-surface" thinking for research ideas, and uses the research method of first asking questions and then solving problems to develop the writing of the paper. This thesis takes the current innovative methods of the development of the intelligent Internet economy as the main line, and uses the system operation guarantee mechanism as an auxiliary method. Network protection and early warning measures.

4. Evaluation results and research

4.1 Analysis of experimental research findings

Table 1 2015—2019 **Internet economic market entities and total capital statistics**

project		unit	2016	2017	2018	2019
enterprise	Number of households	Household	8 321	8 765	9 124	9 631
	Registered capital	Ten thousand yuan	3 551 748	5 453 245	8 726 242	9 826 263
Self-employed	Number of households	Household	15 539	18 769	24 332	27 985
	Amount of funds	Ten thousand yuan	97 554	112 592	156 980	203 157
Farmer	Number of households	Household	832	855	931	1 024
	Total investment	Ten thousand yuan	15 467	18 698	20 138	22 379

From Table 1, the 2015-2019 Internet market entities and the total capital statistics table shows that due to the rapid development of artificial intelligence technology in 2015, whether it is from Internet companies, individual industrial and commercial households, and rural households, the number of households and assets have increased substantially. By 2019, the number of enterprises will increase to 9, 631, and the registered capital will be as high as 98, 262.63 million yuan. However, the introduction of artificial intelligence technology has also contributed to the increase in total investment by farmers. It can be found that artificial intelligence technology and big data technology can clearly demonstrate their own development efficiency for the development of the Internet economy.

Figure 1　The distribution of academic qualifications of the Internet economic survey sample "E-Commerce"

As shown in Figure 1, from the perspective of age, the random survey results reflect that Internet economy practitioners are mainly young people. The survey shows that the proportion of young people under 27-30 years old is high, and the proportion of young people between 31 and 35 years old reaches 97.5%. From the perspective of academic qualifications, the random survey results show that the current Internet economy is mainly derived from the development of electronic morning, and the E-Commerce practitioners in the survey sample generally have a bachelor degree or below, of which 13% have a master's degree or above. Bachelor degree accounted for 45%, college degree accounted for 39%, and the main college background, master's degree or above, accounted for only about 16%. The education level of practitioners shows the typical "anti-dumbbell feature" is convergent, but there are also The discrepancy reflects that the educated level of working in electronic morning and other Internet economic industries is generally higher than the national level. The main reasons are: first, the surveyed group is mainly the management of E-Commerce companies, accounting for 60%; second, the development of E-Commerce It is getting bigger and bigger, and the economic development of E-Commerce at this stage is mainly engaged in young people with knowledge, and there is still a lot of room for development.

4.2　The market scale of the economic development of Internet companies based on artificial intelligence technology

From the above figure, we can see that before 2015, the scale of artificial intelligence was not large enough, and most companies were still very unfamiliar with big data. Less than 20% of the companies recognized big data and brought it in The benefits of the economic management of enterprises are far better than those under the previous manual situation. After 2015, the economic development market scale of enterprises has increased by about 40% compared with that before 2015. The results show that artificial intelligence has entered a rapid development stage after 2015. More and more Internet companies adopt artificial intelligence technology in their economy, and the convenience it brings to enterprises has better promoted its economy. development of.

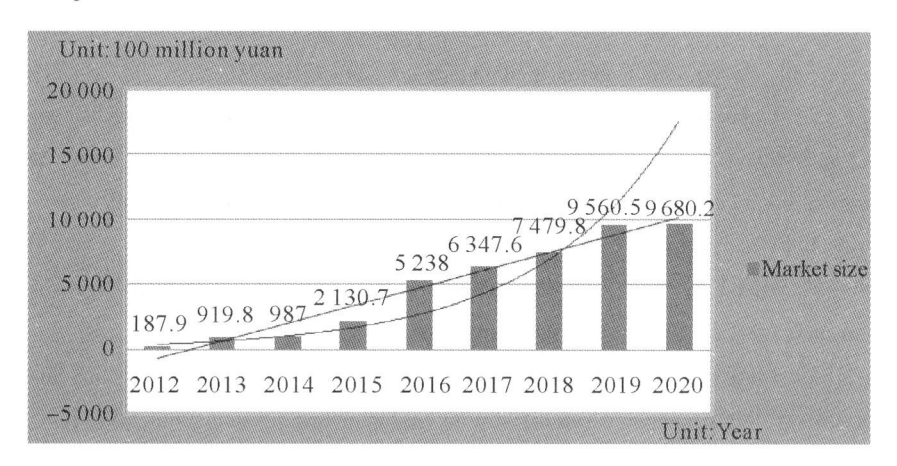

Figure 2 **The market scale of the economic development of Internet companies with artificial intelligence technology from** 2012 **to** 2020

5. Conclusion

In summary, the application of artificial intelligence technology in the Internet economy has far-reaching significance for its development. It can meet the needs of the times and promote the development of the overall economy. Therefore, people should continue to study the methods that can make full use of big data to maximize its effect, and at the same time, pay attention to avoiding hidden dangers in the Internet economy to promote the sustainable and stable development of the Internet. The Internet economy brings more convenience to human production and life. Based on the above research, when artificial intelligence was not very popular before, the development speed of the Internet economy increased at a rate of 4.8% per year. However, after 2015, the development of the Internet economy, E-Commerce and artificial intelligence technology has generally driven the entire economy. Development, thereby increasing about 73.332% or more.

Acknowledgments

This work was supported by the National Natural Science Foundation of China (No. 71663056)

References

[1] Majumdar B, Sarode S C, Sarode G S, et al. Technology: artificial intelligence [J]. British dental journal, 2018, 224 (12): 916-916.

[2] Gurumoorthy S, Rao B N K, Gao X Z. [Springer briefs in applied sciences and technology] cognitive science and artificial intelligence//EEG based emotion recognition using wavelets and neural networks classifier [J]. 2018, 10.1007/978-981-10-6698-6 (Chapter 10): 101-112.

[3] Hua T, Li L. Computer network security technology based on artificial intelligence [J]. Journal of intelligent and fuzzy systems, 2019, 37 (4): 1-8.

[4] Khairy D, Abougalala R A, Areed M F, et al. Educational robotics based on artificial intelligence and context-awareness technology: a framework [J]. Journal of theoretical and applied information technology, 2020, 98 (1817-3195): 2227-2239.

[5] Pandya S K. Artificial intelligence and up-to-date technology in the clinical neurosciences [J]. Neurology india, 2019, 67 (3): 949-951.

[6] Affe R B. The real cyber war: The political economy of internet freedom [J]. The information society, 2019, 35 (1): 1-2.

[7] Lina S. Add-on policies under vertical differentiation: why do luxury hotels charge for internet while economy hotels do not? [J]. Operations research, 2019, 59 (1-2): 25-28.

[8] Wahab R A A. Comparative analysis of broadband internet development for digital economy in China and Indonesia [J]. Jurnal penelitian pos dan informatika, 2019, 9 (1): 63-80.

[9] Wallis J J, Weingast B R. Economic development in the antebellum era [J]. Journal of public finance and public choice, 2018, 33 (1): 19-44.

[10] Kurer, Oskar. The political foundations of economic development policies [J]. Journal of development studies, 2018, 32 (5): 645-668.

Internet User Behavior Analysis Based on Big Data

Jiangnan He, Business school, Yunnan University of Finance and Economics

Xiaoyin Yin, School of Vocational & Technical Education, Yunnan Minzu University

Abstract: Today's world has entered the simultaneous development of big data technology and mobile Internet technology, and has acquired a large amount of Internet user behavior data. Through the analysis of Internet user behavior data, it is possible to obtain Internet user behaviors such as the location distribution of Internet users, Internet trends, consumption behaviors, etc., which can help Internet users' preferences, meet user needs, and target users for targeted promotion. It is absolutely necessary for any organization to produce better services. The purpose of the research in this article is to conduct data analysis on Internet user behavior in the era of big data, and to make innovative development of traditional user behavior patterns. From the perspective of big data analysis, in the field of Internet user behavior, through the scientific application of big data technology and theoretical derivation, this paper can reveal the internal laws of Internet user behavior relatively completely. The experimental results show that the use of big data for Internet users needs to process multiple data rationally to provide decision-making reference value to analysis and decision-makers in a correct way, or directly provide decision-making data to the senior management.

Keywords: Big Data, Internet, User Behavior, Data Analysis

1 Introduction

In recent years, big data analysis has become an important technology favored by more and more enterprises, governments and various organizations. Through the analysis of the huge data flow, the user's habits, hobbies, consumption level, active time of the Internet and other information can be effectively depicted, and the user's behavior model can be further constructed. The concept, development and application of big data The era of big data is the product of the development of the Internet[1]. With the continuous improvement of big data mobile application technology and more and more infrastructure, people can easily and quickly obtain the information they need on the Internet. With the popularization of the Internet and the development of information technology, the Internet has accumulated massive amounts of data[2]. However, while the Internet brings convenience to people's lives, it is becoming more and more difficult to find the information you need on the Internet in the face of more and more information[3]. Therefore, how to search for and find useful information in the massive data of the Internet is the main problem we have to face. There is an urgent need to use data mining technology to solve the problem of Internet information screening and identification[4].

On the big data storage and processing platform based on user behavior, the application of big data technology to analyze historical user data, mining the key behavior characteristics of users from massive data information, reliably and efficiently discovering behavior and predicting possible changes, becomes quickly and accurately occupy the core of the market[5]. Mining and analyzing user behavior from behind the complex behavior data, finding products and services that are more in line with the user's "taste", and combining user needs and user behaviors to optimize and iterate products and services. This is the user in the big data environment. The core value of behavior analysis[6]. For big data technology, its research results include machine learning algorithms, information technology, applied mathematics and artificial intelligence pattern recognition. The results of multiple disciplines blended with each other to complement each other, making the related research of user behavior analysis develop rapidly[7].

Through big data technology, you can also understand the hobbies, education, occupation, gender, etc. of buyers of specific commodities[8]. At the same time, it can also analyze and predict user behavior, such as predicting how long it will take for the user to purchase the product again after ordering a similar product of the product, and at the same time, it can also make predictions about similar product orderers[9]. At the same time, based on this technology, companies can discover and locate key customers, and make effective evaluations of market conditions, so that the marketing strategy formulated is more personalized, and a scientific and effective market development and production strategy can be formulated for the company. . Therefore, the use of big data technology to analyze Internet user behavior can draw many very effective and beneficial user behavior results and achieve greater value. Internet user behavior analysis research based on big data is very necessary[10].

2 Method

2.1 Big data algorithm analysis

In the current algorithms based on big data analysis, many different algorithms have been produced. However, in terms of application scope, the application of big data behavioral algorithms is the most widely used one. This is an online algorithm analysis of user behavior based on big data. The algorithm has high complexity and is widely used in the current behavior algorithm field. The algorithm analysis of user behavior sample data can be based on the following algorithm formula:

$$J_W(W) = \sum_{i \in \Gamma} (-W^T X_i) \tag{1}$$

In the above formula, $J_W(W)$ It represents a risk function. Based on the various network data and traces left by Internet users on the Internet, the user behavior is speculated, and the speculated user behavior is separately estimated.

2.2 Comprehensive gradient intercept operation

Through the comprehensive analysis of gradient interception method and user behavior risk algorithm, the optimal boundary value is obtained based on batch overall training. However, with the stochastic gradient descent method as a user behavior data analysis algorithm, the sparsity of the results in practical applications is very difficult to guarantee, and through the comprehensive operation of the gradient intercept method, an effective sparse solution can be obtained to a certain extent, expressed by a formula:

$$f(\omega) = \min_{\omega} \frac{\lambda}{2} ||\omega||^2 + \frac{1}{m} \sum l(\omega, (x, y)) \tag{2}$$

Usually in the process, the update weights are assigned to 0, so that the number of features that appear can be further increased, thus showing a sparse weight vector. Compared with the stochastic gradient descent method, the gradient intercept method pays more attention to ensuring the performance of the algorithm, and it is concluded that:

$$\omega_{t+1} \leq \omega_t - \beta_\lambda \omega_t - I[y_{i_t}\{\omega_t, x_{i_t}\} < 1] y_{i_t} x_{i_t} \tag{3}$$

Simplified derivation:

$$\omega_{t+1} \leq (1 - \frac{1}{t})\omega_t + \beta_t I[y_{i_,}\{\omega_t, \ x_{i_,}\} < 1]y_{i_,}x_{i_,} \qquad (4)$$

3　Methods and experimental research design

3.1　Analysis methods for the entire network platform

Analysis for the whole platform. It can depict the behavior trajectory ofone or more user groups. Or by summarizing the data characteristics of the majority group, the behavior pattern of the user group can be derived. The behavior analysis of Internet users is to integrate the patterns formed by the browsing traces left by users on the Internet. The entire process of Internet user behavior analysis clarifies the target needs of users, and analyzes the behavior of Internet users through the network platform, which helps to improve the development of the company. Recommending products according to the needs of users not only improves the efficiency of business operations, but also Provides better services for Internet users.

3.2　Standardize supervision functions

Vigorously promote electronic information supervision, analyze the behavior of Internet users, unify standards and conduct norms, and improve and improve the service system. In order to strengthen the management of the data system for the analysis of the behavior of Internet users, the service to users in the context of the Internet should be highlighted, and a construction project safety and quality management information system based on the Internet and project details should be built. The composition and system of the system are the bottom layer Hardware and software system functions; provides a way for the entire system to support information transmission between the main functions of the underlying software and hardware. The main function is to accept network newspaper construction supervisors, supervise the assignment of tasks, and monitor the development of the plan. The method of Internet user behavior is disclosed, the system accepts on-site supervision and on-site inspection of uploaded information, data registration, and quality construction in all links of storage.

3.3　Identify data requirements

The user behavior data analysis system itself is built on the basis of data, and data is the core of the system. The system implements different modules such as data receiving, processing, storage, and analysis, and activates the value of data through data display and data analysis technologies, and provides effective data support for analyzing user behavior. Diversification of data sources. The receiving module of the system can receive different data sources and put them into different message queues, so that different data sources have different preprocessing procedures. The diversification of the data source can complete the unified processing of the data through simple program modification, reducing the excessive modification of the data source.

3.4 Experimental investigation object

In order to be able to analyze the current targeted research on the use of big data in a more in-depth manner, this article conducts a special network survey on the behavior of Internet users in the era of big data. First, the investigation and research method is adopted, and detailed and in-depth investigation and research are required for specific cases. Research network data and laws, and then refine and summarize first-hand information. This paper selects user behavior data from multiple domestic Internet platforms for investigation, and analyzes whether Internet user behavior is correct through big data technology from user needs, user habits, user characteristics and other factors.

Table 1 Online questionnaire survey report

Questionnaire issuance and recovery	Middle-aged and elderly Internet users Young Internet users Total	Young Internet users Total	Total
Issue	400	600	1 000
Recycle	388	582	970
effective	345	556	901
Efficient	88.9%	95.5%	92.8%

In the investigation report link for this experiment, this article issued a total of 1,000 network experiment investigation reports, and conducted a questionnaire survey on whether the user behavior analysis was accurate (as shown in Table 1) for middle-aged and young Internet users and young Internet users respectively (as shown in Table 1). The correct rate of user behavior under the analysis of factors such as needs, user habits, user characteristics, etc. is to be grasped. First of all, the investigation and research method is adopted, and detailed and in – depth investigation and research, research data, research rules, and mastering the first-hand information are required to refine and summarize the specific cases. Secondly, using case analysis method, this article analyzes the network behavior data of each user and makes a reasonable behavior analysis, which requires a large number of user behavior sample data to support. On the basis of the data analysis in this article, a comparative analysis method is used to analyze and compare different levels; specific to each Internet user behavior, as well as shopping software, browsers, social platforms, etc., user behavior data are also compared and analyzed.

4 Results

4.1 Internet data analysis is messy

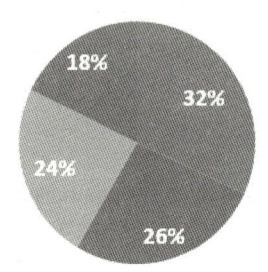

Figure 1 Fan-shaped statistical chart of the proportion of Internet data sources

As shown in Figure 1, it can be analyzed from the data in the figure that Internet data sources are mainly "shopping software", "browser" and "social platform". It is concluded that "shopping software" accounts for 32%. This is due to Generally, it is directly related to user behaviors. The demand for this type of user behavior data is the most important. However, the figure still reflects the current Internet data analysis is messy, there is no unified data source, and user data is even privately owned. For trading and selling. There are a lot of Internet user behavior data, and these data will inevitably have certain changing trends and relevance. Therefore, predicting data trends is very important for various companies, especially predicting the rationality of goods and user information, which is important for daily The effectiveness of business decision-making is very helpful to obtain greater profits. But how to make reasonable predictions based on the analysis results of historical data, has not found a unified standard, but in data mining, the format of many data is not standardized, which creates new difficulties for the effectiveness of data mining. In the network environment, a large amount of data is generated through the Internet, and the data is statistically analyzed, and the overall conversion is continuously carried out between "people, things, and machines". However, the main body of the development of big data is still the user, and the Internet is the service for users. An important foundation for development. For the current development of big data, changes to the data form of the Internet will affect people's lives and provide users with better services. The behavior analysis of network users is to integrate the patterns of browsing traces left by users on the network. In this process, the user's information will be understood, and the user's characteristics and user habits will be established through various analysis.

4.2 The results of big data through user behavior are uncertain

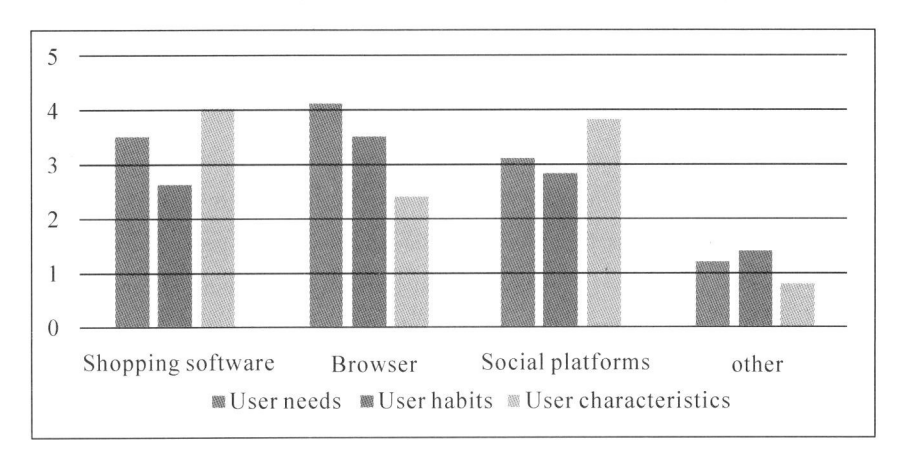

Figure 2 Results of user behavior data analysis under various software

It can be seen from Figure 2 that the analysis of "user characteristics" in shopping software is relatively clear, and the analysis of "user needs" in the browser is more prominent, but in other aspects, the analysis of user behavior by software is not clear. Often the result is not the user data the enterprise needs. It can be concluded that in the process of big data analysis, the results obtained are uncertain, because different purposes will eventually obtain different mining results, so in the process of data processing, it needs to be closely integrated with the needs. In order to be able to make reasonable judgments, so as to dig out the expected results of the enterprise, so that the enterprise managers can make effective choices. In turn, it can achieve the improvement of corporate management ability, enhance corporate competitiveness, and seek maximization of benefits. Based on big data technology, the ability to find potential customers will bring a lot of meaningful value to enterprises. The key to the success of user behavior analysis is that researchers can deeply grasp the industry problems they expect to solve. Through this technology, data can be used. The problem of information has not been effectively used to solve, but in specific applications, there are still many problems that need people to quickly solve and research.

5 Conclusion

With the simultaneous development of big data technology and mobile Internet applications, users' mobile terminals have brought great convenience to life, study, entertainment and office through direct access to the network, making people's daily life and work more closely related to the mobile Internet. inseparable. Users can access various forms of network anytime and anywhere through the mobile Internet, reflecting various forms of user behavior, and different user behaviors express different network needs of users. The analysis of Internet user behavior has become an important means for companies to obtain user needs and expand value-added services. However, with the diversification of Internet user behaviors, the amount of data generated is also increasing. How to quantitatively process and analyze massive amounts of mobile data has also become a key concern. We hope to be able to conduct more in-depth research and improvement of big data technology, so as to make more efficient use of Internet user behavior and enable the user behavior data system to develop more rapidly and healthily.

Acknowledgments

This work was supported by the National Natural Science Foundation of China (No. 71663056)

References

[1] Singh S, Yassine A . Big data mining of energy time series for behavioral analytics and energy consumption forecasting [J]. Energies, 2018, 11 (2): 452.

[2] Wang X, Zhang Y, Leung V C M, et al. D2D big data: content deliveries over wireless device-to-device sharing in large scale mobile networks [J]. IEEE wireless communications, 2018, 25 (1): 32-38.

[3] Yudong C, Yuejie C . Harnessing structures in big data via guaranteed low-

rank matrix estimation [J]. IEEE signal processing magazine, 2018, 35 (4): 14−31.

[4] Gu K, Tao D, Qiao J F, et al. Learning a no-reference quality assessment model of enhanced images with big data [J]. IEEE trans neural netw learn syst, 2018, 29 (4): 1301-1313.

[5] Sachse J . The influence of snippet length on user behavior in mobile web search: an experimental eye-tracking study [J]. Aslib proceedings, 2019, 71 (3): 325-343

[6] Calearo L, Thingvad A, Suzuki K, et al. Grid loading due to EV charging profiles based on pseudo-real driving pattern and user behavior [J]. Transportation electrification, IEEE transactions on, 2019, 5 (3): 683-694.

[7] Li W, Chang X, Cao J, et al. A sustainable and user-behavior-aware cyber-physical system for home energy management [J]. ACM transactions on cyber-physical systems, 2019, 3 (4): 1-24.

[8] Wei P, Li L . Online education recommendation model based on user behavior data analysis [J]. Journal of intelligent and fuzzy systems, 2019, 37 (4): 1−9.

[9] Wang Y, Tian L, Chen Z . Game analysis of access control based on user behavior trust [J]. Information, 2019, 10 (4): 132.

[10] He X X, Chen L T, Zhang M, et al. A method to construct weibo user behavior relationship network using dynamic cognitioin [J]. Journal of the university of electronic ence and technology of China, 2018, 47 (2): 262-266.